JENS BERGER

Wem gehört Deutschland?

Die wahren Machthaber
und das Märchen
vom Volksvermögen

WESTEND

Mehr über unsere Autoren und Bücher:
www.westendverlag.de

Die Deutsche Nationalbibliothek verzeichnet diese Publikation in
der Deutschen Nationalbibliografie; detaillierte bibliografische Daten
sind im Internet über http://dnb.d-nb.de abrufbar.

ISBN 978-3-86489-053-6
© Westend Verlag GmbH, Frankfurt/Main 2014
Satz: Publikations Atelier, Dreieich
Druck und Bindung: CPI – Clausen & Bosse, Leck
Printed in Germany

Inhalt

Wem gehört Deutschland?

Wen interessiert es, wem Deutschland gehört? Spielt es überhaupt eine Rolle, dass es reiche und arme Menschen gibt? Entscheidend ist doch, wie es uns persönlich geht. Und wenn wir mit unserem Geld ordentlich über die Runde kommen, stört es uns nicht sonderlich, dass es eine kleine, überaus wohlhabende Elite gibt, die ihren Reichtum von Jahr zu Jahr ausbaut. So oder so ähnlich argumentieren viele brave Bürger, die mit sich selbst und ihrem Leben im Reinen sind und die Verteilungsfrage vor allem für eine Neiddebatte halten.

Mit Neid, der ja bekanntlich eine der sieben Todsünden ist, hat die Verteilungsfrage aber nichts zu tun. Frei von Neid darf man jedem Menschen seinen Reichtum gönnen. Eine derartige Spreizung der Vermögensschere, wie wir sie in Deutschland im letzten Jahrzehnt beobachten mussten, ist jedoch nicht ohne eine Umverteilung von unten nach oben denkbar.

> Reicher Mann und armer Mann
> standen da und sahn sich an.
> Und der Arme sagte bleich:
> Wär ich nicht arm, wärst du nicht reich.

So einfach, wie Bertolt Brecht es sich in seinem 1934 veröffentlichten Gedicht »Alfabet« vorstellt, ist der Zusammenhang zwischen Armut und Reichtum freilich nicht. Definiert man beide ganz einfach als statistische Abweichung, bedingt natürlich der Reichtum die Armut und umgekehrt. Dann würde auch die gerne von neoliberalen Kommentatoren genutzte Anekdote zutreffen, nach der ein Vermögenszuwachs der Wohlhabenden automatisch die (statistische) Armut erhöht und daher das Gerede von Armut ohnehin fehl am Platze sei. Schließlich sei ein deutscher Armer immer noch wohlhabender als ein armer Afrikaner – wobei Letzteres ohnehin nicht ganz stimmt, da niemand einem armen Afrikaner einen Kredit gibt, durch den er mehr Schulden als Vermögen aufbauen kann. Brecht als Kronzeugen des Neoliberalismus heranzuziehen, wäre aber nicht nur unfair, sondern auch töricht. Denn unterm Strich hat er durchaus recht, wenn er einen Zusammenhang zwischen Armut und Reichtum herstellt.

Die 85 reichsten Menschen der Welt besitzen genau so viel wie die ärmsten 3,5 Milliarden Menschen zusammen.[1] Ein Prozent der Weltbevölkerung verfügt über ein Vermögen von 80 Billionen Euro, das sind 80 000 Milliarden oder auch 80 Millionen Millionen – eine unvorstellbar große Zahl. Das ist 65-mal so viel, wie die gesamte ärmere Hälfte der Weltbevölkerung besitzt. Seit ökonomische Kennzahlen erhoben werden, war der Abstand zwischen Arm und Reich noch nie so groß wie heute.

Was für die Welt gilt, gilt in besonderem Maße auch für Deutschland. Aktuelle Studien führender Wirtschaftsforschungsinstitute zeigen, dass die Vermögensschere in keinem anderen Euro-Land so weit auseinanderklafft wie in Deutschland: Wo es großen Reichtum gibt, gibt es meist auch große Armut. In der deutschen Nachkriegsgeschichte war beides vergleichsweise selten anzutreffen, heute gehören Reichtum und Armut zur gesellschaftlichen Normalität. Wir haben offenbar akzeptiert, dass im ökonomischen Bereich Darwins Lehre vom Überleben des Fittesten wieder ihre Geltung hat: fressen oder gefressen werden.

Es ist so, als befänden wir uns bei einem Ringkampf zwischen einer Ameise und einem Löwen und seien dabei selbst die Ameise. Nur sehr selten hat das Vermögen einer Person etwas mit ihrer wie auch immer definierten Leistungsfähigkeit zu tun. Vermögen werden in Deutschland in der Regel nicht erarbeitet oder gar zusammengespart, sondern ererbt. Der Unterschied zwischen Arm und Reich entscheidet sich also meist beim Spermalotto. In einer Gesellschaft, die in ihren Sonntagsreden stets viel Wert auf Chancengleichheit legt, ist dies ein seltsam anmutender Anachronismus.

Umso erstaunlicher ist das weitverbreitete Desinteresse am Thema Vermögensverteilung. Hohe Vermögen schweben schließlich nicht im luftleeren Raum. Vermögen bedeutet stets auch Macht: Wer Vermögen besitzt, hält auch den Hebel in der Hand, gesellschaftliche Veränderungen anzustoßen und die politische Debatte zu lenken. Dafür sorgen nicht zuletzt die zahlreichen Denkfabriken, die auffällig oft von Familienstiftungen der Superreichen finanziert werden. Interessant ist auch, dass der im vergangenen Jahr vorgestellte jüngste »Armuts- und Reichtumsbericht der Bundesregierung« so ziemlich alles über Armut zusammenträgt, aber natürlich nichts Qualitatives über die Reichtumsverhältnisse in Deutschland. Auch aus diesem Grunde wurde dieses Buch geschrieben: diese wichtige und offen klaffende Informationslücke muss geschlossen werden.

Die Spreizung der Vermögensschere ist nicht vom Himmel gefallen – im Gegenteil: Diese Entwicklung ist in der Bundesrepublik vergleichsweise neu. Bis Mitte der 1990er Jahre haben sich die Vermögen der Bundesbürger sogar immer weiter angeglichen. Erst seitdem öffnet sich die Vermögensschere mit ungeahnter Geschwindigkeit. Verantwortlich dafür sind vor allem sogenannte Reformen der Politik. Mit einem bunten Reigen an Steuersenkungen und -vereinfachungen wurde die Fiskallast der Vermögenden systematisch heruntergeschraubt, während der Rest der Bevölkerung durch höhere Steuern zusätzlich belastet wurde. Seit 1997 verzichtet die Politik sogar freiwillig auf die Erhebung der Vermögenssteuer, die das deutsche Recht vorsieht.

Arbeitsmarktreformen haben dafür gesorgt, dass ein Großteil der Bevölkerung immer weniger frei verfügbares Einkommen hat, mit dem er ein eigenes Vermögen aufbauen kann. Privatisierungen der öffentlichen Sozialsysteme haben dazu geführt, dass selbst die vorhandenen Ersparnisse der Bevölkerung zunehmend in Finanzprodukte gelenkt werden, von denen vor allem die Anbieter dieser Produkte profitieren.

Diese Entwicklung war vorauszusehen – ja, sie war geplant. Die folgenden Kapitel zeigen, wie weit sie bereits geht, an welchen Stellen sich die Vermögensschere besonders stark öffnet und welche Auswirkungen dies auf unsere Gesellschaft und unser Wirtschaftssystem hat. Wir suchen auch Antworten auf Fragen wie: Wie konnte es so weit kommen, welche Akteure haben ein Interesse an einer Spreizung der Vermögensschere, und warum hat die Politik sich nicht ausreichend zur Wehr gesetzt? Wem gehört Deutschland? Wem gehören die Immobilien, wem die Unternehmen, und wem gehört eigentlich die

Deutsche Bank? Warum erhalten Sparer heute kaum noch Zinsen für ihre Ersparnisse, und warum scheint dies nicht für die Wohlhabenden zu gelten, deren Vermögen trotz Finanzkrise nach wie vor ungebremst wächst?

Die Beantwortung all dieser Fragen ist keinesfalls so einfach, wie es auf den ersten Blick scheint. Deutschland weiß zwar fast alles über seine Armen, die statistisch gründlich durchleuchtet werden, über seine Reichen wissen wir jedoch so gut wie nichts. Die Behörden erfassen keine statistischen Daten zum Reichtum, sämtliche Daten zu Vermögensverhältnissen sind Verschlusssache. Wer sich diesen Fragen nähern will, muss schon Detektivarbeit leisten und sich durch Studien und Daten fressen, die der Öffentlichkeit oft nicht bekannt sind.

Ziel dieses Buches ist es, die Debatte über die Vermögensverteilung anzuregen und gleichzeitig zahlreiche Zahlen, Daten und Zusammenhänge verständlich aufzubereiten. Diese Debatte ist längst überfällig. Bei der faktisch vorhandenen Vermögensungleichverteilung handelt es sich um weit mehr als ein reines Gerechtigkeitsproblem. Die Marktwirtschaft, wie wir sie kennen, steuert mit steigender Ungleichverteilung bedrohlich auf die nächste Krise zu. Die Finanzmärkte neigen ohnehin zur Instabilität, eine weitere Ungleichverteilung könnte hier desaströse Verwerfungen hervorrufen. Es steht also einiges auf dem Spiel, das weit über den informativen Charakter, wem denn nun Deutschland gehört, hinausgeht.

1 Man sieht nur die im Dunkeln, die im Lichte sieht man nicht: Probleme der Vermögensstatistiken

Wie misst man überhaupt Reichtum? Was ist Vermögen? Diese Fragen mögen vielleicht profan klingen, haben aber einen spannenden Kern: Was ist überhaupt Reichtum, was ist Vermögen? Nur die wenigsten von uns können auf die Frage »Wie hoch ist Ihr Vermögen?« aus dem Stegreif eine Antwort geben. Und das liegt sicher nicht daran, dass wir alle so fürchterlich reich sind und den Überblick über unser Hab und Gut verloren haben. Vermögen und Reichtum sind nun einmal etwas Abstraktes – schwierig zu definieren und zu messen.

Wussten Sie schon?

- Das Gesamtvermögen der reichsten 20 Prozent der Deutschen beträgt durchschnittlich fast 1,2 Millionen Euro pro Person, während die ärmsten 20 Prozent mit 4 000 Euro in den Miesen sind.
- Die 500 reichsten Deutschen verfügen über ein Vermögen von insgesamt fast 530 Milliarden Euro.

Armut

Während der Vermögensbegriff trotz unterschiedlicher Definition immer noch greifbar ist und man sich mit ein wenig gutem Willen auf eine Definition einigen könnte, ist die Bezeichnung Reichtum vollends schwammig. Erstaunlicherweise hat sogar die Wissenschaft

Schwierigkeiten mit der Definition von Reichtum. Es gibt nämlich überhaupt keine allseits anerkannte Definition – während das Gegenteil, nämlich Armut, relativ klar umrissen ist. Hierfür gibt es gleich mehrere Gründe. Zum einen ist Armut nicht über das Vermögen der betreffenden Personen definiert: Wer arm ist, verfügt in der Regel über kein nennenswertes Vermögen; umgekehrt muss eine Person ohne nennenswertes Vermögen jedoch nicht zwingend arm sein. Wer beispielsweise über ein fürstliches Einkommen verfügt und das komplette Geld auf den Kopf haut, ohne sich davon irgendwelche Vermögenswerte zu kaufen, hat ebenfalls kein messbares Vermögen, gehört jedoch auch nicht zu den Armen der Gesellschaft.

Aus diesem Grund ist der Begriff Armut über das Einkommen definiert. In den Industriestaaten geht es dabei vorwiegend um die sogenannte »relative Armut«. Maßstab ist hier der Median des Nettoäquivalenzeinkommens. Das klingt kompliziert und ist es auch. Schauen wir uns also an, wie sich dieses Nettoäquivalenzeinkommen und der Median bestimmen:

- Für das Äquivalenzeinkommen wird das Nettoeinkommen eines Haushalts durch die Summe der »Bedarfsgewichte« der Haushaltsmitglieder geteilt: Die erste erwachsene Person bekommt das Gewicht 1, weitere Erwachsene und Kinder ab 14 Jahren erhalten das Gewicht 0,5, Kinder unter 14 Jahren das Gewicht 0,3. Eine Familie mit zwei Kindern unter 14 hat also das »Bedarfsgewicht« 2,1. Wenn das Einkommen dieser Familie bei 3 600 Euro netto pro Monat liegt, beträgt das Nettoäquivalenzeinkommen 1 714 Euro.
- Der Median ist der Zentralwert, der sich bei einer Datenreihe genau in der Mitte befindet. Das heißt beim Einkommen, dass die eine Hälfte der Bevölkerung mehr, die andere Hälfte weniger Einkommen zur Verfügung hat. Für das Jahr 2011 betrug der Median des Nettoäquivalenzeinkommens in Deutschland 1 587 Euro pro Monat. Unsere Familie aus dem Rechenbeispiel liegt also etwas über dem Median und gehört damit nicht zu den armen Familien.

	Familie Adam	Familie Beier	Familie Curtz	Familie Doberan	Familie Egelin	
Median	617 Euro	988 Euro	1 587 Euro	1 714 Euro	5 234 Euro	**1 587 Euro**
Durchschnitt (617 + 988 + 1 587 + 1 714 + 5 234 Euro) = 10 140 Euro ÷ 5						**2 028 Euro**

Median und Durchschnitt

Die EU definiert Armut nach folgenden Kriterien:

- weniger als 70 Prozent des Nettoäquivalenzeinkommens: armutsgefährdet in sozialen Risikosituationen;
- weniger als 60 Prozent: armutsgefährdet;
- weniger als 50 Prozent: relativ einkommensarm;
- weniger als 40 Prozent: arm.

Die Welthandelsorganisation (WHO) und die Organisation für wirtschaftliche Zusammenarbeit und Entwicklung (OECD) haben die Armutsgrenze mit 50 Prozent etwas höher definiert.

Nach diesem Maßstab wäre unsere Familie mit den zwei kleinen Kindern also ab einem Haushaltseinkommen von weniger als 1 666 Euro arm. Bezöge diese Familie Hartz IV, stünden ihr laut Regelsatz 1 228 Euro zu. Armut ist in Deutschland demnach vom Gesetzgeber durchaus akzeptiert. So ist es kein Wunder, dass in Deutschland fast jeder sechste Haushalt als armutsgefährdet gilt, bei den Haushalten mit Erwerbslosen sogar fast 70 Prozent.

Was ist Vermögen?

Wir wollen eine Ahnung davon bekommen, wem Deutschland gehört. Dafür müssen wir uns mit Fragen der Vermögensverteilung beschäftigen – und das heißt: Wir müssen zunächst einmal festlegen, was der

Begriff Vermögen überhaupt bedeutet. Der *Duden* definiert Vermögen als »gesamten Besitz, der einen materiellen Wert darstellt« und trifft damit mit wenigen Worten den Kern. Leider haben jedoch nicht alle Statistiker und Ökonomen den *Duden* gelesen, und daher sind die kursierenden Vermögensstatistiken leider meist nicht miteinander vergleichbar, da jeder Statistik eine andere Definition zugrunde liegt.

In unseren Köpfen schwirrt wohl immer noch Onkel Dagoberts Geldspeicher herum. Kein Wunder, dass in der Umgangssprache Vermögen sehr oft mit dem Geldvermögen verwechselt wird. Doch dieses spielt bei der Aufstellung des Gesamtvermögens zwar eine wichtige, aber keinesfalls eine dominante Rolle. Sortiert man die Bewohner Deutschlands nach ihrem Vermögen, entdeckt man: Besonders bei den ärmeren Bevölkerungsschichten macht das Geldvermögen, vor allem also Girokonten oder Sparbücher, neben dem Auto den größten Vermögensposten aus. Je wohlhabender Menschen sind, desto wichtiger wird in der persönlichen Vermögensaufstellung die selbstgenutzte Immobilie. Erst bei den oberen 10 Prozent der Vermögensskala, also den Wohlhabenden, kommen auch nicht selbstgenutzte Immobilien und Betriebsvermögen auf einen ähnlich hohen Wert in der Vermögensbilanz.

	Bevölkerungsgruppen sortiert nach Nettovermögen					
	0–20 Prozent	20–40 Prozent	40–60 Prozent	60–80 Prozent	80–90 Prozent	90–100 Prozent
Girokonten	595	1 802	2 950	3 680	5 470	10 740
Sparkonten	651	4 610	13 337	21 565	40 537	55 431
Bausparverträge	222	897	2 550	3 450	5 773	7 802
Lebensversicherungen	580	1 882	7 435	12 602	19 124	41 418
Fondsanteile	152	409	3 471	4 493	7 545	28 324
Aktien	–	113	818	1 058	4 649	20 916
Renten (verzinste Anleihen)	–	–	374	1 312	3 238	19 587
Zertifikate	–	–	127	258	326	3 438

	Bevölkerungsgruppen sortiert nach Nettovermögen					
	0–20 Prozent	20–40 Prozent	40–60 Prozent	60–80 Prozent	80–90 Prozent	90–100 Prozent
Sonstige Finanzvermögen	35	125	393	615	2 026	8 262
Geldschulden gg. Haushalte	139	561	1 171	1 004	1 899	4 931
Geldvermögen	2 374	10 398	32 626	50 036	90 585	200 848
Selbstgenutzte Immobilien	4 261	3 672	30 342	118 500	212 970	369 496
Sonstige Immobilien	2 670	888	7 462	19 891	48 089	346 829
Immobilienvermögen	6 931	4 560	37 804	138 391	261 059	716 325
Betriebsvermögen	–	–	1 064	4 057	14 579	306 748
Fahrzeuge	1 053	4 223	8 134	10 674	15 488	31 372
Bruttovermögen*	10 358	19 180	79 628	203 159	381 711	1 255 292
Hypothekenkredite	-9 118	-4 069	-24 827	-31 205	-34 765	-64 518
Unbesicherte Kredite	-5 291	-1 946	-3 072	-1 765	-4 764	-4 174
Nettovermögen**	-4 051	13 166	51 729	170 189	342 181	1 186 600

Aufteilung des Vermögens in Deutschland 2013:[1] Die Daten bilden jeweils den bedingten Mittelwert des Quantils unter Berücksichtigung der Prävalenzrate ab.

* Bruttovermögen = Geldvermögen + Immobilienvermögen + Betriebsvermögen + Fahrzeuge
** Nettovermögen = Bruttovermögen – Hypothekenkredite – unbesicherte Kredite

Wenn der Duden von »materiellen Werten« spricht, so lässt dies Fragen offen. Niemand wird daran zweifeln, dass ein Haus oder ein (vollkommen abgezahltes) Auto materiell ist und einen Wert besitzt. Welchen Wert diese materiellen Gegenstände haben, ist jedoch eine Frage der Interpretation. Anders als in den Naturwissenschaften, in denen jeder Wert eine klar definierte physikalische Größe ist, gibt es in den Wirtschaftswissenschaften zahlreiche verschiedene Vorstellungen, was der Wert einer Sache eigentlich ist:

- Die klassischen Ökonomen definierten den Wert anhand der Arbeitszeit, die notwendig ist, um eine Ware herzustellen. Diese Interpretation, die ihren Höhepunkt in Marx' Arbeitswertlehre fand, lässt jedoch grundlegende Fragen offen: Warum ist ein Gemälde von Picasso wertvoller als das Gemälde eines Dilettanten? Die investierte Arbeitszeit hat damit jedenfalls nichts zu tun. Warum ist ein Haus mit unverbaubarem Seeblick wertvoller als ein Haus mit Blick auf ein Stahlwerk? Auch hier liefert die Reduzierung auf die investierte Arbeit keine befriedigende Antwort.
- Die sogenannte Grenznutzenschule erhebt den Nutzen zum Maß aller Dinge und steuert damit zugleich in ein Wertparadoxon: Warum ist beispielsweise ein Diamant, der keinen erkennbaren praktischen Nutzen besitzt, wertvoller als ein Liter Wasser? Letztlich konnte dieses Problem dadurch entschärft werden, dass man ganz einfach den objektiven Nutzen vom subjektiven Nutzen trennte. So kann der Diamant ohne objektiven Nutzen sehr wohl einen sehr hohen subjektiven Nutzen und damit einen hohen Preis haben – nur weil er so schön glitzert.
- Neoliberale Ökonomen machen es sich besonders einfach: Für sie ist der Preis, also der Wert, den die Märkte einem Gut zumessen, auch der Wert dieses Gutes. Wenn das stimmt, dann war eine Tulpe der Sorte Viceroy zum Höhepunkt der Amsterdamer Tulpenmanie im Februar 1637 tatsächlich so viel wert wie 670 Scheffel Weizen.[2]

Unabhängig von diesen theoretischen Betrachtungen ist der Unterschied zwischen Wert und Preis auch bei der heutigen Betrachtung von Vermögen wichtig. Wenn man materiellen Gütern wie einem Haus oder einem Auto einen Wert zuweist, ist dies in der Regel der erzielbare Marktwert. Wer jedoch schon einmal versucht hat, ein Haus oder ein Auto zum vermeintlichen Marktwert zu verkaufen, wird daran allerdings Zweifel hegen: Eine Sache ist nur dann so viel wie ihr Preis wert, wenn sie zu diesem Preis auch tatsächlich ver- oder gekauft wird. Je nachdem, wie der Wert einer selbstbewohnten Immobilie bestimmt wird, kann dieser »tatsächliche Wert« erheblich vom »angenommenen Wert« abweichen. 3,4 Millionen Wohnungen, die momentan in Spanien leer stehen, da sie zum geforderten Preis nicht verkäuflich sind,[3] sprechen beispielsweise eine deutliche Sprache. Ähnlich komplex gestaltet sich die Wertbestimmung bei den Betriebsvermögen: Wie viel ein Unternehmen wirklich wert ist, kann der Besitzer erst dann mit Sicherheit wissen, wenn er einen Käufer gefunden hat, der bereits ist, exakt diesen Preis zu zahlen.

Eine weitere Unsicherheit bei der Berechnung liegt zudem darin, dass ein großer Teil des Vermögens aus Forderungen besteht. Machen wir uns das an ein paar Beispielen deutlich: Der Wert einer Lebensversicherung stellt eine Forderung gegenüber der Versicherungsgesellschaft dar. Auch das Geld auf dem Girokonto oder dem Sparbuch ist eine Forderung – in diesem Fall gegen die Bank, die uns etwas »schuldet«. In der Regel gehen solche Forderungen mit dem vollen Wert in die Vermögensbilanz ein. Das ist bei Girokonten und Sparbüchern sicher berechtigt; eine Lebensversicherung, die vielleicht erst in ferner Zukunft ausgezahlt wird, mit dem vollen Zeitwert einzubeziehen, ist jedoch fragwürdig. Da es keinen echten Markt dafür gibt, müsste man eine Lebensversicherung bei seriöser Betrachtung eigentlich zum wesentlich niedrigeren Rückkaufswert bilanzieren.

Wie wir schon jetzt sehen, sind Vermögensbilanzen stets Momentaufnahmen und beruhen auf Daten, die in der Regel einen Erwartungswert darstellen. Wenn sich diese Erwartungen nicht erfüllen, stimmen die angesetzten Werte nicht mehr und die Vermögensbilanz verändert sich massiv.

Reichtum, die große Unbekannte

Anhand des Äquivalenzeinkommens kann man, sofern man über die richtigen Daten verfügt, auch die Haushalte heraussieben, deren Einkommen deutlich über dem Median liegt. Das ist dann sinnvoll, wenn man Aussagen zur Einkommensverteilung treffen will – über das Vermögen und den Reichtum der Personen sagt die Einkommensverteilung jedoch nur wenig aus.

Während es zahlreiche Studien zur Armut in Deutschland gibt, klafft bei den Studien über den Reichtum ein akademisches Loch. Sogar der *Armuts- und Reichtumsbericht* der Bundesregierung trägt zwar den »Reichtum« im Titel, gibt jedoch kaum Informationen über die wirklich Reichen im Lande preis. Das hat einen einfachen Grund: Es gibt schlichtweg keine verlässlichen Daten zu den Superreichen. Und wenn Wissenschaftler auf Basis der bescheidenen Daten eine Verteilungsungerechtigkeit feststellen, werden sie von der Politik meist zurückgepfiffen – so geschehen im Frühjahr 2013, als das damals noch von der FDP geführte Bundeswirtschaftsministerium Passagen aus dem *Vierten Armuts- und Reichtumsbericht* herausstreichen ließ, darunter auch die Formulierung, dass es in Deutschland eine extreme Verteilungsschieflage gebe.[4]

Der *Armuts- und Reichtumsbericht* der Bundesregierung ist ein gutes Beispiel dafür, wie wenig die Forschung über die Reichen im Lande weiß und wie wenig sie an diesem Zustand etwas ändern will. Eine der wichtigsten Datenquellen dieses Berichts ist die Einkommens- und Verbrauchsstichprobe des Bundes und der Länder (EVS), die alle fünf Jahre vom Statistischen Bundesamt und den Statistischen Ämtern der Länder durchgeführt wird. Datenquelle hierfür sind rund 60 000 Privathaushalte, die repräsentativ für die gesamte Bevölkerung sind und freiwillig an dieser Befragung teilnehmen. Als »finanzielle Anerkennung« erhalten die teilnehmenden Haushalte für ihre Antworten 60 Euro. Die so gewonnenen Erkenntnisse mögen einen Überblick über Otto Normalverbraucher und Lieschen Müller geben, für Studien zur Vermögensverteilung ist diese Studie jedoch nicht zu gebrauchen. Oder können Sie sich vorstellen, dass Frau Klatten (BMW), Herr Plattner (SAP) oder Herr Albrecht (Aldi) freiwillig an einer ausführlichen Befragung teilnehmen, für die sie mit sagenhaften 60 Euro entlohnt werden?

Dies betrifft nicht nur die superreichen Milliardäre. Die Einkommens- und Verbrauchsstichprobe hat ein allgemeines Problem mit den Wohlhabenden, die sich kaum darum reißen, den Statistischen Ämtern Informationen über ihre Habseligkeiten zu geben. Daher hat das Statistische Bundesamt bei der Auswertung der Daten eine sogenannte »Abschneidegrenze« eingeführt: Haushalte mit einem Einkommen von mehr als 18 000 Euro netto pro Monat werden bei der Auswertung überhaupt nicht berücksichtigt. Die offizielle Erklärung dafür lautet, dass diese Haushalte »in der Regel nicht in so ausreichender Zahl an der Erhebung teilnehmen, dass gesicherte Aussagen über ihre Lebensverhältnisse getroffen werden können«.[5] Laut jährlicher Einkommensteuerstatistik[6] gibt es aber alleine mehr als 110 000 Haushalte die jährlich über 250 000 Euro an Kapitaleinkünften haben. Trotz der vergleichsweise großen Stichprobe von rund 60 000 Haushalten ist die EVS daher nicht repräsentativ, da sie die wirklich Wohlhabenden der Republik überhaupt nicht erfasst.

Anderen Studien zufolge konzentriert sich mehr als ein Drittel des Volksvermögens auf das reichste Prozent der Haushalte. Wer diese Haushalte nicht in seine Untersuchungen aufnimmt, kann keine verlässlichen Aussagen zur Vermögensverteilung aufstellen. Hinzu kommt, dass die EVS nicht das Betriebsvermögen abfragt, das jedoch anderen Studien zufolge vor allem für die obersten 10 Prozent der Vermögensskala einen elementaren Vermögenswert darstellt. Sämtliche Studien über Einkommen und Vermögen, die sich auf die Daten der EVS berufen, sind daher ziemlich wertlos.

Auch die zweite große Studienserie des Statistischen Bundesamts ist nicht geeignet, Licht ins Dunkel der Vermögensverteilung zu bringen. Der jährlich durchgeführte Mikrozensus ist der Tyrannosaurus rex des Statistischen Bundesamts. Neben den nur selten stattfindenden Volkszählungen kann der Mikrozensus mit einer Teilnehmerzahl von mehr als 390 000 Haushalten, was einem Prozent aller Haushalte entspricht, auf einen riesigen Datenpool zurückgreifen. Anders als bei der EVS ist die Teilnahme am Mikrozensus nicht freiwillig, sondern gesetzlich vorgeschrieben. Doch für Fragen der Vermögensverteilung sind die Ergebnisse des Mikrozensus völlig belanglos, da hier überhaupt keine Fragen zum Vermögen gestellt werden.

Es ist eine Schande, dass der Staat nicht das geringste Interesse daran hat, mehr über die Vermögensverteilung in Deutschland zu erfahren. Aufgabe des Statistischen Bundesamtes und der Landesämter für Statistik ist es, der Politik die für eine sinnvolle Gesetzgebung erforderlichen Daten zur Verfügung zu stellen. Wie aber will der Gesetzgeber sich dem Problem der Verteilungsungerechtigkeit stellen, wenn er zu diesem Thema über gar keine Zahlen verfügt? Da liegt der Verdacht nahe, dass die Blindheit von Ämtern und Staat gewollt sein könnte. Cui bono?

Die *taz*-Autorin Ulrike Herrmann stellt in ihrem sehr empfehlenswerten Buch *Hurra, wir dürfen zahlen. Der Selbstbetrug der Mittelschicht*[7] folgende These auf: »Die Reichen haben viel Lobbyarbeit investiert, um eine verlässliche Statistik zu verhindern. Sie wissen genau, dass eine Verteilungsdiskussion nicht geführt werden kann, wenn die Daten fehlen.« Trotz großer Anstrengungen seitens der politischen Linken, der Gewerkschaften und zivilgesellschaftlicher Gruppen muss man attestieren, dass in Deutschland keine erwähnenswerte Verteilungsdiskussion stattfindet. Grund dafür ist sicher nicht nur der Mangel an verlässlichen Daten zur Verteilungsungerechtigkeit, sondern auch, dass die wenigen Studien gekonnt ignoriert werden, die eine Vorstellung über die Dimension der Verteilungsungerechtigkeit im Lande geben.

SOEP: Hoffnungsschimmer mit methodischen Schwächen

Wer Informationen zur Vermögensverteilung sucht, wird zuallererst beim Sozio-oekonomischen Panel (SOEP) des Deutschen Instituts für Wirtschaftsforschung (DIW) in Berlin fündig. Das SOEP ist eine sogenannte Panelstudie, die seit 1984 jährlich unter 12 000 Privathaushalten durchgeführt wird. Das heißt, es werden wenn möglich immer dieselben Haushalte befragt, um zeitliche Entwicklungen transparent zu machen. Da die Teilnahme am SOEP freiwillig ist und die Antworten der Teilnehmer nicht kontrolliert werden können, besteht die Gefahr, dass vor allem von den vermögenderen Teilnehmern bestimmte Posten »vergessen« werden. Wer würde in einer Befragung des DIW schon angeben, dass er Schwarzgeld in der Schweiz gebunkert hat oder auf den Caymans einen Trust unterhält, um Steuern zu »sparen«? Experten gehen davon aus, dass deutsche Steuerhinterzieher alleine in der Schweiz bis zu 250 Milliarden Euro geparkt haben, und es dürfte eine ähnlich hohe Summe hinzukommen, wenn man alle anderen Steuerparadiese in die Rechnung einbezieht. Diese Vermögenswerte sind real, werden jedoch in keiner Statistik erfasst. Somit leidet auch das SOEP daran, keine stichfesten Daten zu haben.

Im Jahr 2002 wurde das SOEP daher um eine zusätzliche Teilstichprobe von 1 224 Haushalten mit einem Einkommen von mehr als 4 500 Euro erweitert. Nur durch diese zusätzliche Befragungsgruppe kann das SOEP überhaupt alle fünf Jahre Daten zur Vermögensverteilung anbieten. Dennoch bleibt das grundsätzliche Problem, dass äußerst wohlhabende Haushalte ungern an Befragungen von Sozialforschern teilnehmen und das SOEP daher Lücken im obersten Vermögensbereich aufweist. Das DIW beschreibt dieses Problem folgendermaßen:[8]

> »Dennoch bleibt das Problem bestehen, dass besonders wohlhabende Personen in einer Stichprobe wie dem SOEP faktisch nicht vorkommen. Dies gilt insbesondere für Milliardäre und für Millionäre mit einem Vermögen in dreistelliger Millionenhöhe. Im Ergebnis bedeutet dies, dass das wahre Ausmaß an Vermögensungleichheit unterschätzt wird. Externe Statistiken zur Validierung dieser Unterschätzung, zum Beispiel eine Vermögenssteuerstatistik, liegen in Deutschland aber nicht vor.«

Am SOEP für das Jahr 2007 haben nach Informationen des DIW 75 Personen teilgenommen, die über ein Vermögen von mehr als 2 Millionen Euro verfügen, und 20 Personen mit einem Vermögen von mehr als 5 Millionen Euro – der wohlhabendste SOEP-Teilnehmer gab dabei ein Vermögen von weniger als 50 Millionen Euro an.

Natürlich lesen auch die DIW-Forscher die »Liste der 500 reichsten Deutschen«, die jährlich vom *Manager Magazin* herausgegeben wird und bei der Franz Beckenbauer mit einem geschätzten Vermögen von 150 Millionen Euro die rote Laterne innehat. Zusammengenommen verfügen die laut *Manager Magazin* 500 reichsten Deutschen über ein Vermögen von 528,4 Milliarden Euro – dies entspricht rund 13 000 Euro pro deutschem Haushalt! Tatsächlich aber verfügen fast 40 Prozent aller deutschen Haushalte über ein Nettovermögen von weniger als 13 000 Euro. Für eine Sonderauswertung zur Vermögenssteuer hat das DIW daher seine Daten mit den öffentlich bekannten Daten der

Superreichen ergänzt und kam so zu einem Ergebnis, das allen methodischen Schwächen zum Trotz der tatsächlichen Vermögensverteilung ziemlich nahe kommt.[9] Die Daten dieser Erhebung werden wir im nächsten Kapitel ausführlich betrachten.

PHF-Studie der Bundesbank: detailreiche Ergänzung mit Scheuklappen

Eine weitere brauchbare Quelle zur Analyse der Vermögensverteilung kam im letzten Jahr von unerwarteter Seite. Als in Irland und Spanien die Banken wankten, bekam die Europäische Zentralbank (EZB) kalte Füße und stellte sich Fragen: Welche Auswirkungen hat beispielsweise ein Rückgang der Immobilienpreise um 10 Prozent, kombiniert mit einer Steigerung der Arbeitslosigkeit auf das Bankensystem der Euroländer? Wie hoch sind die Privathaushalte verschuldet, und welche Vermögenswerte besitzen sie, die herangezogen werden könnten, um die Verluste auszugleichen? Um solche Szenarien seriös zu berechnen, sind verlässliche Daten notwendig. Und nicht nur in Deutschland, auch in den anderen Euroländern sind solche Daten zu den Vermögensposten der Bevölkerung rar.

Um diese Wissenslücke zu schließen, beauftragte die EZB die nationalen Zentralbanken, die bereits 2006 begonnene gemeinsame Erhebung zu Vermögen und Finanzen privater Haushalte (Household Finance and Comsumption Survey, HFCS) durchzuführen. In Deutschland kam diese Aufgabe der Deutschen Bundesbank zu, die in Zusammenarbeit mit dem Markt- und Meinungsforschungsinstitut Infas 3565 deutsche Haushalte ausgiebig zu deren Vermögensverhältnissen befragte. Die Ergebnisse fasste die Bundesbank im April 2013 zur Studie *Private Haushalte und ihre Finanzen* (PHF) zusammen. Die Teilnahme an der PHF-Studie war freiwillig, und als Dankeschön erhielt jeder der teilnehmenden Haushalte eine 10-Euro-Gedenkmünze. Doch auch dies war sicher kein überzeugendes Argument für die Reichen unter uns, ausgerechnet der Bundesbank detaillierte Informationen zum Vermögen zu geben – schon gar nicht zu möglichen Schwarzgeldkonten.

Da arme Haushalte, die keine Immobilie besitzen und außer dem Dispo auf dem Girokonto mit dem Bankensystem wenig zu tun haben, für die EZB nicht sonderlich interessant sind, wurden bei dieser Studie überrepräsentativ viele der wohlhabenderen Haushalte befragt. Dank dieses »Over-Samplings« enthält die PHF-Studie recht detaillierte Informationen über die verschiedenen Vermögensposten der Haushalte, wenngleich auch hier die Reichsten der Reichen nicht berücksichtigt wurden. Dies soll jedoch nicht darüber hinwegtäuschen, dass die Teilergebnisse der Studie zum Immobilien , zum Geld- und zum Betriebsvermögen der Deutschen überaus interessant sind und dank ihres Detailreichtums eine sinnvolle Ergänzung zum SOEP darstellen.

Äpfel und Birnen: Über die Vergleichbarkeit von Vermögensstudien

Symptomatisch für die öffentliche Diskussion waren die Reaktionen der Medien auf die PHF-Studie. Obgleich diese nie als Vergleichsstudie zwischen den Euroländern gedacht war, wurden die nationalen Ergebnisse von der Öffentlichkeit aufgegriffen. Nicht die dramatische Verteilungsungleichheit in Deutschland, die auch die PHF-Studie eindrücklich belegt, sondern die unsinnige Scheinerkenntnis, dass »die Griechen reicher als wir Deutschen« sind, geisterte durch die Medien. Sogar die seriöse *FAZ* konnte es nicht lassen und präsentierte ihren Lesern »unglaubliche Fakten«, die belegen sollten, dass die Deutschen die »Ärmsten im Euroraum« sind.[10]

Dennoch ist die Frage interessant, warum die griechischen Haushalte im Median – aber nicht im Durchschnitt – wohlhabender sind als die deutschen Haushalte. Ist »der Grieche« wirklich reicher als »der Deutsche«? Die Antwort auf diese Frage kann Radio Eriwan geben: Im Prinzip ja, aber …

Bei der PHF-Studie wurden wie bei allen vergleichbaren Studien die Ansprüche aus dem Rentensystem nicht miteingerechnet, die Ansprüche an private Altersvorsorgeprodukte aber sehr wohl. Dabei stellen die Ansprüche an die gesetzliche Rente und das öffentliche Pensionssystem gerade in der deutschen Unter- und Mittelschicht den größten Vermögensbestandteil dar, wenn man denn überhaupt Ansprüche aus einer Altersvorsorge zu den Vermögenswerten zählen will. Der berühmt-berüchtigte »Eckrentner« hat beispielsweise einen Anspruch auf eine Nettomonatsrente von 1 200 Euro. Bei einem Zweipersonenhaushalt und einer durchschnittlichen Rentenbezugsdauer von 13 Jahren entspricht dies einem Altersvorsorgeanspruch in Höhe von etwa 360 000 Euro.[11] Selbst wenn man nicht den Eckrentnerhaushalt, sondern den Durchschnittsrentner nimmt, bezieht ein Zweipersonenhaushalt mit Mann und Frau im Schnitt 1 435 Euro im Monat, was sich in 13 Jahren auf 223 860 Euro summiert. Randnotiz: Ein durchschnittlicher Zweipersonen-Beamtenhaushalt käme nach dieser Rechnung auf Pensionsansprüche von ungefähr 800 000 Euro.

Natürlich haben auch Griechen Anspruch auf eine gesetzliche Rente – doch der durchschnittliche griechische Rentner bezieht im Vergleich zu seinem deutschen Pendant gerade einmal die Hälfte. Bezogen auf den Durchschnitt müsste das derart »gemessene« Vermögen der Deutschen somit um fast 120 000 Euro höher liegen als das der Griechen – und die Statistik, nach der »der Grieche« doppelt so reich wie »der Deutsche« ist, wäre schon mal für die Katz. Da nun »der Grieche« von seiner niedrigen Rente nicht leben kann, muss er privat vorsorgen. Die Ansprüche aus dieser privaten Altersvorsorge zählen jedoch laut PHF zu den Vermögenswerten und blähen den griechischen Wert weiter auf. Bezieht man diese Effekte ein, dürfte das Vermögen der Deutschen im Median rund doppelt so hoch wie das der Griechen sein, womit die These vom reichen Griechen und armen Deutschen in ihr exaktes Gegenteil gekehrt wäre.

Das Einbeziehen von Forderungen aus der Altersvorsorge ist für eine Vermögensstatistik allerdings generell problematisch, da Bürger von Ländern mit einem größtenteils privatisierten Altersvorsorgesystem dadurch stets vermögender gerechnet werden. Würde man beispielsweise von heute auf morgen das deutsche umlagefinanzierte System abschaffen und die Bürger zwingen, privat vorzusorgen, würde im Laufe der Zeit das Vermögen stark steigen. Wenn ein Arbeitnehmer beispielsweise gezwungen wäre, jeden Monat 300 Euro in ein privates Altersvorsorgemodell einzuzahlen, hätte er nach zehn Jahren Ansprüche in Höhe von 36000 Euro angesammelt,[12] die in der PHF-Studie ausgewiesen würden. Dennoch hätte er systembedingt geringere Rentenansprüche als im Umlagesystem. Er wäre also in Wirklichkeit ärmer als vorher, würde jedoch von der Statistik als vermögender geführt.

Ein weiterer Grund, warum die nationalen Studien nicht vergleichbar sind, ist die unterschiedliche Haushaltsstruktur. Die PHF-Studie arbeitet, wie alle nationalen Erhebungen der HFCS auf Basis von Haushalten und nicht auf Basis von Einzelpersonen. Das führt zwangsläufig dazu, dass Länder mit größeren Haushalten als vermögender gelten als Länder mit weniger Haushaltsmitgliedern. Deutschland weist einen doppelt so hohen Anteil an Singlehaushalten im Vergleich zu den südeuropäischen Ländern auf, was auch ein Grund für die vermeintlich schlechten Ergebnisse ist. Es ist freilich eine Binsenweisheit, dass eine Großfamilie, bei der mehrere Generationen unter einem Dach leben, vermögender als ein Einpersonenhaushalt sein muss. Aber welchen Mehrwert bringt uns diese Erkenntnis?

Hinzu kommt ein weiteres Problem: Der hierzulande vergleichsweise gut funktionierende Markt für Mietwohnungen drückt die deutschen Ergebnisse in einer Art und Weise, dass man sie schlecht mit den Ergebnissen anderer Länder vergleichen kann. So tauchen beispielsweise die zahlreichen Wohnungen in öffentlichem Besitz in der PHF-Studie nicht auf. Würde die öffentliche Hand sich von diesen Wohnungen trennen, hätte dies paradoxerweise einen positiven Effekt auf die Vermögensbilanz, die ja nur das Vermögen der Privathaushalte beinhaltet.

Ganz ähnlich verhält es sich mit immateriellen Gütern und öffentlichen Dienstleistungen. Wenn beispielsweise die Eltern und Großeltern für die Studienkosten ihrer Kinder sparen müssen, hat dies einen positiven Effekt auf die Vermögensstatistik. Zahlt der Staat das Studium, bleibt dieser Effekt aus. Gleiches gilt für die Pflegeversicherung: Wer für die zu erwartenden Pflegekosten privat spart, ist auf dem Papier vermögender; wird die Pflege über die Sozialsysteme gezahlt, hat dies ebenfalls nur auf dem Papier einen negativen Effekt auf das Vermögen. Das ist paradox.

Würde man die Krokodilstränen der deutschen Medien ernst nehmen, so könnte man einen klaren Maßnahmenkatalog entwerfen, wie »die Deutschen« reicher werden: Zunächst müsste man das Rentensystem komplett privatisieren, auch wenn dies negative Auswirkungen auf die zu erwartenden Einkünfte im Alter hätte. Dann müsste man noch dafür sorgen, dass die Menschen sich seltener scheiden lassen und die Kinder länger bei ihren Eltern leben, um die statistische Haushaltsgröße zu erhöhen – bei einer höheren Jugendarbeitslosigkeit und weniger Studien- oder Ausbildungsplätzen wäre dies der Fall. Als Nächstes müsste man das Sozialsystem privatisieren und Leistungen auf ein Minimum herunterfahren, denn wenn der Deutsche, angefangen bei der Schulausbildung seiner Kinder, unerwarteten Krankheitskosten bis zum Platz im Altenheim, für alles und jedes Rücklagen bilden muss, wird er vermögender – wenn auch nur auf dem Papier.

All diese Kritik an den genannten Studien zeigt: Es verbietet sich, verschiedene Studien miteinander zu vergleichen und daraus die genehmen Schlüsse zu ziehen – vor allem wenn sie aus verschiedenen Ländern stammen. Was sich jedoch sehr wohl vergleichen lässt, ist die Verteilung der Vermögen innerhalb eines Landes. Und für den Umstand, dass in Deutschland die Vermögen so ungleich verteilt sind wie in kaum einem anderen Land, ist vollkommen unerheblich, wie reich »der Grieche« auf dem Papier ist. Warum thematisieren die Medien dann die reichen Griechen und nicht die himmelschreiend ungerechte Vermögensverteilung im eigenen Lande?

2 Wie viel Reichtum können wir uns leisten? Schattenseiten des Reichtums

Wussten Sie schon, dass Sie – zumindest dann, wenn Sie in Deutschland leben – in dem Euroland zu Hause sind, in dem die Kluft zwischen Arm und Reich am größten ist? Und diese Vermögensungleichheit zählt sogar im weltweiten Vergleich zu den höchsten laut einer aktuellen Studie des Deutschen Instituts für Wirtschaftsforschung (DIW).[1] Von den OECD-Staaten wird Deutschland lediglich von den USA und der Schweiz übertroffen,[2] und auch außerhalb der OECD ist es nicht einfach, Länder zu finden, in denen das Vermögen noch ungleicher verteilt ist. Russland und Simbabwe gehören dazu, während Brasilien, Gabun, die Zentralafrikanische Republik und Swasiland in etwa in der gleichen Liga wie Deutschland spielen.

Wussten Sie schon?

- Das Vermögen der 80 000 wohlhabendsten Deutschen ist 16-mal so groß wie das Vermögen der unteren 40 Millionen Deutschen zusammen.
- Das Vermögen der 800 000 wohlhabendsten Deutschen ist fast genau so groß wie das Vermögen der übrigen 80 Millionen.
- Die untersten 20 Prozent der Bevölkerung besitzen überhaupt kein Vermögen.
- Deutschland zählt im internationalen Vergleich zu den Ländern mit der höchsten Vermögensungleichheit.

Es hat durchaus Tradition, dass die Vermögen hierzulande so ungleich verteilt sind. Im Hochmittelalter gehörte alles Land außerhalb der freien Städte entweder der Kirche oder dem Adel, der es an seine Vasallen als Lehen, also als Leihgabe, verpachtete. Der größte Teil der Bevölkerung besaß damals bis auf die Kleider am Leibe nichts. Besäße man das nötige Datenmaterial, um die Vermögensverteilung der hochmittelalterlichen Gesellschaft zu messen, käme man wohl auf einen Gini-Koeffizienten nahe 1,0.

Der Gini-Koeffizient ist ein statistisches Maß, um Ungleichverteilungen darzustellen. Ein Gini-Koeffizient von 0,0 würde bedeuten, dass die jeweils untersuchte Größe bei allen gemessenen Stichproben exakt gleich groß ist. Wenn man das Vermögen misst, würde also eine Gesellschaft nur dann einen Gini-Koeffizienten von 0,0 aufweisen, wenn alle Mitglieder dieser Gesellschaft exakt das gleiche Vermögen haben – selbst für utopische Gesellschaftsmodelle ist dies kaum vorstellbar. Bei einem Gini-Koeffizienten von 1,0 liegt wiederum eine maximale Ungleichverteilung vor: Eine Person besitzt das komplette Vermögen und alle anderen überhaupt nichts. Auch dieses Szenario ist – wenn man einmal das hochmittelalterliche Lehenswesen beiseite lässt – selbst für dystopische Gesellschaftsmodelle kaum denkbar. In der realen Welt unserer Tage bewegt sich der Gini-Koeffizient für die Vermögensverteilung zwischen 0,45 in der Slowakei und 0,91 in Russland.

Es ist nicht einfach, den zeitlichen Verlauf der Vermögens(ungleich)-verteilung seriös darzustellen. Bevor wir den Gini-Koeffizienten ausrechnen können, müssen wir zunächst das Vermögen der Bevölkerung messen. Doch die Fallstricke der Vermögenserfassung haben wir bereits im letzten Kapitel betrachtet. Ohne Weiteres untereinander vergleichbar sind eigentlich nur Daten, die von ein und demselben Institut nach einer festgelegten Systematik erhoben und ausgewertet wurden. Für die deutschen Zahlen kommt hier lediglich das bereits erwähnte Sozio-oekonomische Panel (SOEP) des DIW in Frage, das im Februar 2014 die ersten Daten aus seiner dritten Studie zur Vermögensungleichheit veröffentlicht hat.

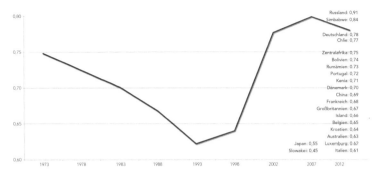

	Russland: 0,91
	Simbabwe: 0,84
	Deutschland: 0,78
	Chile: 0,77
	Zentralafrika: 0,75
	Bolivien: 0,74
	Rumänien: 0,73
	Portugal: 0,72
	Kenia: 0,71
	Dänemark: 0,70
	China: 0,69
	Frankreich: 0,68
	Großbritannien: 0,67
	Island: 0,66
	Belgien: 0,65
	Kroatien: 0,64
	Australien: 0,63
Japan: 0,55	Luxemburg: 0,62
Slowakei: 0,45	Italien: 0,61

bis 1990 alte Bundesländer – Quelle: 1973: Hoher/Mieheimer, Jahrbücher für Nationalökonomie, 1983–1998: Hauser, Informationen zur Raumentwicklung, ab 2002: SOEP/DIW. Int. Daten: DIW und Weltbank

Der Gini-Koeffizient und die Vermögensverteilung in Deutschland[3]

Wir sehen einen klaren Trend: Während der 1970er und 1980er Jahre konnte die Vermögensschere in Deutschland deutlich geschlossen werden. 1993 betrug der Gini-Koeffizient hierzulande lediglich 0,62. Wäre das heute auch noch so, wäre Deutschland hinter der Slowakei, Japan und Italien das Land, in dem die Vermögen besonders gleich verteilt sind. Doch seit 1998 wuchs die Kluft zwischen Arm und Reich rapide, sodass Deutschland nunmehr keinen Spitzenplatz bei der Gleich-, sondern bei der Ungleichverteilung von Vermögen einnimmt. Hatte sich die Vermögensschere bis in die 1990er Jahre geschlossen, öffnet sie sich seitdem mit einer so nie für möglich gehaltenen Geschwindigkeit. Die Gründe für diese Trendumkehr sind komplex und werden in den folgenden Kapiteln näher beleuchtet.

Gemessene Ungleichheit

Wie groß die Schieflage tatsächlich ist und was dies für die Vermögensverteilung bedeutet, zeigen die Untersuchungen des SOEP aus dem Jahre 2007,[5] in denen erstmals die obersten 0,1 Prozent der Vermögensskala berücksichtigt wurden. Dieses oberste Promille oder 80000 Menschen besitzt nach den Zahlen des DIW insgesamt 22,5 Prozent des gesamten deutschen Nettovermögens – 16-mal so viel wie

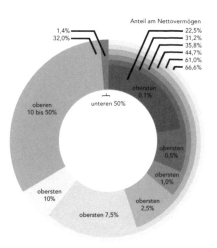

Den obersten 0,1% der Bevölkerung
... gehören 22,5% des Vermögens

Den obersten 1,0% der Bevölkerung
... gehören 44,7% des Vermögens

Den obersten 10% der Bevölkerung
... gehören 66,6% des Vermögens

Den untersten 50% der Bevölkerung
... gehören 1,4% des Vermögens

Den untersten 20% der Bevölkerung
... gehört gar nichts

Die untersten 7,4% der Bevölkerung
... haben mehr Schulden als Vermögen

Quelle: DIW Berlin –SOEPpaper 397, Bezugsjahr 2007

Vermögensverteilung in Deutschland 2007[4]

das Vermögen der unteren 40 Millionen Deutschen zusammen! Das
oberste Prozent verfügt über fast die Hälfte des gesamten deutschen
Nettovermögens. Diese wohlhabendsten 800 000 Deutschen verfügen
somit über fast das gleiche Vermögen wie die restlichen 79,4 Millionen Deutschen. Insgesamt gehören zwei Drittel des Vermögens den
oberen 10 Prozent. Mit Fug und Recht können wir hier von einer ziemlich ungerechten Vermögensverteilung sprechen!

Die neuesten SOEP-Zahlen datieren von 2012, und sie zeigen, dass
sich der Trend fortgesetzt hat: Während das oberste Prozent der Vermögensskala sein Vermögen gegenüber 2007 im Schnitt noch einmal
ordentlich steigern konnte, hat das unterste Viertel der Bevölkerung
nach wie vor gar kein Vermögen oder gar Schulden – mit leicht sinkender Tendenz. Auch ist das Vermögen in der Mitte der Gesellschaft
ein wenig schneller gewachsen als das Vermögen der Wohlhabenden.
Aber was soll das schon heißen, wenn dieses Vermögenswachstum
noch unter der Inflationsrate liegt und somit eigentlich einen Vermö-
gensverlust bedeutet?

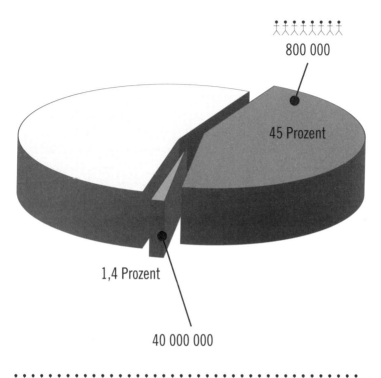

800 000

45 Prozent

1,4 Prozent

40 000 000

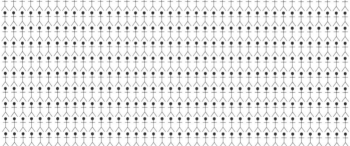

Schieflage der Vermögensverteilung

Welche Relevanz haben diese Zahlen?

Im Durchschnitt sind die deutschen Vermögen seit 1991 jedes Jahr mit einer erstaunlichen Zuverlässigkeit um durchschnittlich 4,4 Prozent gestiegen. Dieses Wachstum geht vor allem auf das trotz Finanzkrise stetig steigende Geldvermögen zurück. Nun profitieren aber nur die von einem steigenden Geldvermögen, die überhaupt über ein solches verfügen – alle anderen gehen bei diesem Vermögenswachstum natürlich leer aus. Das ist natürlich nicht unbedingt neu: Schon seit jeher profitierten vor allem die Vermögenden selbst von steigenden Vermögenswerten. Neu ist jedoch, zumindest im Nachkriegsdeutschland, dass den weniger Wohlhabenden keine Chance geboten wird, ein eigenes Vermögen aufzubauen. Wer hat, dem wird gegeben, und wer arm ist, bleibt arm.

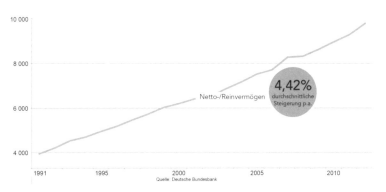

Vermögensentwicklung in Deutschland[6]

Welche Erklärung gibt es denn dafür, dass seit Mitte der 1990er Jahre die Vermögensschere derart auseinandergeht? Während die Vermögen in diesem Zeitraum um mehr als 4,4 Prozent gestiegen sind, sind das Bruttoinlandsprodukt nur um 2,4 Prozent und die Reallöhne überhaupt nicht gewachsen. Wie kann es sein, dass das Vermögen schneller wächst als die Wirtschaft?

Die Zunahme des Auslandsvermögens deutscher Privathaushalte ist nur ein Faktor unter vielen. Ein weiterer ist die Vermögenspreisinflation. Ein schlagkräftiger Indikator für diese Entwicklung sind die Kursgewinne des deutschen Aktienindex Dax: Dieser ist seit 1995 um satte 340 Prozent gestiegen, während die Realwirtschaft im gleichen Zeitraum nur um 42 Prozent gewachsen ist. Sicher, die Dax-Konzerne haben in diesem Zeitraum auch dadurch an Wert hinzugewonnen – durch organisches Wachstum, aber auch durch Zukäufe, Fusionen und Expansion auf ausländische Märkte. Eine Wertsteigerung, die mehr als achtmal so groß wie das volkswirtschaftliche Wachstum ist, lässt sich damit jedoch nicht erklären.

Umverteilung von unten nach oben

Von Seiten einiger Kapitalismuskritiker wird die ungleiche Vermögensverteilung gerne anhand eines geschlossenen Systems erklärt: Wenn die Reichen ihren Anteil am Gesamtvermögen ausbauen und ihr persönliches Vermögen steigern, müssen die Armen ja automatisch weniger haben. Aber stimmt das? Nein, das ist natürlich eine Milchmädchenrechnung – und dennoch ist die Umverteilung von unten nach oben Realität.

Wie eine solche Umverteilung aussehen kann, zeigt sich beispielsweise im Gesundheitssektor. Wenn ein städtisches Krankenhaus privatisiert wird, setzt dies auch aus der Vermögensperspektive eine Reihe von Prozessen in Gang. Vor der Privatisierung zählte die im kommunalen Besitz befindliche Klinik zu den öffentlichen Gütern. Wenn sie eine Rendite erwirtschaftete, floss diese in den öffentlichen Haushalt und war damit im Sinne der Vermögensverteilung der privaten Haushalte neutral.[7] Nach der Privatisierung jedoch fließt die Rendite direkt (zum Beispiel als Dividende) oder indirekt (als Wertsteigerung) in die Vermögensbilanz einzelner privater Haushalte. Und da Besitzer privater Krankenhauskonzerne keine armen Schlucker sind, sondern eher den obersten Promille der Vermögensskala angehören, mehren die Renditen nun das Vermögen dieser wenigen. Dies allein würde schon ausreichen, um die Vermögensschere weiter zu öffnen – doch es geht noch weiter.

Um privatisierte Krankenhäuser auf Renditemaximierung zu trimmen, werden aus Unternehmersicht zunächst die Löhne gedrückt. Was aus Unternehmersicht Personalkosten sind, sind aus Arbeitnehmersicht Einkommen. Anders als bei den wohlhabenden Schichten ist der Arbeitslohn für Normalsterbliche die einzige Basis, auf der sie ein Vermögen aufbauen können – zumindest dann, wenn man Lotteriegewinne und Erbschaften außer Acht lässt. Eine anständig bezahlte Krankenschwester könnte sich beispielsweise irgendwann ein Häuschen kaufen oder Geld für ihre Altersvorsorge zurücklegen. Der Nettowert des Hauses (Marktwert minus Restverschuldung) und der Wert der Altersrücklagen würden dann in die Vermögensbilanz eingehen – und die Schere würde sich wieder ein wenig schließen. Nun werden Krankenschwestern in privatisierten Kliniken aber, wenn es sich arbeitsrechtlich durchsetzen lässt, nur selten ordentlich bezahlt. Die Einkommensdifferenz der »privatisierten« Krankenschwester ist auf der anderen Seite der Bilanz die Renditesteigerung des Klinikbesitzers.

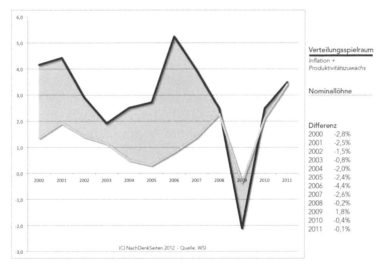

Entwicklung der Nominallöhne[8]

Wenn also die Einkommen langsamer steigen als die Produktivität, findet eine Umverteilung von unten nach oben statt. Um diese Umverteilung zu stoppen, müssten die Nominallöhne in jedem Jahr so stark wachsen wie Inflation plus Produktivitätszuwachs – Ökonomen sprechen vom Verteilungsspielraum. Wenn die Löhne stärker steigen als dieser »Verteilungsspielraum«, gibt es sogar eine Umverteilung von oben nach unten. In der jüngeren Vergangenheit lagen die Lohnsteigerungen außer im Krisenjahr 2009 jedoch deutlich unter diesem Verteilungsspielraum. Die Umverteilung von unten nach oben ist in vollem Gange. So unrecht hatte Bertolt Brecht also doch nicht: Wär der Klinikbesitzer nicht reich, wär die Krankenschwester nicht arm.

Umverteilung politisch gefördert und gewollt

Es ist kein Zufall, dass die Vermögensschere sich vor allem seit 1998 rasant geöffnet hat. In diesem Jahr übernahm die rot-grüne Regierung unter Bundeskanzler Gerhard Schröder in Berlin die Macht und forcierte eine Umverteilungspolitik, die bereits unter Helmut Kohl begonnen hatte und unter dem Begriff »Neoliberalismus« bekannt ist. Grundlage dieser Politik sind die wirtschafts- und gesellschaftspolitischen Lehren des Marktliberalismus der Chicagoer Schule, der Grundlage für die angebotspolitischen Reformen Ronald Reagans (»Reaganomics«) und Margaret Thatchers (»Thatcherismus«) war. In Deutschland begann die neoliberale Revolution streng genommen bereits 1982, als der damalige Wirtschaftsminister Otto Graf Lambsdorff sein »Konzept für eine Politik zur Überwindung der Wachstumsschwäche und zur Bekämpfung der Arbeitslosigkeit« vorstellte.[9] Dieses sogenannte »Lambsdorff-Papier« markierte eine politische Zäsur.

Nachkriegsdeutschland war wirtschaftspolitisch von der Sozialen Marktwirtschaft geprägt. Die Deutschland AG steuerte das Land, und nicht die Börsen, sondern die Banken bestimmten das Finanzgeschehen. Dieser »Rheinische Kapitalismus« war stets die kapitalistische Alternative zum angelsächsischen Modell und zeichnete sich vor allem dadurch aus, dass eine größere Beteiligung des Volkes am Vermögen angestrebt wurde. Damit galt der Rheinische Kapitalismus manchen marktliberalen Ideologen – leicht zugespitzt – bereits als Vorstufe des Sozialismus. Um diesen Tendenzen entgegenzuwirken, die in der Nachkriegszeit auch in den USA und Großbritannien zu finden waren, wurde eine angebotsorientierte Agenda entworfen. Diese lässt sich auf wenige grundlegende Punkte reduzieren: Senkung von Staatsquote, Staatsschulden, Steuern und Löhnen, Deregulierung und Liberalisierung der Märkte sowie Privatisierung des öffentlichen Sektors.[10]

Was mit den Lambsdorff-Papieren 1982 begann, setzte sich in Deutschland 1999 fort, als der damalige Bundeskanzler Gerhard Schröder zusammen mit seinem britischen Kollegen Tony Blair im sogenannten »Schröder-Blair-Papier« die europäische Sozialdemokratie ebenfalls auf neoliberalen Kurs brachte, den der »Neuen Mitte«, wie sie es selbst nannten. Eine antiideologische, streng pragmatische Politik mit libertären Zügen hatte Deutschland endgültig aus der wohligen Heimeligkeit der Bonner Republik gerissen. Die vier Jahre später von Rot-Grün beschlossene »Agenda 2010« setzte konsequent fort, was die Neue Mitte als Modell der Zukunft vorgesehen hatte. Es ist wohl eine Ironie der Geschichte, dass die vermeintlich linke Rot-Grün-Regierung die konservativen Parteien auf der Schnellstraße des Sozialabbaus rechts überholte und das Land unter dem Jubel reformversessener Medien binnen weniger Jahre von Grund auf umkrempelte.

So wurden beispielsweise 1997 die Vermögenssteuer ausgesetzt und die Gewerbeertragssteuer abgeschafft. 2002 wurden Veräußerungsgewinne von Unternehmensanteilen für Kapitalgesellschaften für steuerfrei erklärt, zwischen 2000 und 2005 der Spitzensteuersatz bei der Einkommensteuer von 53 Prozent auf 42 Prozent gesenkt und gleichzeitig die Freibeträge bei der Erbschaftssteuer in mehreren Schritten angehoben. 2008 wurde die Körperschaftssteuer von 25 Prozent auf 15 Prozent gesenkt und die Kapitalertragssteuer eingeführt; seitdem müssen Spekulationsgewinne und Kapitalerträge nur noch pauschal mit 25 Prozent anstatt des jeweiligen Einkommensteuersatzes versteuert werden. Die Privatisierung ehemals öffentlichen Vermögens nahm seit 1999 rapide zu, und die Finanzmärkte wurden dereguliert. Zu guter Letzt führten die Reformen infolge der Agenda 2010 dazu, dass besonders die niedrigen Löhne noch weiter sanken.

Wie kaum anders zu erwarten, hatte diese Politik immense Folgen für die Vermögensverteilung.

Eine harmonische Verteilung der Vermögen ist dabei keinesfalls nur eine Frage der Gerechtigkeit. Wie der US-Ökonom James K. Galbraith in seinem Buch *Inequality and Instability*[11] anschaulich beschreibt, gibt es einen direkten Zusammenhang zwischen der Verteilung von Vermögen und der Stabilität des Wirtschafts- und Finanzsystems. Kurz zusammengefasst besagen Galbraiths Studien, dass ein Wirtschafts- und Finanzsystem umso stabiler ist, je gleicher die Vermögen verteilt sind. Öffnet sich die Vermögensschere, wird das System im Kern instabil und neigt zur Bildung von Finanzblasen, die irgendwann zusammenbrechen und die Realwirtschaft in Mitleidenschaft ziehen – insofern sorgt die anhaltende Umverteilung von unten nach oben für Instabilität.

Es ist also kein Zufall, dass das westliche Wirtschafts- und Finanzsystem in den Nachkriegsjahrzehnten, in denen die Vermögensschere zum ersten Mal in Friedenszeiten[12] geschlossen wurde, besonders stabil war, während zahlreiche Finanz- und Wirtschaftskrisen in einer Periode begannen, in der die Märkte entfesselt waren und sich die Vermögensschere spreizte. Eine Gesellschaft, in der die Vermögen gleicher verteilt sind, ist demzufolge nicht nur gerecht, sondern volkswirtschaftlich erwünscht. In diesem Kontext wirken die jüngsten Zahlen zur Vermögensverteilung in Deutschland wie ein Menetekel.

3 Im Geldspeicher von Dagobert Duck: unser Geldvermögen

Haben auch Sie »41 954 Euro auf der hohen Kante«? Nein? Dann wird der angesehene *Tagesspiegel* wohl in seiner Ausgabe vom 25. September 2013 daneben gelegen haben, als er frohlockte, dass unser Geldvermögen seit der Finanzkrise um 18 Prozent gewachsen sei und »jeder Deutsche« nun über ein Geldvermögen von fast 42 000 Euro verfüge.[1] Im gesamten Artikel taucht der Begriff »Durchschnitt« kein einziges Mal auf, und auf die ungleiche Verteilung der Geldvermögen geht der *Tagesspiegel* ebenfalls nicht ein. Einen Tag zuvor vermeldete die Online-Ausgabe des *Manager Magazins* sogar »Deutsche schwimmen im Geld« und versäumte es ebenfalls, seine Leser darauf hinzuweisen, dass dieser Durchschnittswert wegen der grotesk ungleichen Verteilung nicht die geringste Aussagekraft hat.

Wie viel Geld besitzt eigentlich ein durchschnittlicher deutscher Haushalt?[2] Folgt man den Zahlen der PHF-Studie der deutschen Bundesbank sind dies 3 000 Euro auf dem Girokonto und 13 300 Euro auf Sparkonten, die jedoch oft feste Laufzeiten haben, nicht so einfach ohne Wertverlust zu kündigen sind (zum Beispiel die Riester-Rente) und die man daher eigentlich nicht zum Geldvermögen zählen sollte. Hinzu kommen durchschnittlich 3 500 Euro in Fondsanteilen und 800 Euro in Aktien, die jederzeit verkauft werden können. Mit ein wenig Fantasie könnte man also sagen, dass ein Durchschnittshaushalt 20 600 Euro frei nutzbares Geldvermögen besitzt, er diese Summe also »auf der hohen Kante« hat.[3] Dies ist gerade einmal die Hälfte des Durchschnittswertes, den *Tagesspiegel* und *Manager Magazin* zitieren.

Da es sich bei diesen Zahlen um das Nettogeldvermögen handelt, stehen diesem jedoch durchschnittlich 27 900 Euro Schulden gegenüber – 24 800 Euro davon für Hypothekenkredite. Rechnet man diese

Schulden auf das persönliche Geldvermögen an, hat der Durchschnittshaushalt also keinen einzigen Cent auf der hohen Kante, sondern allenfalls Schulden bei der Bank. Erst wenn man die langfristigen Ansprüche aus Lebensversicherungen, Pensionen und anderen Altersvorsorgeprodukten einbezieht, kommt man auf die bescheidene Summe von 8 000 Euro. Ein armer Haushalt[4] hat übrigens im Schnitt gerade einmal 600 Euro auf dem Girokonto und 650 Euro auf Sparkonten (inklusive Riester-Rente) und dabei alleine 5 300 Euro offene unbesicherte Kredite, also zum Beispiel Dispokredite auf dem Girokonto oder Konsumentenkredite. Aus der Traum vom Deutschen, der im Geld schwimmt? Nein, denn es gibt zweifelsohne Mitbürger, die in Geld schwimmen – wenn auch nicht ganz so bildlich wie Dagobert Duck in seinem prall gefüllten Geldspeicher.

Wussten Sie schon?

- Ein durchschnittlicher Haushalt verfügt inklusive der Ansprüche aus Lebensversicherungen und privater Altersvorsorge über ein Nettogeldvermögen von weniger als 8 000 Euro.
- Ein Haushalt aus dem obersten 0,1 Prozent der Vermögensskala verfügt im Schnitt über ein Nettogeldvermögen von mehr als 19 Millionen Euro.
- Würde man mit dem Vermögenszuwachs der deutschen Millionäre die Staatsschulden zurückzahlen, wäre der Bund nach sechs Jahren und zweieinhalb Monaten schuldenfrei – und die Millionäre wären immer noch Millionäre.

Große Geldvermögen: die große Unbekannte

Bei der Betrachtung der Geldvermögen ist es wichtig, zwischen brutto und netto zu unterscheiden. Wenn wir uns beispielsweise 1 000 Euro von der Bank leihen und auf ein Sparbuch legen, haben wir – wenn man die Bearbeitungsgebühren herauslässt – ein Bruttogeldvermögen von 1 000 Euro und ein Nettogeldvermögen von 0 Euro. Das Bruttogeldvermögen beinhaltet Geld (Forderungen) und Verbindlichkeiten, beim Nettogeldvermögen werden die Verbindlichkeiten (also die Schulden) abgezogen. Da das Nettogeldvermögen nicht nur dem gesunden Menschenverstand entspricht, sondern auch die Realität besser widerspiegelt, sollten wir es auch als allgemeinen Maßstab heranziehen. Die größten Posten bilden Bargeld und Sichteinlagen (zum Beispiel Girokonten), gefolgt von laufenden Ansprüchen aus Versicherungen und Wertpapieren.

Brutto- und Nettogeldvermögen sind die einzigen Vermögensangaben, über die es relativ präzise Statistiken gibt, die regelmäßig von der Bundesbank veröffentlicht werden. Natürlich kann die Bundesbank jedoch nur offizielle Geldvermögen in ihre Statistik aufnehmen – was auf Konten in sogenannten Offshore-Finanzplätzen schlummert, wird nicht erfasst.

Geld und Vermögen sind zwei grundverschiedene Dinge. Vereinfacht ausgedrückt stellt Geld eine Forderung auf einen Tauschwert in der Zukunft dar. Das Vermögen besteht jedoch nicht nur aus Forderungen, sondern auch aus Dingen, die man bereits besitzt: Weder das geerbte noch das selbst finanzierte und abbezahlte Haus tauchen deshalb in einer Geldstatistik auf. Auch andere Güter, die einen mal mehr, mal weniger klar definierten Tauschwert haben, fehlen: Unternehmensanteile, Goldbarren, Edelsteine, Gemälde oder Münzsammlungen – alles, was durch keinen Kredit belastet ist oder eine geldwerte Forderung darstellt, ist nicht Bestandteil des Geldvermögens. Wer die Vermögensfrage also auf das Geldvermögen reduziert, erhält somit lediglich die Antwort auf die Frage, wie hoch die offenen Forderungen der Deutschen sind. Das ist zwar nicht uninteressant, geht aber an der Frage nach der Vermögensverteilung vorbei. Dennoch begehen selbst wohlmeinende Kritiker der Vermögensungleichverteilung oft den Fehler, das Vermögen auf das Geldvermögen zu reduzieren, und kommen so zu falschen Ergebnissen.

Laut Vermögensbilanz der Bundesbank[5] betrug das Nettogeldvermögen der Deutschen im dritten Quartal 2013 3,5 Billionen Euro. Da sämtliche Finanzinstitute, die in Deutschland zugelassen sind, gegenüber der Bundesbank – freilich in anonymisierter und konsolidierter Form – meldepflichtig sind, ist diese Zahl höchst zuverlässig. Aber auch hier werden keine ausländischen Konten oder gar Schwarzgeldbestände erfasst.

Vergleichen wir diese Zahl mit einer Hochrechnung aus der Geldvermögensbilanz der PHF-Studie, kommen wir auf eine erstaunliche Differenz von 1,5 Billionen Euro, die in der PHF-Studie fehlen. Diese Differenz erklärt sich dadurch, dass bei der PHF-Studie die wohlhabendsten Haushalte aus dem Erfassungsraster gefallen sind. Wenn man diese Differenz anhand des Gini-Koeffizienten der SOEP konservativ auf die PHF-Ergebnisse überträgt, kommt man zu folgender Verteilung der Geldvermögen:

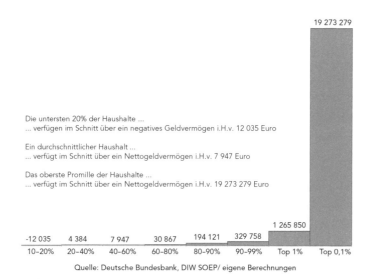

Quelle: Deutsche Bundesbank, DIW SOEP/ eigene Berechnungen

Verteilung des Nettogeldvermögens in Deutschland unter Einbeziehung von Millionären und Milliardären[6]

Nun sollte klar sein, wer im Geld schwimmt – »die Deutschen« sind es jedenfalls ganz sicher nicht. Haushalte, die zu den obersten 0,1 Prozent der Vermögensskala zählen, können im Durchschnitt auf ein Nettogeldvermögen in Höhe von 19,3 Millionen Euro zurückgreifen, während das oberste Prozent (ohne die 0,1 Prozent an der Spitze) immerhin im Schnitt über ein Geldvermögen von mehr als einer Million Euro verfügt. Die wohlhabendsten 40 000 Haushalte besitzen somit mehr als 770 Milliarden Euro – das ist rund dreimal so viel, wie die »ärmsten« 32 Millionen deutschen Haushalte zusammen. Das oberste Promille hat ungefähr so viel Geld, wie die unteren 85 Prozent aller deutschen Haushalte.

Eine Million Millionäre

Bei Vermögensberatern und Investmentgesellschaften gelten die Personen, die über ein derartig hohes Vermögen verfügen, als »High Net Worth Individuals«. HNWIs müssen über ein anlagefähiges Vermögen von mehr als einer Million Dollar (derzeit rund 725 000 Euro) verfügen – selbstgenutzte Immobilien, Betriebsvermögen und wertvolle Gegenstände werden nicht mitgezählt. Aber selbst dieser elitäre Klub ist nur die zweite Wahl: Über den HNWIs stehen noch die Ultra-HNWIs, deren »anlagefähiges« Vermögen mehr als 30 Millionen Dollar beträgt und die somit den Hauptgewinn für jeden Finanz- und Anlageberater darstellen. Um diese lukrative Kundschaft zu analysieren und aufzustöbern, führt die Beratungsgesellschaft Capgemini jährlich im Auftrag der Royal Bank of Scotland ihren *World Wealth Report*[7] durch. Dafür greift Capgemini einerseits auf öffentliche und nicht öffentliche Erhebungen zurück und befragt zusätzlich 4 400 HNWIs aus 21 Ländern. Wie seriös die Zahlen dieser Studie sind, ist von außen sehr schwer zu sagen, da sich Capgemini über die genaue Methodik ausschweigt – interessant sind die Zahlen jedoch allemal: Weltweit gibt es laut Capgemini rund 12 Millionen HNWIs, also Dollar-Millionäre, die zusammengenommen über ein Vermögen von 46,2 Billionen US-Dollar verfügen. Alleine in Deutschland wohnen mehr als eine Million Millionäre mit einem Vermögen von insgesamt 3,7 Billionen Dollar, etwa 2,7 Billionen Euro.

Mit einer solchen Zahl konnten bis vor kurzem nur Astrophysiker oder Buchhalter in Zimbabwe etwas anfangen: Eine Million Sekunden sind 11 Tage, 1 Milliarde Sekunden sind 32 Jahre, eine Billion Sekunden somit 32 000 Jahre und 2,7 Billionen Sekunden 86 400 Jahre. 2,7 Billionen Euro sind 33 700 Euro für jeden Bewohner Deutschland oder auch 330 Euro für jeden Bewohner des blauen Planeten. Würde man für diese Summe Weizen einkaufen, so könnte man damit mehr als eine Milliarde Tonnen Brot damit– was 111 Laibe Brot für jeden Erdenbürger entspräche. Alternativ könnte man mit diesem Geld jedem Bewohner Deutschlands drei Jahre lang das Existenzminimum oder mehr als 85 Jahre die kompletten Kosten für Hartz IV zahlen.

Würde man diese Summe in 1-Euro-Münzen stapeln, hätte man einen Turm von fast 6,3 Millionen Kilometer Höhe – die 16-fache Entfernung von der Erde zum Mond. Stapelte man 1-Cent-Münzen, so käme man auf 450 Millionen Kilometer – das Dreifache der Entfernung von der Erde zur Sonne. Wenn man 10-Euro-Scheine im Wert dieser Summe aneinanderlegen würde, so würde dies eine 34 Millionen Kilometer lange Geldstrecke ergeben – damit könnte man 860-mal die Erde umspannen. Wenn man mit diesen Scheinen den Boden bedecken würde, wäre die Fläche 2 300 Quadratkilometer groß – was ungefähr der Fläche des Saarlands entspricht.

2,7 Billionen Euro, da muss eine alte Frau lange für stricken, wenn sie den geplanten Mindestlohn von 8,50 Euro pro Stunde bekäme – 159 Millionen Jahre lang. Die rund 40 Millionen Werktätigen in Deutschland müssten bei einem Durchschnittslohn von 3 000 Euro brutto pro Monat fast zwei Jahre lang arbeiten, um die Summe zu verdienen, die eine kleine Schicht äußerst Wohlhabender in Deutschland ihr Eigen nennt. Bei einem Preis von 250 000 Euro für ein Einfamilienhaus, könnte man damit fast 11 Millionen Häuser bauen.

Beinahe genauso erstaunlich wie diese Zahlen ist der Vermögenszuwachs der Millionäre. Laut Capgemini konnten die deutschen HN-WIs im Jahre 2012 ihr Vermögen um 7,7 Prozent steigern. Dies sind immerhin stolze 208 Milliarden Euro, was zwei Dritteln des gesamten Bundeshaushalts entspricht. Würde man diese Summe jedes Jahr dem Staat zuführen, wäre der Bund nach bereits sechs Jahren und zweieinhalb Monaten schuldenfrei.

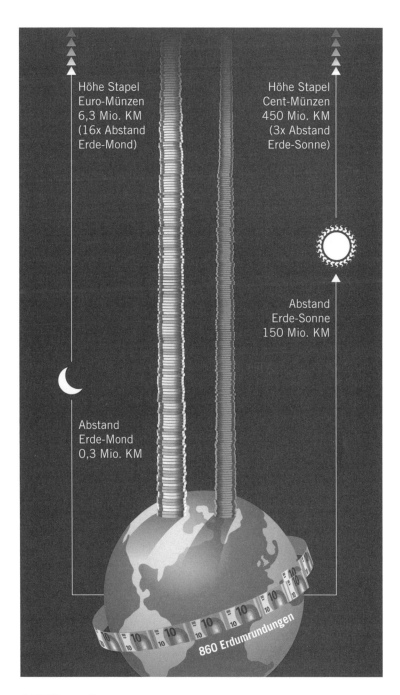

Höhe Stapel
Euro-Münzen
6,3 Mio. KM
(16x Abstand
Erde-Mond)

Höhe Stapel
Cent-Münzen
450 Mio. KM
(3x Abstand
Erde-Sonne)

Abstand
Erde-Sonne
150 Mio. KM

Abstand
Erde-Mond
0,3 Mio. KM

860 Erdumrundungen

2,7 Billionen Euro

Die imposanten Zahlen von Capgemini sind übrigens kein Einzelfall: Der Liechtensteiner Finanzberater Valuga führt seit 2010 ebenfalls jährlich Studien zu den Vermögensverhältnissen der besonders wohlhabenden Bürger im deutschsprachigen Raum durch und kommt für das Jahr 2012 auf 892 000 deutsche Euro-Millionäre mit einem Geldvermögen von insgesamt 2,4 Billionen Euro.[8] Valuga geht sogar davon aus, dass die Vermögen der Superreichen im Schnitt mit 10 Prozent pro Jahr wachsen.

4 Millionen kleine Kapitalisten: unsere Altersvorsorge

Neben dem Eigenheim stellen Lebensversicherungen und langfristige Sparverträge für die deutsche Mittelschicht den mit Abstand größten Vermögensposten dar. Laut Bundesbank-Statistik[1] hatten die privaten Haushalte im dritten Quartal 2013 längerfristige Ansprüche gegen Versicherungsgesellschaften in Höhe von immerhin 1,5 Billionen Euro. Diese erheblichen Werte sind jedoch nicht mit Mitspracherechten verbunden: Nicht die Versicherten, sondern die Versicherungsgesellschaften üben die Macht aus, die mit diesem Vermögen einhergeht. Sie bestimmen die Strategie der Konzerne, an denen sie sich beteiligen, sie diktieren den gewählten Parlamenten ihre Politik, wenn Staaten bei ihnen verschuldet sind und bei der Neuemission von Staatsanleihen auf die Kaufbereitschaft der großen Versicherungskonzerne angewiesen sind. Doch dieses Problem ist hausgemacht.

Was als private Altersvorsorge gedacht war und vor allem in den letzten beiden Jahrzehnten von den Lobbyisten der Versicherungswirtschaft als Alternative zur vermeintlich schwächelnden gesetzlichen Rentenversicherung angepriesen wurde, entwickelt sich in Zeiten des niedrigen Zinses jedoch zu einem Problem. Mittlerweile ist ersichtlich, was Kritiker der privaten Altersvorsorge schon immer gesagt haben: Eine kapitalmarktbasierte Altersvorsorge ist nicht krisenfest. Dabei ist das Konzept zumindest aus Sicht der Finanzmärkte absolut genial: Durch die private Altersvorsorge werden nicht nur Billionen von Euro in die Märkte gepumpt, mit denen die Branche ihre Renditen steigern kann, vor allem macht man ganze Bevölkerungsschichten zu Komplizen. Wenn die Höhe der Altersbezüge von der Entwicklung der Finanzmärkte abhängt, hat auch eine marktkonforme Politik plötzlich gute Chancen, mehrheitsfähig zu werden.

Wussten Sie schon?

- Die Verzinsung privater Altersvorsorgemodelle reicht nicht einmal für den Inflationsausgleich.
- Auch die Tarife der privaten Krankenversicherung basieren auf einem Zinsniveau, das schon lange nicht mehr erreicht werden kann.
- Die eigentlichen Profiteure der privaten Altersvorsorgemodelle sind Versicherungs- und Finanzkonzerne und deren Aktionäre.

Privatisierung gegen jede ökonomische Vernunft

Der wohl klügste Satz zur volkswirtschaftlichen Bedeutung kapitalgedeckter Altersvorsorgesysteme ist bereits mehr als 60 Jahre alt und stammt vom Sozialwissenschaftler Gerhard Mackenroth, einem der maßgeblichen Väter der großen Rentenreform von 1957:

»Nun gilt der einfache und klare Satz, daß aller Sozialaufwand immer aus dem Volkseinkommen der laufenden Periode gedeckt werden muß. Es gibt gar keine andere Quelle und hat nie eine andere Quelle gegeben, aus der Sozialaufwand fließen könnte, es gibt keine Ansammlung von Periode zu Periode, kein ›Sparen‹ im privatwirtschaftlichen Sinne, es gibt einfach gar nichts anderes als das laufende Volkseinkommen als Quelle für den Sozialaufwand … Kapitalansammlungsverfahren und Umlageverfahren sind also der Sache nach gar nicht wesentlich verschieden. Volkswirtschaftlich gibt es immer nur ein Umlageverfahren.«[2]

Bis heute hat es kein Ökonom geschafft, das Mackenroth-Theorem zu widerlegen. Wie denn auch? Es ist volkswirtschaftlich unstrittig, dass sämtliche Renten aus dem laufenden Volkseinkommen gedeckt werden müssen. Letztlich stellen kapitalbasierende Sozialsysteme im Grund nur eine Wette auf die konjunkturelle Entwicklung in der Zukunft dar. Verfeinert und in mathematische Formeln gepackt wurde das Mackenroth-Theorem durch den amerikanischen Ökonomen und Nobelpreisträger Paul A. Samuelson, der zudem den (ebenfalls unstrittigen) Lehrsatz aufgestellt hat, dass die Ergebnisse an den Finanzmärkten nicht dauerhaft besser sein können als die Konjunktur.

Ob die heutigen Ökonomen, die für ein kapitalgedecktes Rentensystem trommeln, jemals Mackenroth und Samuelson gelesen haben, können wir nicht wissen. Wenn sie aber deren Kernsätze gelesen haben sollten, haben sie diese sicher nicht verstanden. Anders ist die nunmehr seit zwei Jahrzehnten laufende PR-Kampagne für kapitalgedeckte Sozialsysteme kaum zu erklären – wobei der Begriff »kapitalgedeckt« für sich schon ein PR-Gag ist: Gedeckt sind die Verbindlichkeiten der Anbieter dieser Produkte gegenüber ihren Kunden nämlich nicht durch Kapital, sondern durch Versprechungen. Eine solche Versprechung hatte beispielsweise der griechische Staat abgegeben, als er sich auch von Lebensversicherungen und Pensionsfonds Geld auslieh. Aber der Begriff »kapitalgedecktes Rentensystem« hört sich natürlich vertrauenserweckender an als der Begriff »forderungsbasiertes Rentensystem« oder gar »versprechensabhängiges Rentensystem«.

Lebensversicherungen: ein Produkt mit Tradition und Problemen

Allen Schwächen eines solchen Systems zum Trotz ist es absolut verständlich und sinnvoll, dass wir für unser Alter vorsorgen und überschüssiges Geld in langfristige Sparverträge stecken. Als traditionelles Produkt gilt dabei die kapitalbildende Lebensversicherung, kurz Kapitallebensversicherung, die es bereits zu Kaisers Zeiten gab. Wirklich krisenfest war die Kapitallebensversicherung jedoch noch nie.

In Deutschland erlebten deren Kunden bereits zweimal einen Totalausfall ihrer Forderungen: 1923 durch die Hyperinflation sowie 1945 und 1948 durch das Ende des Zweiten Weltkriegs und die folgende Währungsreform. Schwere Wirtschaftskrisen konnten Lebensversicherungen in der Vergangenheit jedoch vergleichsweise wenig anhaben, da sie gesetzlich dazu verpflichtet sind, einen Großteil der Kundengelder in sichere und fest verzinste Anleihen im selben Währungsraum zu investieren.

De facto sind die Versicherungsgesellschaften daher auch gezwungen, zum Hauptfinanzier von Staatsanleihen zu werden. Der deutsche Staat war diesbezüglich in der jüngeren Vergangenheit ein mustergültiger Schüler: Selbst in der Weltwirtschaftskrise zwischen 1929 und 1930 zahlte er seinen Schulden brav zurück.

Willkommen in der Niedrigzinsära

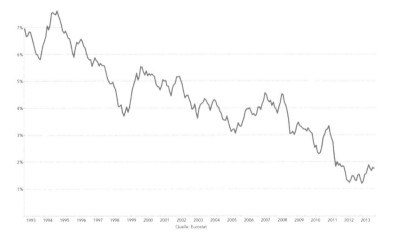

Verzinsung deutscher Staatsanleihen[3]

Gefahr droht dem Lebensversicherungssystem von einer ganz anderen Seite. Die momentane Finanz- und Wirtschaftskrise stellt einen Paradigmenwechsel dar, der vielen Beobachtern noch gar nicht klar ist. Die Zeiten der »ordentlichen Zinsen« sind auf absehbare Zeit vorbei. In einer Ära, in der die auf den Anleihenmärkten erzielten Zinsen unter der allgemeinen Inflation liegen, ist langfristiges Sparen nicht sonderlich attraktiv. Seit 2011 sind sogar die langfristig laufenden deutschen Staatsanleihen, die das Rückgrat der Lebensversicherungen bilden, nur noch unterhalb der EZB-Zielinflationsmarke von 2,0 Prozent verzinst.

Für viele marktliberale Kommentatoren ist die Lage klar: Schuld an den niedrigen Zinsen ist die EZB und allen voran der italienische EZB-Präsident Mario Draghi, der mit seiner Politik die deutschen Sparer »kalt enteignet«. Welches Vergehen wird Draghi eigentlich konkret angelastet?

Nach neoliberalen Vorstellungen ist der Leitzins so etwas wie Gottes ökonomischer Arm: Er steuert Konjunktur, Angebot und Nachfrage, Arbeitslosigkeit und sogar die Verzinsung von Lebensversicherungen. Zweifelsohne hat der Leitzins, also der Zinssatz für den sich Banken Geld von der Zentralbank leihen können, indirekte Auswirkungen auf diese Größen. In Krisenzeiten ist die Steuerungswirkung des Leitzinses jedoch sehr begrenzt. Wäre es anders, befände sich die Weltwirtschaft nach jahrelanger Niedrigzinspolitik heute wieder auf dem Wachstumspfad, ginge die Arbeitslosigkeit zurück und stiegen die Zinsen – doch dem ist bekanntlich nicht so. Krisenzeiten sind immer auch Perioden, in denen ein hohes Kreditausfallrisiko besteht, gleichzeitig ist die Kreditnachfrage rückläufig, da die Nachfrageseite wegbricht und die Produktionskapazitäten folglich nicht voll ausgelastet sind. So befindet sich im angeblich soliden Deutschland die Auslastung des verarbeitenden Gewerbes auf dem niedrigsten Stand seit zehn Jahren. In den besonders von der Eurokrise betroffenen Ländern liegt sie auf dem niedrigsten Stand seit Beginn der Messungen.

Diese beiden Effekte führen in Kombination zu dem auf den ersten Blick verwirrenden Szenario, das wir momentan beobachten: Die Zinsen für Kredite steigen, zugleich sinken jedoch die Zinsen für Spareinlagen. Wie kommt das? Besonders in den Krisenländern sind die Banken darauf aus, ihre Risiken zu minimieren, und vergeben Kredite nur sehr selektiv, vor allem an prosperierende Unternehmen mit hoher Bonität, und das zu hohen Zinssätzen. Die schwierigen konjunkturellen Rahmenbedingungen tun dazu ihr Übriges. Gleichzeitig aber schrumpfen die Einlagen der Banken nur marginal. Vereinfacht gesagt: Die Nachfrage nach Geld sinkt, während das Angebot konstant bleibt. Dies führt dazu, dass die Banken nicht besonders scharf darauf sind, neue Spareinlagen zu bekommen und daher die Zinsen dafür munter senken können. Mit dem Leitzins hat dieses Phänomen relativ wenig zu tun.

Leitzinsdebatten mitten in einer tiefen Wirtschaftskrise sind ungefähr so, als führe man Debatten darüber, wie teuer der Kühlschrank sein darf, den man einem Eskimo verkaufen will. Obwohl der Leitzins nun schon seit Beginn der Finanzkrise – mit einem kurzen Ausrutscher – bei oder unter 1,0 Prozent liegt, werden von der Wirtschaft immer weniger Kredite nachgefragt. Im letzten Quartal sank die Kreditnachfrage europäischer Unternehmen um 26 Prozent gegenüber dem Vorjahr.[4] Auch Immobilienkredite sind um -25 Prozent und Verbraucherdarlehen um 14 Prozent stark rückläufig. Selbst im vermeintlich soliden Deutschland sank die Kreditnachfrage der Unternehmen und Selbstständigen im dritten Quartal 2013 um 6 Prozent. Um beim Kühlschrank für den Eskimo zu bleiben: Wenn überhaupt keine Nachfrage besteht, ist eine Diskussion um den Preis völlig überflüssig. Und wenn die Kreditnachfrage weiter zurückgeht, werden die Banken keine zusätzlichen Spareinlagen benötigen, die Zinsen dafür können vor sich hindümpeln, und auch weiterhin werden die Sparer in sichere Papiere flüchten, was den Zins für diese Papiere gen null gehen lässt. Schlechte Zeiten für Sparer, schlechte Zeichen für Kunden einer privaten Altersvorsorge.

Genau so unerfreulich stellt sich die Lage für Kunden von Lebensversicherungen dar. Wie bereits erwähnt, sind die Versicherungen dazu gezwungen, die Gelder ihrer Kunden zum größten Teil in festverzinsliche Papiere mit niedrigem Risiko im gleichen Währungsraum anzulegen. Doch nicht nur Lebensversicherungen buhlen um sichere, festverzinste Papiere aus dem Euroraum, auch Banken lieben derartige Papiere. Angebot und Nachfrage sorgen dafür, dass der Zins für diese Papiere steil nach unten geht. Wenn die Phase, in der zehnjährige Bundesanleihen weniger als 2 Prozent Zinsen bringen, länger anhält, werden die Lebensversicherer ihren Kunden langfristig kaum mehr als einen Inflationsausgleich bieten können. Und was für Lebensversicherungen gilt, gilt analog für alle anderen Altersvorsorgeprodukte, die es mit dem Anspruch, eine halbwegs sichere Verrentung anzubieten, ernst nehmen.

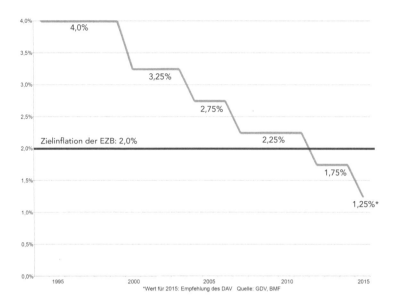

Entwicklung des Garantiezinses für Lebensversicherungen[5]

Der Zinssatz, den Versicherungsgesellschaften ihren Kunden garantieren, befindet sich seit Längerem im Sinkflug. Aktuell beträgt der Garantiezins lediglich 1,75 Prozent und nach Informationen des *Handelsblatts*[6] empfahl der Branchenverband Deutsche Aktuarvereinigung (DAV) dem Bundesfinanzministerium, den Satz zum 1. Januar 2015 auf 1,25 Prozent zu senken. Derweil bieten die großen Versicherungskonzerne bereits Kapitallebensversicherungen ohne Garantiezins an – und preisen dies auch noch als kundenfreundliche Produktinnovation.

Der niedrige Zins für sichere Anleihen im Euroraum stellt für die Anbieter von Lebensversicherungen bereits jetzt ein sehr großes Problem dar. 2012 gab es noch einen Bestand von 89 Millionen Lebensversicherungen[7] in Deutschland – davon 44 Prozent als Kapital- und 43 Prozent als Rentenversicherung –, von denen die allermeisten bereits vor mehreren Jahren abschlossen wurden. Laut *Handelsblatt*[8] beträgt der durchschnittliche

Garantiezins der Bestandsverträge 3,15 Prozent und somit mehr, als die Anbieter im momentanen Marktumfeld erwirtschaften können. Die aktuellen Verluste werden zunächst einmal von der Überschussbeteiligung der Kunden abgezogen. Sobald diese erschöpft ist, geht es an die Substanz – künftige Pleiten der Anbieter sind da kaum auszuschließen.

In Krisenzeiten erweist sich jede Form der kapitalgedeckten Altersvorsorge als anfällig. Als die Diskussion rund um die Teilprivatisierung des Rentensystems vor wenigen Jahren noch die Schlagzeilen bestimmte, lautete die Argumentation der Privatisierungsbefürworter stets, man solle den engen deutschen Horizont einmal beiseitelassen – irgendwo auf der Welt gäbe es immer ordentliches Wachstum, mit dem die versprochenen Renditen erwirtschaftet werden können. Und wenn Deutschland personell und konjunkturell überaltert sei, würden halt unsere Ersparnisse für uns arbeiten. Leicht zugespitzt ließe sich das so formulieren: Wir geben den Chinesen Kredit und die schicken uns dafür schöne Konsumartikel, die wir mit den Zinsen bezahlen. Dass diese Rechnung nicht aufgehen konnte, war eigentlich klar. Warum nur glaubten wir so lange daran?

Private Krankenversicherung: Patient mit unsicherer Prognose

Nicht nur Lebensversicherungen, sondern auch die privaten Krankenversicherungen haben ein Geschäftsmodell, das nicht auf eine längere Niedrigzinsphase eingestellt ist. Vereinfacht kann man das Modell der privaten Krankenversicherung folgendermaßen darstellen: Junge Beitragszahler zahlen im Schnitt deutlich mehr Geld in das System ein, als sie die Versicherung kosten. Dieser Überschuss wird ähnlich wie bei einer Kapitallebensversicherung an den Finanzmärkten angelegt, in der Hoffnung, dass die erzielte Rendite ausreicht, um neben den allgemeinen Kosten der Versicherungskonzerne auch die höheren Krankheitskosten im Alter zu decken. Anders als bei der gesetzlichen Krankenversicherung gibt es bei privaten Krankenversicherungen keinen Systemausgleich, bei dem die Überschüsse der Jüngeren die Defizite der Älteren decken: Hier versichert sich jeder Beitragszahler selbst – zumindest in der Theorie.

Das Modell einer kapitalbasierten Krankenversicherung setzt letztlich darauf, dass der Kapitalstock der Mitglieder durch hohe Zinsen schneller wächst als alle kostentreibenden Einflüsse wie Inflation, steigende Lebenserwartung oder medizinischer Fortschritt. Ohne diese Faktoren kalkulieren die privaten Krankenversicherer mit einer langfristigen Verzinsung der Beitragszahlungen von 3,5 Prozent pro Jahr. Wenn man zu diesem Rechnungszins nur die Inflationsrate addiert, müssten die privaten Krankenversicherungen 5,7 Prozent Rendite erzielen,[9] um die künftigen Kosten zu decken. Eine derartige Rendite war schon vor der Finanzkrise nur schwer zu verwirklichen, in der heutigen Niedrigzinsära mutet sie utopisch an.

Da auch private Krankenversicherungen allen PR-Slogans zum Trotz die Kosten der älteren Versicherten de facto mit den Mitgliedsbeiträgen der jüngeren Versicherten bezahlen, müssen die Beitragssätze nach oben angepasst werden. Bereits in den letzten acht Jahren vor der Finanzkrise stiegen diese nach einer Berechnung der Bundesanstalt für Finanzdienstleistungsaufsicht (BaFin) um durchschnittlich 5,35 Prozent. Und die Finanzkrise hat selbst diese Kalkulation durcheinandergewirbelt: Nachdem im Frühjahr 2003 die BaFin bei 18 der insgesamt 50 privaten Krankenversicherungsgesellschaften mangelnde finanzielle Puffer feststellte,[10] müssen die Anbieter nun ihren Rechnungszins senken. Erste Versicherungskonzerne haben dies bereits umgesetzt und den Rechnungszins von 3,5 Prozent auf 2,75 Prozent gesenkt und liegen damit immer noch einen ganzen Prozentpunkt über dem Garantiezins der Lebensversicherungen. Weitere Anpassungen werden also folgen.

Jede Anpassung nach unten treibt aber auch die Beitragssätze für Neukunden nach oben. Bereits heute ist die private Krankenversicherung auch für jüngere Menschen oft nicht mehr konkurrenzfähig gegenüber der gesetzlichen Krankenversicherung. Wenn die Einstiegstarife abermals erhöht werden müssen, droht das System auszutrocknen. Wie bei jedem anderen Schneeballsystem auch würde ein Versiegen der Neukunden zum Kollabieren des gesamten Systems führen. Wahrscheinlich werden dann wieder die Rufe nach dem rettenden Staat laut, der dann die medizinische Grundversorgung der Privatversicherten mit Steuergeldern gewährleisten soll.

Riester: Rettungsprogramm für die Versicherungsbranche

Zumindest für die Versicherungsgesellschaften gibt es jedoch auch ein Licht im trüben Niedrigzinsnebel: Seit der Einführung im Jahre 2001 konnten sie – wenn auch mit stark sinkender Tendenz – bereits 15,8 Millionen Riester-Verträge an den Mann bringen.[11] Fallstudien des Berliner Ökonomen Klaus Jäger zufolge[12] machen die Versicherungsgesellschaften mit jedem abgeschlossenen Riester-Vertrag einen Gewinn von 8 000 Euro, der vor allem vom Steuerzahler über die Subventionen dieser Verträge bezahlt wird. Bereits heute ist Riester somit ein Geschenk an die Versicherungsbranche, das den Steuerzahler mehr als 100 Milliarden Euro kosten wird.

Auch »klassische« Riester-Produkte werden momentan nur mit einem Garantiezins von 1,75 Prozent angeboten, während bei den vermeintlich renditestärkeren, dafür auch riskanteren fondsgebundenen Riester-Produkten nur die Beiträge selbst abgesichert sind. Der Kunde ist jedoch ohnehin in nahezu allen Fällen der Benachteiligte: Ein durchschnittlicher Riester-Sparer müsste Studien zufolge schon 92 Jahre alt werden, um nur das von ihm selbst eingezahlte Geld im Alter verrentet ausbezahlt zu bekommen. Wer tatsächlich hofft, den Garantiezins zu bekommen, müsste schon fast so alt wie Jopi Heesters werden. Dann aber dürfte er nie arbeitslos werden, nie in finanzielle Nöte kommen und die Beitragszahlungen einfrieren und nicht für längere Zeit im Nicht-EU-Ausland arbeiten. Wer beispielsweise einen Job in der Schweiz annimmt, muss die gesamte Förderung des Staates zurückzahlen – die Förderung also, die unter anderem als Abschlussprämie in den Versicherungskonzernen versickert ist. Je nach Laufzeit des Vertrags werden die Beiträge der Kunden nämlich bis zu zehn Jahre lang nur dafür verwendet, um die »Kosten« der Versicherungsgesellschaft zu decken – erst danach fließen die Beiträge in den eigenen Kapitalstock.

Faustischer Pakt

Bleibt die Frage offen, warum die Politik die Privatisierung der Sozialsysteme nicht zumindest zum Teil rückgängig macht. Dazu müssen wir uns klar machen, dass die kapitalbasierte Altersvorsorge mittlerweile für das Finanzsystem im wahrsten Sinne des Wortes systemrelevant ist: Würde man auch nur einen kleineren Teil der 1,5 Billionen Euro, die Versicherungsgesellschaften und Banken den deutschen Privathaushalten über längerfristige Anlageprodukte schulden, abziehen, so würde dies enorme Verwerfungen im Finanzsystem auslösen. Und dabei sind die deutschen Haushalte noch ein vergleichsweise kleines Klientel: Weltweit verwalteten Pensionsfonds laut einer Studie des Beratungsunternehmens Towers Watson im Jahr 2013 32 Billionen US-Dollar.[13]

Die private Altersvorsorge der arbeitenden Bevölkerung ist das Motoröl des Finanzsystems, auch wenn man berücksichtigt, dass beispielsweise 2012 an den Börsen weltweit Aktien im Wert von insgesamt 49 Billionen US-Dollar gehandelt wurden.[14] Aber nicht nur das: Für Staaten wie Japan zählen die Pensionskassen der eigenen Bevölkerung zu den mit Abstand größten Gläubigern des Staates. Dies ist auch der Grund dafür, warum Japan trotz einer Staatsschuldenquote von 245 Prozent noch nie ernsthafte Probleme mit »den Märkten« hatte. Aber auch andere Staaten sind zu einem großen Teil bei Versicherungskonzernen und Pensionsfonds verschuldet – direkt oder indirekt.

Ein normaler Arbeitnehmer müsste heute sagen: »Zwei Seelen wohnen, ach! in meiner Brust« – die Seele des Arbeitnehmers und die Seele des Finanzkapitalisten. Als Arbeitnehmer haben wir ein Interesse daran, dass die Löhne steigen, die gesetzliche Rente gestärkt wird und die Politik eher bürger- als marktkonform handelt. Als Finanzkapitalisten sehen wir die Sache natürlich völlig anders. Als normale Arbeitnehmer stecken wir also in einem manifesten Interessenkonflikt.

Im Extremfall könnte dieser Konflikt sogar darin münden, dass die Streichung des eigenen Jobs für die Altersvorsorge durchaus von Vorteil sein kann. Verrückte Welt: Indem man Millionen von braven Bürgern zu Komplizen des Renditestrebens auf den internationalen Finanzmärkten gemacht hat, konnte man den Interessen einiger weniger Spekulanten eine demokratische Legitimation geben. Die 40 000 reichsten Haushalte Deutschlands, die über mehr als dreimal so viel Nettogeldvermögen wie die »ärmsten« 32 Millionen deutschen Haushalte zusammen verfügen, werden sich ins Fäustchen lachen: Durch die Teilprivatisierung der Sozialsysteme haben sie sich wichtige Verbündete ins Boot holen können. Schon schallt es dem Wähler aus den Talkshows entgegen, dass beispielsweise die Einführung einer Finanztransaktionssteuer die Riester-Rente gefährden würde. Das ist freilich grober Unfug, doch wenn es ums eigene Vermögen geht, wird solcher Unfug offenbar sogar von denjenigen geglaubt, die gar kein eigenes Vermögen besitzen.

5 Unser Oma ihr klein Häuschen: unsere Immobilien

Nicht nur zerstrittene Erbengemeinschaften können ein Lied davon singen – bei den meisten Haushalten stellen die eigenen vier Wände den wichtigsten Vermögensposten dar. Dieser Eindruck verstärkt sich bei der Betrachtung der meisten Vermögensbilanzen. Schaffe, schaffe, Häusle baue: Zumindest der Volksmund will es so, dass Deutschland ein einig Land der Immobilienbesitzer ist. Schaut man sich jedoch die Zahlen genau an, zeigt sich einmal mehr, dass der Großteil der Immobilien einer sehr kleinen Gruppe von Vermögenden gehört. Die Privatisierung ehemals öffentlichen und genossenschaftlichen Wohneigentums tut ihr Übriges, diese Situation zu verschärfen. Dabei wäre es durchaus möglich, einer breiten Bevölkerungsschicht die Teilhabe am Wohneigentum zu ermöglichen.

Schaut man auf die Statistik, so wird der Mythos vom immobilen Volksvermögen auf den ersten Blick bestätigt: Von den 41 Millionen Wohnungen in Deutschland gehören 33 Millionen, das sind mehr als 80 Prozent, Privatpersonen oder privaten Eigentümergemeinschaften. Mit stark sinkender Tendenz sind weitere 12 Prozent der Wohnungen im Besitz von öffentlichen Trägern wie Kommunen und Wohnungsgenossenschaften, die in der Regel ohne Gewinnerzielungsabsicht arbeiten. Mit stark steigender Tendenz befinden sich die restlichen 8 Prozent bereits im Besitz von privatwirtschaftlichen Unternehmen, mehrheitlich international operierende Immobilienkonzerne, die anders als der öffentliche Sektor sehr wohl Profit machen wollen und oft Renditen erwirtschaften, von denen ein Kleinsparer nur träumen kann.

Einen ersten Riss bekommt der Mythos des immobilen Volksvermögens, wenn man sich nicht nur die Eigentumsverhältnisse, sondern auch die Nutzungsverhältnisse anschaut: Mehr als die Hälfte aller Wohnungen wird nicht selbst genutzt, sondern vermietet. Sogar die Wohnungen, die Privatpersonen gehören, werden zu fast 50 Prozent vermietet.

Schauen wir uns weltweit um, stellen wir fest: Während hierzulande mehr als die Hälfte aller Haushalte zur Miete wohnt, beträgt der Anteil von Haushalten mit Wohneigentum in anderen Ländern bis zu

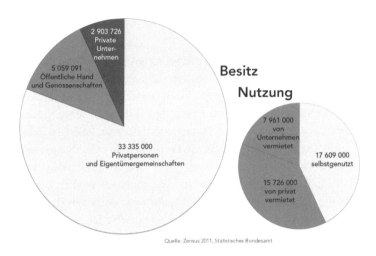

Quelle: Zensus 2011, Statistisches Bundesamt

Wohnimmobilien in Deutschland[1]

86 Prozent (Norwegen und Spanien). Neben der Schweiz (36 Prozent) ist Deutschland im OECD-Vergleich das Land mit der geringsten Wohneigentumsquote. In einigen asiatischen Staaten wie Singapur ist das Wohnen zur Miete sogar nahezu unbekannt.

Was sind die Gründe dafür? 1950 wohnte nur jeder vierte deutsche Haushalt[2] in den eigenen vier Wänden. Diese historisch niedrige Quote war eine direkte Folge des Zweiten Weltkriegs, in dem zahlreiche Gebäude zerstört wurden. Hinzu kam, dass rund zwölf Millionen Vertriebene Wohnraum suchten. Heute besitzen nach Angaben des Bundesministeriums für Verkehr und digitale Infrastruktur 44 Prozent aller Haushalte mindestens eine Immobilie. Dabei gibt es deutliche Unterschiede zwischen Ost und West. Während die Wohneigentumsquote im Westteil der Republik seit 1950 langsam aber stetig stieg, blieb in der DDR der Besitz von Immobilien eher die Ausnahme. Die Folge ist ein deutliches Ost-West-Gefälle: In den östlichen Bundesländern liegt die Wohneigentumsquote auch heute noch mit rund 10 Prozent unter den westlichen Bundesländern.

Die Statistik zeigt uns außerdem ein Stadt-Land-Gefälle: Während in zahlreichen baden-württembergischen Kommunen fast zwei Drittel aller Haushalte in den eigenen vier Wänden leben, sind es in Berlin gerade einmal 15,6 Prozent,[3] und selbst in den meisten westdeutschen Metropolen lebt einmal jeder Vierte in den eigenen vier Wänden. Gründe hierfür gibt es viele, vor allem die Altersverteilung spielt eine entscheidende Rolle. Städte wie Berlin üben bekanntermaßen eine hohe Anziehungskraft auf junge Menschen aus, die nur selten über die finanziellen Mittel verfügen, sich eine eigene Wohnung, geschweige denn ein eigenes Haus zu kaufen. Hinzu kommen weitere Faktoren, die viel mit der individuellen Lebensplanung zu tun haben, denn Großstädte ziehen besonders junge, mobile Menschen an – und die wollen sich kaum über Jahrzehnte an eine Immobilie binden.

Wer statt »immobil« lieber »mobil« sein will, kann das hierzulande ohne große Probleme, da Deutschland neben der Schweiz im internationalen Vergleich über einen der am besten funktionierenden Märkte für Mietwohnungen verfügt. Und auch das hat historische Gründe: Deutschland brauchte in der Nachkriegszeit dringend neuen und vor allem bezahlbaren Wohnraum. Im Westen wurde dies durch den Sozialen Wohnungsbau und genossenschaftliche Wohngesellschaften verwirklicht. So gab es 1987 noch 3,9 Millionen Sozialwohnungen in der Bundesrepublik, deren Mieten durch Gesetze streng reguliert wurden. Im Osten war es der Staat, der in planwirtschaftlicher Tristesse Millionen Wohnungen aus dem Boden stampfte. Die Bestandsimmobilien aus diesen Zeiten sind es auch, die noch heute dafür sorgen, dass Deutschland über einen funktionierenden Markt für Mietwohnungen verfügt.

Die goldenen Zeiten des Sozialen Wohnungsbaus sind längst passé. In den Großstädten ist der Anteil der Sozialwohnungen mittlerweile auf unter 8 Prozent gesunken. Wenn dort überhaupt noch neu gebaut wird, sind das in der Regel Wohnanlagen des gehobenen Bedarfs, die von privaten Wohnbaugesellschaften und Fonds errichtet werden und meist nicht vermietet, sondern mit ordentlicher Rendite verkauft werden.

Wussten Sie schon?

- Mehr als die Hälfte aller Haushalte besitzt gar keine Immobilien.
- Die unteren 70 Prozent der Haushalte haben ein Nettoimmobilienvermögen von weniger als 125 000 Euro.
- Die unteren 90 Prozent der Haushalte haben ein Nettoimmobilienvermögen von weniger als 250 000 Euro.
- Die Hälfte des privaten Immobilienvermögens des Landes gehört den oberen 5 Prozent der Bevölkerung.

Wem gehört das Haus?

Die Vorstellung, dass Häuser von Generation zu Generation vererbt werden, ist immer noch äußerst populär. Doch »unser Oma ihr klein Häuschen«, das von Generation zu Generation seiner Besitzer wechselt, war noch nie der Normalfall und ist es auch heute nicht. Untersuchungen der Bundesbank[4] ergaben, dass lediglich 23 Prozent aller Haushalte, die den Hauptwohnsitz ihr Eigen nennen, ihn geerbt oder geschenkt bekommen haben. Im Umkehrschluss heißt das, dass sehr viele ihre Immobilie zumindest zum Teil über einen Kredit finanziert haben. Nicht nur in Deutschland macht die Immobilienfinanzierung den mit Abstand größten Geschäftsbereich im Privatkundengeschäft der Banken aus. Hinzu kommt, dass die Bausparkassen zur Bundesrepublik gehören wie das Wirtschaftswunder oder der Zwerg im Vorgarten.

So manche Neubausiedlung gehört streng genommen nicht den Bewohnern, sondern der Bank. Wenn man einmal die Feinheiten der Geldschöpfung und Bankenfinanzierung herauslässt, ist es das Geld der Sparer, das auf der anderen Seite der Bankenbilanz als Kredit an die Häuslebauer herausgegeben wird. Vereinfacht stellt dieser Prozess den Kern des Bankenwesens dar – die 3-6-3-Regel: Gib den Sparern 3

Prozent Zins, verleihe das Geld zu 6 Prozent weiter, und gehe um drei Uhr auf den Golfplatz.

Im modernen Investmentbanking gelten heute freilich andere Regeln. Da werden Hypothekenkredite gebündelt, wieder tranchiert und als innovative Finanzprodukte, zum Beispiel als »Collateralized Debt Obligation« (CDO), international an Investoren verteilt, während man gleichzeitig auf einen Wertverfall der zugrunde liegenden Immobilien wettet. Dies hat nicht nur zur Finanzkrise geführt, sondern auch die skurrile Situation geschaffen, dass in ganzen Landstrichen der USA niemand so recht weiß, wem die Pleiteimmobilien eigentlich gehören. So weit ist es in Deutschland glücklicherweise noch nicht, doch auch hierzulande ist es Banken möglich, »Problemhypotheken« – dazu zählt jeder Kredit, der auch nur ein einziges Mal nicht pünktlich bedient wurde – an andere Finanzinstitute weiterzuverkaufen. Besonders verstörend ist dabei, dass viele Häuslebauer gar nicht wissen, dass ihre Sparkasse oder Volksbank nur noch der Geldeintreiber internationaler Fonds ist, an die sie den Kredit samt Sicherheiten längst verkauft hat. Daher kann auch niemand mit Sicherheit sagen, wem das verklinkerte Einfamilienhäuschen im Neubaugebiet tatsächlich gehört.

Die Kreditnehmerstatistik der Bundesbank[5] weist einen Gesamtbetrag von 965 Milliarden Euro an Krediten für Privathaushalte zur Finanzierung von Wohneigentum aus. Der mittlere offenstehende Betrag der Haushalte, die eine Immobilie über einen Kredit finanziert haben, beträgt stolze 117 000 Euro. Wenig überraschend ist, dass die Kredithöhe im Schnitt mit dem Haushaltseinkommen korreliert: Haushalte mit einem höheren Einkommen haben sich im Schnitt höher verschuldet, um eine Immobilie zu erwerben.

Zieht man all diese Faktoren heran, ist offensichtlich, dass Aussagen zum Immobilieneigentum der Bevölkerung nur dann schlüssig sind, wenn es sich hierbei um den Nettowert der Immobilien handelt – also den Wert, der nach Abzug der noch offenen Hypothekendarlehen übrig bleibt. So beträgt beispielsweise in der Gruppe der unter Vierzigjährigen, die ihr Darlehen meist noch nicht abbezahlt haben, das Bruttoimmobilienvermögen 230 000 Euro, während der Median beim Nettoimmobilienvermögen lediglich bei 100 000 Euro liegt. Man sollte sich jedoch davor hüten, aus diesen Zahlen den Schluss zu ziehen, dass die eigenen vier Wände tatsächlich das Rückgrat des deutschen Volksvermögens darstellen. Denn sowohl Durchschnitt als auch Median sind dadurch verzerrt, dass einige Wenige über ein sehr großes Immobilienvermögen verfügen, während mehr als die Hälfte gar kein Immobilienvermögen hat und ein großer Teil der Häuslebauer zwar »auf dem Papier« Besitzer einer Immobilie ist, die jedoch immer noch zu großen Teilen der Bank – oder unbekannten Investoren – gehört.

Mythos vom Volkseigentum

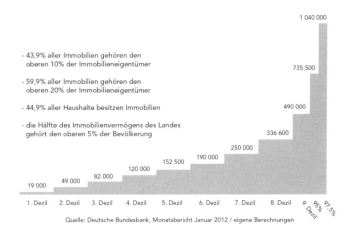

- 43,9% aller Immobilien gehören den oberen 10% der Immobilieneigentümer
- 59,9% aller Immobilien gehören den oberen 20% der Immobilieneigentümer
- 44,9% aller Haushalte besitzen Immobilien
- die Hälfte des Immobilienvermögens des Landes gehört den oberen 5% der Bevölkerung

Quelle: Deutsche Bundesbank, Monatsbericht Januar 2012 / eigene Berechnungen

Verteilung des Nettoimmobilienbesitzes unter Immobilieneigentümern[7]

Ein Blick in die Tabellen der PHF-Studie der Bundesbank[6] schafft Klarheit. Selbst unter den Haushalten, die Immobilien besitzen, haben 80 Prozent »nur« ein Nettoimmobilienvermögen von weniger als 250 000 Euro – dafür bekommt man in »attraktiven« und »begehrten« Lagen noch nicht einmal ein Reihenhaus. 40 Prozent der Immobilienbesitzer haben sogar »nur« ein Nettoimmobilienvermögen von weniger als

120 000 Euro – dafür wird es selbst auf dem Lande mit dem Reihenhaus schwierig. Wenn man nun die 56 Prozent der Bevölkerung mit hinzunimmt, die keine Immobilien haben, verflüchtigt sich das Bild vom Volkseigentum aus Beton: Dann wird klar, dass 70 Prozent der Bevölkerung nicht über ein Nettoimmobilienvermögen von 120 000 Euro hinauskommen und nur 10 Prozent der Bevölkerung über mehr als 250 000 Euro. Vom breit gestreutem Immobilienvermögen, von dem immer wieder in der öffentlichen Diskussion die Rede ist, kann also keine Rede sein.

Wie andere Vermögensstatistiken weist die Verteilung des Immobilienbesitzes eine erhebliche Konzentration am oberen Ende der Skala aus. Die oberen 2,5 Prozent der Immobilienbesitzer, die rund 1,25 Prozent, also einem Achtzigstel, der Bevölkerung entsprechen, besitzen im Schnitt ein Immobilienvermögen von einer Million Euro – und auch hier können wir davon ausgehen, dass es innerhalb dieser Gruppe eine Verschiebung zugunsten einer noch viel kleineren Gruppe von Superreichen gibt. Innerhalb dieser Gruppe wird auch schnell klar, dass es sich beim Immobilienbesitz nicht nur um das eigene Häuschen oder Penthouse handelt – hier geht es vor allem um die Mehrfamilienhäuser, in denen ein Großteil der Hälfte der Bevölkerung lebt, die kein Wohneigentum besitzt.

Alle Zahlen sind äußerst konservativ, da sie lediglich die Daten von Privatpersonen beinhalten, die direkte Besitzer von Immobilien sind. So komisch es klingen mag: Viele wohlhabende Bürger wissen gar nicht, ob und an wie vielen Immobilien sie beteiligt sind. Wer beispielsweise Anteile eines Private-Equity-Fonds besitzt, kann über diesen Fonds Mitbesitzer von mehr als Hunderttausenden Wohnungen sein, die in dieser Statistik gar nicht auftauchen.

Angriff der Heuschrecken

2013 war für Investmentgesellschaften, die sich auf Wohneigentum spezialisiert haben, ein Rekordjahr: Nicht weniger als 216 000 Wohnungen – meist in Ballungsgebieten – wurden bei einem Umsatzvolumen von fast 14 Milliarden Euro[8] an institutionelle Anleger verkauft; mit 6,9 Milliarden Euro rissen sich börsennotierte Wohnimmobiliengesellschaften den größten Teil unter den Nagel.

Diese Entwicklung setzte ungefähr zur Jahrtausendwende ein: Alleine zwischen 1999 und Mitte 2006 wechselten in Deutschland 1,3 Millionen Wohnungen bei Großtransaktionen ihren Besitzer – 41 Prozent davon, also 520 000 Wohnungen, wurden hierbei an internationale Investmentgesellschaften veräußert.[9] Diese besitzen von Jahr zu Jahr immer mehr Mehrfamilienhäuser und Wohnanlagen. Natürlich gehören auch diese Investmentgesellschaften letztlich Privatpersonen, und sie arbeiten auch mit dem Geld von Privatpersonen – in der Vermögensstatistik tauchen sie jedoch im Unternehmens- oder Bankensektor auf, nicht im Privatsektor. Das führt zu einer Verzerrung der Vermögensstatistik.

Alleine den sechs größten börsennotierten Wohnimmobiliengesellschaften, die auf dem deutschen Markt tätig sind, gehören zusammengenommen mehr als 600 000 Wohnungen. Die größte Immobiliengesellschaft ist die Deutsche Annington, der hierzulande 210 000 Wohnungen gehören – darunter unter anderem die ehemaligen »Eisenbahnerwohnungen« des Bundes und die ehemaligen Werkswohnungen der RWE. Die interessante Frage, wem die *Deutsche Annington* gehört, kann leider nicht so einfach beantwortet werden. Rechtlich gehören die Immobilien der Firma Deutsche Annington L. P., – eine Briefkastenfirma in der Steueroase Guernsey. Deren Eigentümer ist der TFDA-Fonds des Londoner Private-Equity-Unternehmens Terra Firma Capital Partners Ltd. Nach Unternehmensangaben verwaltet TFDA 2,1 Milliarden Euro von 21 Investoren – durchschnittlich hat also jeder der Investoren 100 Millionen Euro investiert. Man kann daher mit Fug und Recht annehmen, dass die Investoren der Deutschen Annington nicht unbedingt zu den unteren 99 Prozent der Vermögensskala zählen.

Ähnlich verhält es sich mit der Nummer zwei der Branche, der Gagfah, die rund 145 000 Wohnungen in Deutschland besitzt. Die Gagfah ist ein börsennotiertes Immobilienunternehmen aus der Steueroase Luxemburg, das zu 41 Prozent dem amerikanischen Investmentunternehmen Fortress gehört. Fortress zählt zu den ganz Großen der Branche und verwaltet Anlegergelder im Volumen von rund 58 Milliarden US-Dollar. Die Immobiliengeschäfte in Deutschland gehören zur Private-Equity-Sparte von Fortress, die Gelder vermögender Kunden verwaltet. Wer sein Geld in einen solchen Fonds stecken will, sollte jedoch kein Kleinsparer sein – ein Minimalinvestment von 10 Millionen US-Dollar stellt eine hohe Einstiegshürde dar. Auch hier muss man davon ausgehen, dass die Gagfah-Immobilien, die früher größtenteils der Bundesversicherungsanstalt für Angestellte (BfA) gehörten, heute einer sehr kleinen aber überaus potenten Investorenschicht gehoren.

So geht es der Reihe nach weiter, wenn man sich die großen Immobiliengesellschaften einmal näher anschaut. Die Nummer drei, Deutsche Wohnen AG mit zirka 89 000 Wohnungen befindet sich mehrheitlich im Besitz internationaler Private-Equity-Fonds wie Blackstone, Sun Life oder BlackRock. Die beiden Letztgenannten sind auch an der Nummer vier, der TAG Immobilien AG mit etwa 69 000 Wohnungen beteiligt: Größter Anteilseigner ist der im Steuerparadies Guernsey beheimatete und von London aus operierende Private-Equity-Fonds Ruffer LLP, zweitgrößter, die im Steuerparadies Luxemburg registrierte Flossbach von Storch Invest S. A., eine hundertprozentige Tochter des Kölner Vermögensverwalters Flossbach von Storch, der ebenfalls nicht dafür bekannt ist, mit Otto Normalsparer Geschäfte zu machen.

Das Geschäftsmodell solcher Immobiliengesellschaften ist im Kern denkbar einfach, die technischen Details sind jedoch sehr komplex: Man sammelt bei äußerst wohlhabenden Anteilseignern das Stammkapital für die operativen Geschäfte ein und leiht sich auf dem Geldmarkt weitere große Summen (Fremdkapital), mit denen man große Immobilienpakete kauft. Die Mieten aus diesen Immobilien sollen dabei die laufenden Zinsen für das geliehene Geld deutlich übersteigen. Daher ist es kein Wunder, dass bei Immobilien, die von solchen Gesellschaften übernommen werden, zuerst die Mieten steigen und die Instandhaltungskosten gedrückt werden. Die Differenz zwischen Mieteinnahmen und Zinskosten ist dann der Gewinn, der an die Anteilseigner ausgezahlt wird.

Wenn die Kredite für das Fremdkapital fällig werden, verkaufen die Gesellschaften entweder die Immobilien weiter – möglichst mit Gewinn –, oder sie müssen sich neues Fremdkapital leihen, um die alten

Kredite zu tilgen. In der Praxis ist es freilich so, dass die Kredite ihrerseits gebündelt, tranchiert und als mit Immobilienhypotheken unterlegte Anleihen (Mortgage-backed Securities) weiterverkauft werden. Seit der Finanzkrise ist dieses Geschäftsmodell jedoch ins Stocken geraten: Da Anleihen, die mit Hypotheken unterlegt sind, ihren Glanz verloren haben, ist es für die Immobiliengesellschaften deutlich schwerer geworden, billiges Fremdkapital aufzutreiben. Und je stärker die Finanzierungskosten steigen, desto geringer fällt die Rendite für die Anteilseigner aus.

Wie das Ganze konkret aussieht, lässt sich am Branchenprimus Deutsche Annington zeigen. Nach den letzten veröffentlichten Daten[10] hat sie eine Eigenkapitalquote von 17,3 Prozent: Das heißt für einen Euro, den Investoren in den Fonds stecken, nimmt dieser mehr als 4 Euro Kredite auf. Das Fondsvolumen von mehr als 10 Milliarden Euro wurde hauptsächlich über irische Anleihen mit dem Namen GRAND (German Residential Asset Note Distributor p. l. c.) refinanziert. Im Sommer 2012 wurden GRAND-Anleihen im Schnitt mit einem Abschlag von 8 Prozent auf den Nominalwert gehandelt.[11] Das heißt, dass die Deutsche Annington bei einer Neuauflage der GRAND-Anleihen auch rund 8 Prozent Zinsen zahlen müsste. Dies wäre zwar theoretisch machbar, da die Gruppe laut Geschäftsbericht Mieteinnahmen in Höhe von 10 Prozent des Investitionsvolumens verzeichnen kann, die Rendite für die Anteilseigner würde dann jedoch spürbar sinken. 2010 erzielte die Deutsche Annington einen operativen Gewinn in Höhe von 502 Millionen Euro – auf das Eigenkapital in Höhe von 1,8 Milliarden Euro bezogen, entspricht dies einer stolzen Eigenkapitalrendite von 27,7 Prozent pro Jahr. Um diese Rendite zumindest im Ansatz zu halten, musste die Deutsche Annington im letzten Jahr Schulden im Wert von 4,3 Milliarden Euro umschichten – unter anderem durch ein Darlehen in Höhe von 2,5 Milliarden Euro von Morgan Stanley und J. P. Morgan, das wiederum durch ungesicherte Unternehmensanleihen refinanziert werden soll. Zusätzlich ging die Deutsche Annington im Juli 2013 an die Börse und verkaufte 10 Prozent ihrer Anteile an die neuen Aktionäre.

Wem gehören nun also die mehr als 3 Millionen Mietwohnungen, die im Besitz von internationalen Immobiliengesellschaften sind? Das Beispiel Deutsche Annington zeigt, dass diese Frage nicht leicht zu beantworten ist. In Anlehnung an den legendären Watergate-Whistleblower »Deep Throat« könnte das Motto »Folge dem Geld« ein möglicher Ansatz sein, schließlich ist Besitz im kapitalistischen Kontext nur dann interessant, wenn er Einnahmen abwirft.

Wohin fließen also die Mieten der Bewohner der ehemaligen Eisenbahner- und RWE-Wohnungen? Zu einem kleinen Teil partizipieren die Aktionäre der Deutsche Annington Immobilien SE über die ausgeschütteten Dividenden. Zu einem größeren Teil partizipieren die 21 Anteilseigner des TFDA-Fonds von Terra Firma Capital Partners Ltd., dem 90 Prozent des Eigenkapitals der Deutschen Annington gehören. Und schließlich partizipieren auch noch diejenigen, die das Fremdkapital stellen und dafür Zinseinnahmen verbuchen – und dies sind größtenteils Investmentbanken wie J. P. Morgan oder Morgan Stanley, die ihrerseits die Gewinne an sehr vermögende Privatpersonen auszahlen.

Wenn man also ein Flussdiagramm mit den beteiligten Privatpersonen auf Basis der Vermögensverteilung erstellt, könnte man Folgendes feststellen: Die Mieteinnahmen von Personen, die mehrheitlich den unteren Bereichen der Vermögensskala angehören, kommen am Ende der BlackBox Immobiliengesellschaft bei denjenigen an, die am obersten Ende der Vermögensskala residieren. Und dabei handelt es sich in vielen Fällen noch nicht einmal um Deutsche, denn Kapitalanlagen sind im Guten wie im Schlechten globalisiert.

Wohnraum und Umverteilung

Der wohl wichtigste Aspekt des Sozialen Wohnungsbaus und der Wohngenossenschaften ist die sogenannte Kostenmiete. Nach diesem Ansatz sollte die Miete dem Betrag entsprechen, der vollständig sämtliche laufenden Aufwendungen und die Baufinanzierung des Trägers abdeckt. Im Sozialen Wohnungsbau wurde dieses Prinzip der Kostenmieten bereits 2001 durch eine Änderung des Wohnungsbaurechts beerdigt, während es bei den meisten Wohngenossenschaften fortlebt. Sinn und Zweck einer kostendeckenden Miete ist es, dass die Gemeinschaft, sei es eine Genossenschaft oder der Staat, dem Mieter Wohnraum zur Verfügung stellt und dafür eine faire Prämie erhebt, durch die sämtliche Kosten gedeckt werden – nicht weniger, aber vor allem auch nicht mehr.

Sobald die Vermietung von Wohnraum nicht mehr kostendeckend, sondern renditeorientiert betrieben wird, findet eine Umverteilung von Vermögen statt – eine Umverteilung vom Mieter zum Vermieter. Wer dies im Kern kritisiert, kritisiert damit letzten Endes auch, dass Wohnraum, der nicht selbst genutzt wird, sich überhaupt in privatem Besitz befinden kann. Es ist das gute Recht jeder Privatperson, sich für die Überlassung des eigenen Besitzes an eine dritte Person eine Prämie auszahlen zu lassen. Wenn jeder Immobilienbesitzer dazu gezwungen wäre, lediglich kostendeckend zu wirtschaften, wäre es nicht sonderlich attraktiv, eine Immobilie zu vermieten. Ein Rückzug des privaten Sektors aus dem Wohnungsmarkt wäre jedoch nur dann ohne ernste Nachteile umzusetzen, wenn der Staat und die Genossenschaften die Rolle des privaten Sektors einnehmen könnten. Das ist natürlich eine illusorische Vorstellung, und die entscheidende Frage lautet deshalb, welche Stellschrauben unsere Gesellschaft hat, um eine allzu große Umverteilung von unten nach oben über den Wohnungsmarkt zu verhindern.

Profiteure der Kostenmiete sind nicht allein die Mieter der jeweiligen Wohnungen, sondern alle Mieter in vergleichbaren Wohnlagen. Die Kostenmiete stellte nämlich stets ein Korrektiv für den privaten Wohnungsmarkt dar. Privatpersonen und Immobiliengesellschaften hatten in der Vergangenheit große Schwierigkeiten, Mietsätze zu realisieren, die deutlich über denen der »sozialen« oder »genossenschaftlichen« Konkurrenz lagen. Doch diese Zeiten sind mit dem Sterben des Sozialen Wohnungsbaus und der Privatisierung von öffentlichen und genossenschaftlichen Wohnungen vorbei. Wenn es jedoch kein Korrektiv mehr gibt, können die Eigentümer ihre Preisvorstellungen leichter durchdrücken. Dies ist auch der eigentliche Grund für die Mietsteigerungen der letzten Jahre. Vor allem die großen Privatisierungen haben dazu geführt, dass die Korrektivfunktion weggefallen ist und es auf der Angebotsseite in einigen Regionen schon fast ein Oligopol der Immobiliengesellschaften gibt.

Mieten, die nicht nur kostendeckend, sondern vor allem auf Profitmaximierung aus sind, bedeuten für die Vermögensbilanz stets eine Umverteilung vom Mieter zum Vermieter. Dabei spielt die Höhe der Miete als solche keine Rolle – es geht vielmehr um die Differenz zwischen den Kosten (inklusive Rücklagen und Inflationsausgleich) und der Höhe der Miete. Betrachtet man die Vermögensverteilung, kann man feststellen, dass eine Zunahme der Konzentration des Wohneigentums bei renditeorientierten Immobiliengesellschaften oder vermögenden Privatpersonen stets zu einer steigenden Umverteilung von unten nach oben führt. Dies erklärt zumindest einen Teil der sich immer weiter öffnenden Vermögensschere.

Wer hat, dem wird gegeben: Immobilienkauf und Umverteilung

Ein ähnliches Phänomen gibt es, wenn auch im wesentlich geringerem Maße, beim Kauf beziehungsweise Neubau von Immobilien. In der Regel verschulden sich Immobilienkäufer mit dem Vielfachen ihres Jahresgehalts; die Tilgung des Darlehens tritt an die Stelle der Miete. Der entscheidende Unterschied: Nach Tilgung des Darlehens gehören Haus oder Wohnung dem Käufer, und es fallen gar keine Kosten mehr an, die mit deren Erwerb zu tun haben. Der Käufer besitzt nach Ende der Tilgung einen Vermögensgegenstand, der ihm einen geldwerten Vorteil bringt. Somit führt der kreditfinanzierte Kauf einer Immobilie für den Käufer langfristig zu einem Aufbau des eigenen Vermögens, während der Mieter zeitlebens kein Vermögen aufbaut, sondern eine Nutzungsprämie an den Besitzer der Immobilie zahlt.

Wenn es um die Verteilung von Vermögen geht, ist der Kauf einer Immobilie im Kern ausgleichend: Gegen eine geringe Gebühr bekommt der Käufer die Möglichkeit, Eigentum aufzubauen, über das er nach Abzahlung des Darlehens frei verfügen kann. Diese Betrachtung ist jedoch oberflächlich. Denn um die Schere bei der Vermögensverteilung zu schließen, reicht die bisherige Praxis bei der Immobilienfinanzierung nicht aus. Verantwortlich dafür ist die eigentlich positiv zu bewertende strenge Regulierung bei der Kreditvergabe: Wer auf der unteren Ebene der Vermögensskala steht, hat in der Regel keine Sicherheiten, mit denen sich ein Immobilienkredit absichern lässt. Der Aufbau eines Kapitalvermögens, das den Anforderungen für den Eigenkapitalanteil genügt, ist für Personen mit geringen Einkünften kaum möglich – vor allem wenn die zu zahlende Miete einen Großteil des Einkommens aufzehrt. Wer hat, dem wird gegeben – so könnte die zynische Zuspitzung dieses Phänomens lauten.

So bleibt sehr vielen Menschen die Möglichkeit, über einen Immobilienkauf Vermögen aufzubauen, versperrt: neben Erwerbslosen auch allen Personen, die in prekären Beschäftigungsverhältnissen stehen, einen Großteil der Selbstständigen und Freiberufler, deren Gewinne nicht hoch genug sind, um von der Bank als sichere Basis für die Kredittilgung akzeptiert zu werden, sowie allen Normalverdienern, die es versäumt haben, sich über Jahre hinweg ein finanzielles Speckpolster zuzulegen. In der Praxis führt dies dazu, dass für diese Personengruppen – sofern vorhanden und willens – die Elterngeneration einspringen muss: Vor allem in ländlichen Gebieten zählt die Hypothek auf dem abbezahlten Haus der Eltern zu den üblichen Sicherheiten, die zur Bewilligung eines Immobilienkredits erbracht werden. Doch was machen diejenigen, deren Eltern kein Eigentum haben oder deren Elternhaus bereits als Sicherheit für die häuslebauenden Geschwister herhalten muss?

Wollte man die Vermögensschere im Immobilienbereich schließen, müsste daher vor allem der Kreditzugang für diejenigen vereinfacht werden, die nicht qua Geburt oder Einkommen zu den bereits privilegierteren Schichten gehören. Ein mögliches Instrument dafür wären staatliche Garantien für die Menschen, die unter streng regulierten Bedingungen als Ersatz des ansonsten üblichen Eigenkapitalanteils als Sicherheit herhalten. Ein solches Förderprogramm wäre dabei keinesfalls unbezahlbar, da die natürlich zu erwartenden Ausfälle durch maßvolle Gebühren ausgeglichen werden könnten. Im Kern gibt es durch die KfW-Förderdarlehen bereits staatliche Hilfsprogramme zum privaten Immobilienerwerb, doch diese Darlehen setzen eine positive Bonitätsbewertung der kreditgebenden Banken und damit vorhandene Sicherheiten voraus. Ohne eine staatliche Hilfe bei der Bereitstellung der Sicherheiten, die von den Banken verlangt werden, bleibt ein großer Teil der Bevölkerung daher auch von den Hilfsprogrammen ausgeschlossen, die eigentlich für alle Bürger offenstehen sollten. Dadurch setzt sich die Konzentration des Immobilienvermögens an der Spitze der Vermögensskala weiterhin fort.

Die Bundesregierung ist zwar immer schnell dabei, die Risiken von verrückt gewordenen Turbobankern zu übernehmen und damit den Staatshaushalt für Jahrzehnte zu belasten. Von einer – wie auch immer konkret gearteten – Risikoabschirmung für die kleinen Leute war jedoch in der politischen Diskussion bezeichnenderweise noch nie die Rede. Ein solches Förderprogramm widerspräche freilich auch dem Mantra, nach dem der Markt solche Fragen am besten regelt. Der Markt hat jedoch kein soziales Gewissen, und ihm ist die Frage der Vermögensverteilung ziemlich egal. Im Gegenteil: Es ist durchaus im Interesse des Marktes, Millionen Mieter dazu zu drängen, die fürstlichen Renditen einiger weniger Investoren zu bedienen.

Politisch ließe sich auch an anderer Stelle regulierend eingreifen, um die Umverteilung über den Wohnungsmarkt abzubremsen. Eine »echte« Mietpreisbremse wäre ein wichtiger Schritt in die richtige Richtung. Leider erfüllt die 2014 von der Großen Koalition verabredete Mietpreisbremse noch nicht einmal die elementaren Anforderungen, die man an ein solches Instrument anlegen müsste, da sie die aktuellen Mieten egal wie hoch als Basis nimmt. Generell müsste hier die Frage gestattet sein, ob es für die Gesellschaft nicht besser wäre, wenn es eine flächendeckende Regulierung der Mietpreise gäbe. Das Prinzip der Kostenmiete könnte hierfür durchaus als Vorbild herangezogen werden. Warum legt der Gesetzgeber beispielsweise nicht fest, dass Mieten sittenwidrig sind, die zu einer Rendite führen, die mehr als zwei Prozentpunkte über dem Basiszinssatz liegen?

Schon heute gehen Brancheninsider davon aus, dass in den Metropolen Renditen von durchschnittlich 5,8 Prozent die Regel sind und in Städten, die bislang noch nicht von den großen Immobiliengesellschaften überrannt wurden, sogar Renditen von mehr als 8 Prozent. Das DIW geht in einer aktuellen Studie[12] davon aus, dass vor allem in den Metropolen auch künftig mit durchschnittlichen Mietpreissteigerungen von bis zu 8 Prozent pro Jahr zu rechnen sei. Da werden in der

City of London und im Frankfurter Bankenviertel sicher die Korken knallen – für Millionen von Mietern ist dies eine Hiobsbotschaft. Es gibt kein Anzeichen, dass die Umverteilung von Vermögen über den Wohnungsmarkt an Fahrt verliert – im Gegenteil: Es sieht so aus, als habe die Immobilienparty gerade eben erst begonnen.

6 Land der viereinhalb Millionen Unternehmer: unsere Kleinunternehmer und Mittelständler

Wussten Sie eigentlich, dass Sie – zumindest im Durchschnitt – über ein Betriebsvermögen in Höhe von mehr als 333 000 Euro verfügen? Zumindest dann, wenn Sie überhaupt über Betriebsvermögen verfügen und sich vom Durchschnittswert täuschen lassen.

Seit den 1980er Jahren hat sich die Zahl der Selbstständigen in Deutschland mehr als verdoppelt.[1] Vor allem zwischen 2002 und 2006 stieg die Zahl der Selbstständigen deutlich; seitdem stagniert sie auf einem Niveau von rund 4,5 Millionen. Mehr als jeder zehnte Deutsche im erwerbsfähigen Alter ist somit selbstständig und damit je nach Definition zugleich Unternehmer. Was sich vordergründig wie eine Erfolgsmeldung anhört, ist bei näherer Betrachtung jedoch eher ein weiteres Indiz dafür, dass die deutsche Gesellschaft immer weiter auseinanderdriftet. Das mittlere Einkommen der Kleinunternehmer liegt deutlich unter dem der Arbeitnehmer. Und selbst von den Selbstständigen, deren Unternehmen so groß ist, dass sie selbst Angestellte beschäftigen, erzielt nur die obere Hälfte ein Einkommen, das über dem eines Arbeitnehmers liegt.

Unternehmerisch ist Deutschland ein Drei-Klassen-Haus. In den mittleren Etagen findet man – nomen est omen – den vielzitierten Mittelstand: all die kleinen und mittleren Unternehmen, die in keiner Sonntagsrede zum Wirtschaftsstandort Deutschland fehlen dürfen. Ganz oben im luxuriösen Penthouse hat sich die zahlenmäßig sehr kleine, dafür aber umso mächtigere und einflussreichere Gruppe der Großunternehmen eingenistet. Meist sind dies Kapitalgesellschaften, oft sogar Aktiengesellschaften, deren Anteile an den Börsen der Welt gehandelt werden. Und im zugigen und dunklen Souterrain hausen die Einzelkämpfer, die sogenannten Solo-Selbstständigen – Ein-

Mann-Unternehmen ohne Angestellte, deren mittleres Einkommen unter dem der Arbeitnehmer liegt und an die man wohl nur selten denkt, wenn man von Unternehmen spricht.

Will man die Frage beantworten, wem die deutschen Unternehmen gehören, muss man erst einmal einige Definitionsklippen umschiffen. Laut Mikrozensus des Statistischen Bundesamtes waren im Jahre 2012 4,42 Millionen Menschen in Deutschland selbstständig, darunter rund 1,2 Millionen als Freiberufler, also zum Beispiel als Ärzte, Anwälte oder Publizisten. Diese handeln zwar meist auch unternehmerisch, unterliegen jedoch nicht der Gewerbeordnung und werden daher meist nicht zu den Unternehmern gezählt. Dennoch verfügen auch die meisten Freiberufler über Betriebsvermögen: Das reicht vom Computer, den der freie Journalist steuerlich als Betriebsausgabe geltend gemacht hat, bis zur oft Millionen Euro teuren Einrichtung einer fachärztlichen Praxis. In vielen Statistiken taucht dieses Betriebsvermögen jedoch gar nicht auf, da die Zahlen lediglich gewerbliche Unternehmen, nicht aber Freiberufler erfassen.

Wenn es um den Besitz an Betriebsvermögen geht, nehmen auch die sogenannten Kapitalgesellschaften wie GmbH und AG eine besondere Stellung ein. Aus rechtlicher Perspektive sind diese juristische Personen und damit selbst »Unternehmer«, doch am Ende gehört auch jede Kapitalgesellschaft einer oder mehreren Privatpersonen. Diese sind zumeist aber nicht Unternehmer, sondern lediglich Investoren.

Um solche Definitionsklippen zu umschiffen, ist im Folgenden nicht mehr von Unternehmern, sondern von Unternehmen die Rede. Wenn man die Frage beantworten will, wem die Unternehmen in Deutschland gehören, ist es zielführend, das Betriebsvermögen der Privathaushalte unter die Lupe zu nehmen. Hierbei ist natürlich vor allem der Nettowert von Interesse, da fast alle Unternehmen in dieser oder jener Form Kredite bei den Banken beanspruchen und somit die Betrachtung des Bruttobetriebsvermögens keine gültigen Schlüsse über die Vermögensverteilung zuließe. Zum Betriebsvermögen der Privathaushalte gehören jedoch keine Aktien oder Fonds: Diese werden den Finanzanlagen zugeordnet und gelten damit nicht als Betriebsvermögen, sondern als Finanzvermögen.

Einen guten Überblick über die Verteilung des Betriebsvermögens gibt die bereits im letzten Kapitel erwähnte PHF-Studie der Bundesbank. Rund 10 Prozent der untersuchten Haushalte verfügen über Betriebsvermögen. Wenig überraschend: Von den unteren 20 Prozent der Vermögensskala verfügt nur jeder Fünfzigste über Betriebsvermögen, während bei den obersten 10 Prozent jeder dritte Haushalt solches besitzt. Es ist auch nicht sonderlich überraschend, dass das Betriebsvermögen der unteren Bereiche der Vermögensskala vergleichsweise gering ist – ansonsten würden die betreffenden Haushalte ja schließlich auch den höheren Vermögensgruppen angehören. Überraschend ist jedoch einmal mehr das Maß der Konzentration des Betriebsvermögens am oberen Ende der Vermögensskala: Die wohlhabendsten 10 Prozent der Bevölkerung besitzen über 92 Prozent des Betriebsvermögens der Deutschen – und die anderen 90 Prozent folglich nur über 8 Prozent.

Die starke Konzentration des Betriebsvermögens wird noch deutlicher, wenn wir die obersten 10 Prozent der Vermögensskala mit dem Rest der Bevölkerung vergleichen. Während ein Haushalt der obersten 10 Prozent der Vermögensskala durchschnittlich über ein Nettobetriebsvermögen von 300 000 Euro verfügt, kommen die unteren 90 Prozent auf nur 2 850 Euro – und selbst innerhalb der obersten 10 Prozent gibt es eine Konzentration am obersten Rand, vermutlich beim obersten Prozent. Übrigens: Würde man auch noch die Besitzverhältnisse der Unternehmensbeteiligungen über Aktien einbeziehen, wäre die Konzentration am obersten Rand noch dramatischer.

Auch wenn es in Deutschland über viereinhalb Millionen Selbstständige beziehungsweise Unternehmer gibt, so konzentriert sich nahezu das gesamte Betriebsvermögen an der obersten Spitze der Vermögensskala. Deutschland war nie ein Land, in dem das Betriebsvermögen auch nur annähernd gleich verteilt war – und es ist dies auch heute nicht.

Wussten Sie schon?

- Jeder Deutsche verfügt durchschnittlich über ein Betriebsvermögen von mehr als 333 000 Euro.
- Dieses Betriebsvermögen ist jedoch sehr ungleich verteilt. Die unteren 90 Prozent der Bevölkerung besitzen zusammengenommen nur 8 Prozent des gesamten Betriebsvermögens.

Mythos Mittelstand

Der Begriff »Mittelstand« hat es weit gebracht. Neben so typisch deutschen Begriffen wie »Bratwurst«, »Kapellmeister«, »Gemütlichkeit« und »Blitzkrieg« wird auch der Begriff »Mittelstand« im Englischen als Lehnwort benutzt. In Hochglanzbroschüren wirbt sogar das Bundeswirtschaftsministerium für den »German Mittelstand«, dem »Motor der deutschen Wirtschaft«. Auch wenn bei den Sonntagsreden über den erfolgreichen deutschen Mittelstand stets zu viel Pathos mitschwingt, ist die Lobhudelei im Kern durchaus berechtigt: Der Mittelstand ist vielleicht nicht unbedingt der Motor unserer Wirtschaft, aber mit Sicherheit deren Rückgrat. Fast zwei Drittel aller sozialversicherungspflichtigen Arbeitnehmer und mehr als vier Fünftel aller Auszubildenden sind hier beschäftigt. Kein Land verfügt über so viele »Hidden Champions«, wie mittelständische Unternehmen genannt werden, die trotz vergleichsweise geringer Größen zu den Weltmarktführern zählen.

Besonders deutlich wird die überragende Rolle des Mittelstandes, wenn man sich einmal die nackten Zahlen anschaut: Die sogenannten kleinen und mittleren Unternehmen (KMU)[2] machen 99,7 Prozent aller in Deutschland niedergelassenen Unternehmen aus[3] – 87,8 Prozent gehören sogar zu den kleinen Unternehmen. So gesehen bilden die Großunternehmen mit einem Anteil von gerade einmal 0,3 Prozent eine verschwindende Minderheit. Anhand dieser Zahlen wäre der Eindruck, dass Deutschland eine vergleichsweise breit verteilte

Unternehmensbasis hat, in der das Betriebsvermögen annähernd gleich auf den Millionen Schultern selbstständiger deutscher Unternehmer verteilt ist, durchaus zulässig. Doch dieser Eindruck täuscht – und zwar gewaltig.

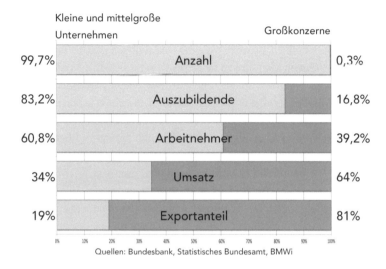

Kleine und mittelgroße Unternehmen | Großkonzerne

99,7%	Anzahl	0,3%
83,2%	Auszubildende	16,8%
60,8%	Arbeitnehmer	39,2%
34%	Umsatz	64%
19%	Exportanteil	81%

Quellen: Bundesbank, Statistisches Bundesamt, BMWi

Vergleich deutscher Unternehmen nach Größe[4]

Großkonzerne beherrschen die Wirtschaft

Alleine die fünf größten deutschen Unternehmen (Volkswagen, Daimler, E.ON, Siemens, Metro) konnten 2010 einen höheren Umsatz vorweisen als alle 3,2 Millionen Kleinunternehmen zusammen. Die mehr als 12 000 Firmen, die laut Klassifizierung als Großunternehmen gelten, erzielen insgesamt fast achtmal so viel Umsatz wie die 3,2 Millionen Kleinunternehmen. Selbst wenn man die umsatzstärkeren mittelgroßen Unternehmen hinzuzählt, ist der Trend eindeutig: Die 100 größten deutschen Unternehmen haben im Jahr 2010 einen Gesamtumsatz von fast 2 Billionen Euro erreicht – genau so viel wie alle KMU zusammen. Konnten die kleinen und mittleren Unternehmen im Jahr 2004 noch 42 Prozent des gesamten unternehmerischen Umsatzes in Deutschland für sich verbuchen,[5] waren es 2010 – aktuellere Zahlen liegen nicht vor – nur noch 37 Prozent. Spiegelbildlich konnten die Großkonzerne ihren Anteil im gleichen Zeitraum von 58 Prozent auf 63 Prozent vergrößern – Tendenz steigend.

Selbstverständlich bemisst sich die volkswirtschaftliche Bedeutung von Unternehmen nicht nur in betriebswirtschaftlichen Kennziffern wie dem Umsatz. Natürlich spielen auch Größen wie der Gewinn oder die Zahl der Mitarbeiter eine wichtige Rolle. Und da sieht es schon etwas anders aus: Während die 100 größten Konzerne insgesamt etwa 7 Millionen Menschen Arbeit geben, bildet der Mittelstand das wahre Rückgrat der deutschen Volkswirtschaft, indem er rund 15,5 Millionen Menschen beschäftigt. Die Kaufkraft, die aus diesen Löhnen resultiert, ist der eigentliche Kern unserer Wirtschaftskreislaufs und hat wenig mit großen Begriffen wie Außenhandel, Devisenkursen oder Eigenkapitalquote zu tun: Der Schreiner kauft von seinem Lohn beim Kioskbesitzer ein, der sich bei der Friseurin die Haare schneiden lässt, die beim Italiener um die Ecke essen geht, der sich vom Automechaniker sein Fahrzeug reparieren lässt, der beim Wirt ein Bier bestellt. Vielleicht ist es bald an der Zeit, dieses Rückgrat der Volkswirtschaft unter Artenschutz zu stellen.

Betrachtet man die statistischen Zahlen zum Thema, fällt vor allem auf, dass die Eigenmittelquote der kleinen und mittleren Unternehmen im letzten Jahrzehnt geradezu explodiert ist. Lag die Eigenmittelquote, die das Verhältnis der eigenen eingesetzten finanziellen Mittel im Verhältnis zum Fremdkapital angibt, im Jahre 2000 noch bei rund 9 Prozent, beträgt sie heute rund 24 Prozent.[6] Dieser rasante Anstieg hat seine Gründe: Aufgrund der verschärften Kreditvergaberichtlinien nach Basel II und III ist es für kleine und mittelgroße Unternehmen immer schwerer geworden, Kredite zu bekommen.

Die keineswegs schlechte Idee hinter den Basel-Richtlinien war es, die Kreditvergaberisiken der Banken transparenter zu machen, indem diese unterschiedliche Eigenkapitalpuffer für unterschiedliche Ausfallrisiken bei den vergebenen Krediten zurückhalten müssen. Der Haken ist jedoch, dass die Ausfallrisiken anhand von betriebswirtschaftlichen

Kennzahlen wie beispielsweise der Eigenmittelquote bestimmt werden. Hier beißt sich der Hund in den Schwanz: Kleine Unternehmen mit einem hohen Fremdkapitalanteil müssen nun ihren Fremdkapitalanteil zurückfahren, um ausreichend kreditwürdig zu sein, um frisches Fremdkapital von ihrer Bank zu bekommen. Im Ergebnis führten die neuen Eigenkapitalrichtlinien für Banken dazu, dass kleinen und mittleren Unternehmen der Zugang zum Kreditmarkt deutlich erschwert wurde. Vor allem in kapitalintensiven Bereichen sind Investitionen für sie ohne Fremdkapital jedoch meist unmöglich.

Eine Notiz am Rande: Den Autoren der Basel-Richtlinien war das Problem der Kreditverknappung der kleinen und mittleren Unternehmen durchaus bekannt. Als Alternative schlugen sie damals die verstärkte Verbriefung von Unternehmenskrediten vor. Die Volksbank Oer-Erkenschwick hätte also den Kredit für die Tischlerei Meier an eine internationale Großbank verkaufen sollen, die ihrerseits Tausende dieser Kredite zu synthetischen forderungsbasierten Wertpapieren, zum Beispiel als Collateralized Debt Obligation (CDO) oder als Asset-backed Security (ABS), bündeln und zu überhöhten Preisen an kleine Banken wie eben jene Volksbank zurückverkaufen sollten.

Nur zur Erinnerung: Investmentlegende Warren Buffet bezeichnete diese Art von Papieren im Jahre 2003 als »finanzielle Massenvernichtungswaffe«[7] – und behielt Recht: Forderungsbasierte Wertpapiere spielten bei der wenige Jahre später ausgebrochenen Finanzkrise eine Schlüsselrolle. Es ist klar, dass weder die Tischlerei Meier noch die Volksbank Oer-Erkenschwick von der vorgeschlagenen Verbriefung profitiert hätten. Die Profiteure waren und sind vielmehr die internationalen Finanzinstitute, die derlei Papiere auflegen, also zum Beispiel die Deutsche Bank, Goldman Sachs oder Morgan Stanley. Durch Basel II konnten endlich auch Wall Street und City of London Geld verdienen, wenn ein kleiner Schreinerbetrieb im Ruhrgebiet sich eine neue Kreissäge von seiner Hausbank finanzieren lässt. Als Belohnung durfte der Schreiner indirekt über höhere Zinsen die Rechnung für die Premium-Banker zahlen.

Standortdebatte, Lohnentwicklung und Strukturwandel

Seit 1993, also seit über 20 Jahren, sind die Reallöhne hierzulande im Durchschnitt nicht mehr gestiegen. Reallohn, das ist Nominallohn, welcher die Kaufkraft widerspiegelt und somit beispielsweise die Inflation berücksichtigt. Gründe für diese Stagnation: Zuerst waren es die Lohnnebenkosten, die angeblich im internationalen Vergleich zu hoch waren – im Ergebnis sanken nicht die Lohnnebenkosten, sondern bis etwa 1998 die Bruttolöhne. Danach entdeckte die Wirtschaftslobby die Globalisierung und startete eine Standortdebatte. Den Arbeitnehmern wurde ganz schwarz vor Augen, und sie ließen sich auf zahlreiche »Nullrunden« ein, schließlich ging es ja angeblich um den eigenen Job.

Als die rot-grüne Regierung 1998 das Ruder übernahm, wurde Deutschland vor allem in den deutschen Medien – fern jeder Realität – als »kranker Mann Europas« dargestellt. Es folgten die Hartz-Gesetze, die nicht nur den vorher kaum vorhandenen Niedriglohnsektor schufen, sondern auch und vor allem in den mittleren Einkommensgruppen wirkten – diesmal stagnierten die Reallöhne nicht, sie gingen über vier Jahre jeweils leicht zurück. Es folgte die Finanzkrise, in der Lohnerhöhungen angeblich Gift für die Wirtschaft gewesen wären. Nach einer kurzen Phase leichter Reallohnsteigerungen von 2010 bis 2012 sanken die Löhne im Jahr 2013 trotz der außerordentlich geringen Inflation bereits wieder.

Erstaunlicherweise wurde diese Entwicklung von Medien und Politik nicht als Bedrohung, sondern als Segen für die deutsche Wirtschaft interpretiert. Man kennt die Argumentationskette zur Genüge: In anderen Ländern sind die Lohnkosten deutlich niedriger, die Wettbewerbsfähigkeit ist in Gefahr, und die Arbeitsplätze wandern ab. Wie bei (fast) allen unzulässigen Vereinfachungen steckt auch in dieser ein Stück Wahrheit: Natürlich hat es in einer globalisierten Welt wenig Sinn, in einem Hochlohnland Produkte zu fertigen, die einen hohen Arbeitskostenanteil haben und so einfach zu produzieren sind, dass sie auch von wenig qualifizierten Arbeitskräften hergestellt werden. Daher käme wohl kein Textilkonzern auf die Idee, einfache Kleidungsstücke in der Schweiz nähen zu lassen – warum auch?

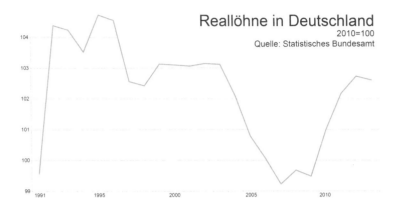

Reallöhne in Deutschland
2010=100
Quelle: Statistisches Bundesamt

Reallöhne in Deutschland[8]

Kaum bekannt ist jedoch, dass die deutsche Textilindustrie eine der größten der Welt ist und Deutschland hinter China, Hongkong und Italien sogar viertgrößter Exporteur in der Textilbranche. Wie kann das trotz der vermeintlich hohen Arbeitskosten denn sein? Ganz einfach: Nur ein Drittel der deutschen Textilindustrie stellt im weitesten Sinne des Begriffs Bekleidung her. In diesem Bereich findet jedoch aus naheliegenden Gründen nur noch ein Teil der Wertschöpfungskette statt – zum Beispiel Entwicklung, Design, Einkauf, Marketing, Logistik und Vertrieb. Die Produktion ist dabei der Teil der Wertschöpfungskette, der am wenigsten zum Umsatz beiträgt. Hergestellt werden die Kleidungsstücke fast ausschließlich in Ländern mit niedrigeren Löhnen – und dies nicht erst, seit Gerhard Schröder »erkannt« hat, dass es in Deutschland keinen gescheiten Niedriglohnsektor gibt, sondern bereits seit nunmehr rund 40 Jahren.[9] Der Fachbegriff für diese Entwicklung heißt »Strukturwandel« – beileibe kein Fremdwort, noch nicht einmal für die Apologeten der Lohnsenkungen.

Nicht die schlesischen Weber, sondern die Berliner Designer bestimmen heute das Bild der deutschen Bekleidungsindustrie. Alles andere wäre in einem Land, das sich gerne als Bildungsrepublik bezeichnet, seltsam anachronistisch. Die schlesischen Weber brachten einst das frühindustrielle System durch ihren Aufstand ins Wanken; das spätkapitalistische System werden ihre Nachfolger, die Näherinnen in den Sweatshops von Bangladesch, selbst dann nicht ins Wanken bringen, wenn sie sich erheben sollten – sie sind nämlich austauschbar. Die Spatzen pfeifen es bereits von den Dächern: Äthiopien ist die nächste große Hoffnung all der Textilproduzenten, denen es vor allem auf niedrige Löhne ankommt. Diese liegen weit unter denen Asiens; Äthiopien hat 80 Millionen Menschen und liegt nah am Suezkanal – diese Vorzüge haben beispielsweise den schwedischen Textilgiganten H&M überzeugt, der künftig einen Teil seines Sortiments in Äthiopien nähen lassen will.[10]

H&M, Kik und Co. sind jedoch nicht gerade repräsentativ für die deutsche Textilindustrie. Repräsentativer ist da schon die Firma C. Cramer & Co., die im Münsterland nahe der niederländischen Grenze technische Textilien mit unaussprechbaren Namen herstellt, und, die als Vorprodukt nicht nur im Textilbereich, sondern auch unter anderem im Automobil- und im Maschinenbau eingesetzt werden. C. Cramer & Co. ist einer der vielzitierten »Hidden Champions« und mit einigen seiner Produkte Marktführer; dafür beschäftigt das Unternehmen an zwei Standorten 290 Mitarbeiter. Natürlich verlegt ein solches Unternehmen seine Produktion nicht nach Äthiopien, um Arbeitskosten zu sparen. Im Bereich »technische Textilien« sind die mittelständisch geprägten deutschen Produzenten Weltmarktführer und beklagen heute eher den – hausgemachten – Fachkräftemangel als die vermeintlich hohen Lohnkosten.

Die Textilindustrie ist nur ein Beispiel von vielen. Im Durchschnitt haben die sogenannten Personalaufwendungen im Jahr 2012 lediglich 15 Prozent der gesamten Aufwendungen der deutschen Unternehmen ausgemacht[11] – interessanterweise ist der Personalkostenanteil bei den Großkonzernen mit nur 11 Prozent nur halb so groß wie bei den kleinen und mittelgroßen Unternehmen, die einen Personalkostenanteil von 22,5 Prozent haben. Selbst wenn man die Feinheiten herauslässt und Lohnsteigerungen eins zu eins auf die Personalaufwendungen überträgt, hieße dies, dass eine Lohnsteigerung von einem Prozent die Kosten der Unternehmen lediglich um 0,15 Prozent steigen lässt. Anlässlich solcher Zahlen wundert es schon sehr, warum die Arbeitgeberlobby tagein tagaus einen derartigen Aufwand betreibt, um Kostensteigerungen im Promillebereich abzuwenden. Denn letztlich spielen die Lohnkosten ohnehin nur in Kombination mit der

Produktivität eine Rolle: Ein Mitarbeiter, der beispielsweise für einen Stundenlohn von einem Euro mit der Hand zwei T-Shirts mit einem Firmenlogo bestickt, kann ungeheuer unproduktiv sein, während ein Mitarbeiter, der für einen Stundenlohn von 20 Euro eine Stickmaschine bedient, die pro Stunde 5 000 T-Shirts verarbeitet, äußerst produktiv ist. Als Indikator für die lohnabhängige Produktivität gelten die Lohnstückkosten, und hier ist Deutschland – vor allem im Vergleich mit anderen Euroländern – aufgrund der Lohnzurückhaltung bei steigender Produktivität seit langem Spitzenreiter.

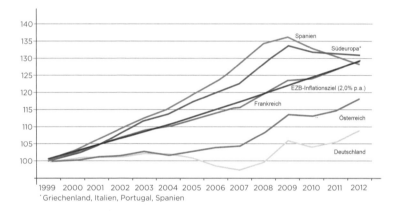

Entwicklung der Lohnstückkosten[12]

All dies wäre für die kleinen und mittelgroßen Unternehmen freilich kein Problem, ganz im Gegenteil: Auch wenn die Lohnkosten nur einen überschaubaren Teil der Gesamtkosten ausmachen und andere Faktoren wie beispielsweise die Ausbildung der Mitarbeiter wichtiger sind als die Kosten, so sind niedrige Lohnkosten betriebswirtschaftlich sogar ein Vorteil. Volkswirtschaftlich sieht das aber völlig anders aus, vor allem wenn man die kleinen und mittleren Unternehmen betrachtet: Wenn der Schreiner weniger Lohn bekommt, kann er nicht mehr beim Kioskbesitzer einkaufen, der sich dann nicht mehr bei der Friseurin die Haare schneiden lassen kann, die nicht mehr beim Italiener um die Ecke essen geht, der sich dann nicht mehr vom Automechaniker seinen Wagen reparieren lassen kann, der dann auch kein Bier mehr beim Wirt bestellen kann. Durch eine Stagnation oder gar eine Kürzung gerät der klassische Wirtschaftskreislauf ins Stocken.

Die Broschüre *German Mittelstand* vermeldet mit erkennbarem Stolz, dass der Auslandsumsatz der kleinen und mittelgroßen Betriebe 2010 bei 186 Milliarden Euro lag. Das hört sich imposant an, ist es aber nicht. Gemessen am gesamten Umsatz der kleinen und mittelgroßen Betriebe, der bei fast 2 Billionen Euro liegt, macht der Auslandsumsatz nur 9 Prozent aus. Oder um es anders zu sagen: Die kleinen und mittelgroßen Betriebe erzielen ihren Umsatz zu 90 Prozent im Inland. Sie sind daher wesentlich stärker als exportlastige Großkonzerne darauf angewiesen, dass die heimischen Kunden genügend Geld in der Tasche haben, um sich ihre Produkte und Dienstleistungen leisten zu können.

Anders als die Binnenwirtschaft ist der Export eine sehr exklusive Angelegenheit und der Klub der Exporteure vergleichsweise klein. Dafür besitzt er die Deutungshoheit, wenn es um wirtschaftspolitische Themen geht. Der Schreiner, der Metzger, die Friseurin und der Busfahrer stehen nämlich ebenso wenig im internationalen Wettbewerb wie der Journalist, der Lehrer oder der Standesbeamte. Dennoch beeinflussen die Interessen der Exportwirtschaft über den Umweg Politik auch die Lohnentwicklung solcher Berufe.

7 Ende der Deutschland AG: unser Betriebsvermögen

Die Geschichte der Bundesrepublik Deutschland ist durch mehrere Initiativen geprägt, deren Ziel es war, einer breiten Bevölkerungsmehrheit den Besitz von Aktien schmackhaft zu machen. In der Nachkriegszeit scheiterte dies vor allem an fehlenden Ersparnissen: Wer nichts hatte, konnte sich auch keine Aktien kaufen. Und nach dem Versuch, die T-Aktien der privatisierten Deutschen Telekom AG 1996 zu einer Art Volksaktie zu machen, dürfte das Projekt Volkskapitalismus durch Aktienbesitz auf unbestimmte Zeit verbrannt sein. Millionen kleiner T-Aktionäre mussten damals erkennen, dass zumindest sie mit Aktien nicht reich werden konnten: Wer beim groß angelegten dritten Börsengang der Telekom dabei war, verlor in den folgenden beiden Jahren 90 Prozent seines Geldes; auch heute noch notiert die T-Aktie rund 80 Prozent unter ihrem damaligen Ausgabekurs. Gemäß der goldenen Finanzregel »Das Geld ist nicht weg, es gehört nur jemand anderem« dürften sich einige Investmentbanker die Hände gerieben haben. So einfach kamen sie selten an die Ersparnisse der breiten Mehrheit.

Deutschland ist ganz sicher kein Land der Aktionäre. Nach aktuellen Zahlen des Deutschen Aktieninstituts besitzen rund 4,9 Millionen Deutsche Aktien – rund 920 000 davon jedoch »lediglich« Belegschaftsaktien. Übertragen auf die Zahl der Haushalte kann man also davon ausgehen, dass nur jeder zehnte deutsche Haushalt überhaupt Aktien besitzt. Anlässlich dieser Zahlen wirkt es ziemlich merkwürdig, dass die ARD zur besten Sendezeit direkt vor der *Tagesschau* werktäglich aufs Börsenparkett blickt, um ihren Zuschauern die mal mehr mal weniger marktkonforme Interpretation des Weltgeschehens aus Sicht der Investmentbanker zu präsentieren. Die geschätzte Zahl der deutschen Hundebesitzer liegt übrigens doppelt so hoch wie die der Aktienbesitzer. Warum schaltet die ARD zur besten Sendezeit also nicht in den Park und lässt Hasso und Waldi das Weltgeschehen kommentieren – die gesellschaftliche Relevanz wäre kaum geringer.

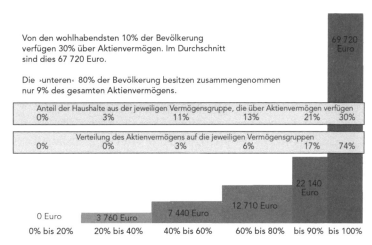

Quelle: Deutsche Bundesbank PHF 2010/2011, Datenbestand 2/2013, eigene Berechnungen

Verteilung des Aktienvermögens in Deutschland[1]

Wenig überraschend ist die Erkenntnis, dass der Aktienbesitz im Lande ungleich verteilt ist. Genauere Zahlen dazu offenbart einmal mehr die PHF-Studie der Deutschen Bundesbank.[2]

Wussten Sie schon?

- Rund 90 Prozent aller Haushalte besitzen überhaupt keine Aktien.
- Von den unteren 40 Prozent der Haushalte besitzen weniger als 2 Prozent Aktien.

- Die unteren 80 Prozent der Haushalte haben zusammen-genommen weniger als 10 Prozent des gesamten Aktien-vermögens.
- Den obersten 10 Prozent der Bevölkerung gehören drei Viertel des gesamten Aktienvermögens.

Die Ungleichverteilung des Aktienvermögens ist weder neu noch sonderlich überraschend. Doch diese Zahlen sind nur die halbe Wahrheit. Schaut man sich die Dax-Konzerne an, kommt man zum Ergebnis, dass lediglich 15 Prozent der Aktien überhaupt von (nicht nur deutschen) Privathaushalten gehalten werden – also maximal ein Achtel des gesamten Aktienvermögens. Mit 70 Prozent spielen die sogenannten »institutionellen Anleger« heute die mit Abstand wichtigste Rolle – Tendenz steigend. Dahinter verbergen sich all die Banken, Versicherungen, Pensionsfonds, Hedgefonds und Private-Equity-Fonds, die gemeinhin unter dem Begriff Finanzsektor zusammengefasst werden.

Finanzunternehmen besitzen aber nicht nur die Mehrheit an den börsennotierten Großkonzernen, sie kontrollieren auch deren Unternehmenspolitik. Weitestgehend unbemerkt von der Öffentlichkeit hat der Finanzsektor mit seiner Shareholder-Value-Ideologie der Renditenmaximierung die Macht über die Großkonzerne übernommen, die als Oligopol unsere Wirtschaft dominieren. Um zu verstehen, wie es so weit kommen konnte, ist ein Blick hinter die Kulissen und ein kurzer Ausflug in die Historie nötig.

Traum vom Volkskapitalismus durch Aktien

Als Ludwig Erhard im Nachkriegswirtschaftswunderland die damals größtenteils staatliche Schwerindustrie an die Börse brachte, schwärmte er noch vom »Volkskapitalismus«. Nach seiner Vorstellung sollte die Aktienmehrheit der Großkonzerne der noch jungen Bundesrepublik von Kleinsparern gehalten werden, die – ganz demokratisch – über ihre Vertreter in den Aufsichtsräten die Industriepolitik mitbestimmen und natürlich auch über die Dividendenzahlungen am Aufschwung mitverdienen sollten. Was sich in der Theorie recht gut anhört, war jedoch von Anfang an zum Scheitern verurteilt. Dem Volkskapitalismus standen damals vor allem zwei unüberwindbare Hindernisse im Weg.

Aktien galten in dieser Zeit als halbseidene Spekulation mit hohem Risiko. Kein Wunder, denn die Weltwirtschaftskrise war damals noch in frischer Erinnerung. Im Mai 1927 waren die Kurse an der damals florierenden Berliner Börse an einem einzigen Tag um 32 Prozent eingebrochen. Es kam zu einer Bankenkrise, die Börse wurde mehrfach für mehrere Monate geschlossen und später von den Nationalsozialisten Schritt für Schritt amputiert. So mancher brave Bürger, der dem Aktienfieber erlegen war, verlor damals sprichwörtlich Haus und Hof. Wer konnte in den 1950ern schon ahnen, dass die nächste große Systemkrise erst ein halbes Jahrhundert später wieder über die Börsen der Welt hereinbrechen sollte? Erst in den 1960er Jahren wurden Aktien bei wohlhabenden Bundesbürgern etwas populärer, während sie in der Hochzinsphase der späten 1970er und frühen 1980er Jahre durch die Konkurrenz ordentlich verzinster Anleihen erneut ins Abseits gedrängt wurden.

Erhards Traum vom Volkskapitalismus scheiterte jedoch vor allem an der schlichten Mathematik: Großkonzerne wie VW waren schon in der Wirtschaftswunderzeit mehr als 1 Milliarde D-Mark wert. Wie sollten Kleinsparer mit einem durchschnittlichen Jahreseinkommen von 4 000 D-Mark überhaupt das nötige Geld aufbringen, sich nennenswert an den großen Unternehmen des Landes zu beteiligen? So kam es, wie es kommen musste: Die privatisierten Staatsbetriebe gingen zum Großteil nicht an »das Volk«, sondern an eine kleine Schicht wohlhabender Bürger, die das nötige Kleingeld besaßen, um sich Aktien in ihr Depot zu legen. Naturgemäß waren dies meist genau diejenigen, die schon vor dem Ende des Krieges zur Oberschicht gehört hatten. Strukturell war das Betriebsvermögen in den Wirtschaftswunderjahren genau so ungleich verteilt wie im Kaiserreich, der Weimarer Republik und der Berliner Republik, in der wir heute leben. Allenfalls der Grad an Ungleichheit war geringer, da der Staat mehr oder weniger unfreiwillig durch die Altlasten des Dritten Reichs als »Großunternehmer« die Statistik verzerrte.

War Erhard wirklich derart naiv? Er hatte zwar stets bekundet, dass eine breite Verteilung des Volksvermögens das oberste Ziel seiner Politik gewesen sei,[3] gemessen daran kann die Verteilungspolitik der Nachkriegszeit zumindest in Bezug auf das Betriebsvermögen jedoch nur als grandioser Flop bezeichnet werden. Die vermeintlich breite Verteilung des Betriebsvermögens gehört wohl eher zu den vielen Gründungsmythen der Bundesrepublik. Nicht der Volkskapitalismus, sondern die Deutschland AG sollte zum Erfolgsmodell unseres Landes werden.

Willkommen in der Deutschland AG

Warum Deutschland AG? Die Bonner Republik war, zumindest hinsichtlich der Beteiligungen an den hiesigen Großunternehmen, eine reichlich inzestuöse Veranstaltung: Es gab kaum einen börsennotierten Konzern, der nicht zumindest an einem weiteren Großunternehmen maßgeblich beteiligt war. Ganz vorne dabei waren damals auch die wichtigen deutschen Privatbanken, die traditionell über nennenswerte Unternehmensbeteiligungen verfügten. Sowohl in der Weltwirtschaftskrise als auch nach dem Zweiten Weltkrieg konnten zahlreiche Großkonzerne ihre Kredite bei den Banken nicht bedienen. Um hohe Abschreibungen und damit eine neue Bankenkrise zu verhindern, tauschten die Banken die ausstehenden faulen Kredite in Beteiligungen um, die in den folgenden Jahren weiter massiv ausgebaut wurden. Hätte man in den 1970ern und 1980ern die Frage gestellt, wem die deutschen Großkonzerne gehörten, wären an den ersten Stellen die Deutsche Bank und die Dresdner Bank genannt worden. Zu ihnen gesellten sich im Laufe der Zeit die großen Versicherungsgesellschaften wie die Allianz und die Munich Re, die damals noch Münchner Rückversicherung hieß.

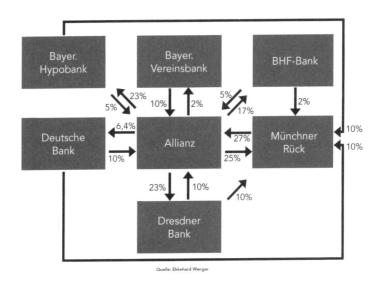

Quelle: Ekkehard Wenger

Kern der Deutschland AG (1994)[4]

Wie dieses Beteiligungsmodell funktionierte, zeigt das Beispiel der Metallgesellschaft AG, ein Industriekonglomerat aus den Bereichen Schwermetalle und Anlagenbau. Ende der 1980er hatten die Dresdner Bank Anteile in Höhe von 12,6 Prozent und die Allianz von 5 Prozent. Weitere 8,5 Prozent besaß eine Beteiligungsgesellschaft, die je zu rund der Hälfte der Allianz und der Deutschen Bank gehörte. Noch einmal 10,5 Prozent hielt die Deutsche Bank indirekt über eine andere Beteiligungsgesellschaft, während weitere 10 Prozent der Daimler-Benz AG gehörten, die wiederum zu 25 Prozent der Deutschen Bank und zu 12 Prozent einer Beteiligungsgesellschaft von Dresdner Bank, Commerzbank, Allianz und Bosch gehörte. Durch ihre Besitzerstruktur war die Metallgesellschaft so vor feindlichen Übernahmen geschützt. Da die Finanzkonzerne über ihre Beteiligungen auch den Aufsichtsrat dominierten, bestimmten sie die Geschäftspolitik. Diese komplizierte Form der direkten und indirekten Beteiligungen war über Jahrzehnte das Rückgrat der Deutschland AG.

Noch komplexer wird es, wenn wir uns die Kreuzbeteiligungen innerhalb der großen Finanzkonzerne anschauen, welche die Deutschland AG anführten. Auch hier sorgte eine Form von gegenseitigen Beteiligungen dafür, dass die großen Finanzkonzerne, die den Kern der Deutschland AG bildeten, sich im Grund selbst kontrollierten. Als nennenswerte Anteilseigner außerhalb der Finanzbranche waren bis Ende der 1990er Jahre lediglich die Mischkonzerne Bosch und Siemens beteiligt – wobei böse Zungen Siemens ohnehin als Bank mit angeschlossener Werkbank bezeichnen. Dieser Kern kontrollierte direkt oder indirekt einen Großteil der deutschen Großkonzerne.

Die Deutsche Bank brachte es zu Beginn der 1980er Jahre auf über ein Dutzend Industriebeteiligungen von mehr als 25 Prozent, darunter unter anderem bei der Daimler-Benz AG, der Karstadt AG und der Hapag-Lloyd AG. Übertroffen wurde sie lediglich von der Dresdner Bank, die damals an mehr als 15 Großkonzernen mit mehr als 25 Prozent beteiligt war. Im Jahr 1980 saßen Deutsche-Bank-Mitarbeiter in den Vorständen von 40 der 100 größten Unternehmen des Landes, 1998 waren es nur noch 17.[5] Alleine der ehemalige Deutsche-Bank-Chef Hilmar Kopper brachte es auf mehr als ein Dutzend Aufsichtsratsmandate in deutschen Großkonzernen – darunter auch die HSH Nordbank. Die aktuelle Führungsspitze der Deutschen Bank hat nur noch ein einziges Aufsichtsratsmandat inne: Jürgen Fitschen bei der Metro AG. Und selbst die drei Aufsichtsratsposten des ehemaligen Allianz-Chefs Paul Achleitner bei Deutscher Bank, Daimler und Bayer sind zwar imposant, wären für Hilmar Kopper aber bestenfalls Peanuts gewesen.

Entdeckung des Shareholder-Values

Will man den Niedergang der Deutschland AG mit einem einzigen Begriff zusammenfassen, so lautete dieser »Shareholder-Value«. Die Idee, einen Großkonzern so zu führen, dass dabei für die Aktionäre die größtmögliche Rendite herausspringt, war zu Zeiten der Deutschland AG gänzlich unbekannt, wenn nicht sogar verpönt. Die unternehmerische Priorität der großen Aktiengesellschaften galt damals dem Wachstum – sei es organisch, also aus eigener Kraft, oder durch den Zukauf von anderen Unternehmen und Unternehmensbeteiligungen. Doch wer seinen Aktionären hohe Dividenden ausbezahlen muss, dem fehlt in der Regel das Kapital, um solche Investitionen in das Wachstum zu finanzieren. Dies hatte zur Folge, dass die großen Unternehmen der Deutschland AG stets dazu neigten, ihre ausgewiesenen Gewinne möglichst niedrig zu halten – beispielsweise durch Rücklagen und weitere Beteiligungen an anderen Unternehmen. Für ein »modernes« Unternehmen, das der Idee des Shareholder-Values folgt, wäre dies undenkbar.

Als »Erfinder« des modernen Finanzkapitalismus in Deutschland, kann der Münchner Privatbanker Ferdinand Graf von Galen gelten. Er wollte seine Privatbank Schröder, Münchmeyer, Hengst & Co., kurz SMH-Bank, Anfang der 1980er Jahre nach angloamerikanischem Vorbild auf das Investmentbanking ausrichten. Dafür sammelte er weltweit Geld von Personen, die man heute wohl als UHNWI (»Ultra High Net Worth Individuals«) bezeichnen würde – darunter der Sultan von Brunei, der zu jener Zeit als der reichste Mensch der Welt galt. Galens Geschäftsmodell war das eines Private-Equity-Fonds, der mit deutschen Aktien spekulierte. Wären da nicht noch die anderen Geschäfte des Grafen gewesen, hätte von Galen wohl heute ein Sternchen auf dem Wall Street Walk of Fame. Doch 1983 kollabierte von Galens SMH-Bank, da man einem Kreditbetrüger auf den Leim gegangen war, der damals die Frankfurter Finanzszene ins Wanken brachte. Galens Geschäftsbücher waren jedoch sehr aufschlussreich und zeigten, dass man auch an der deutschen Börse als Bank mit fremdem Geld sehr erfolgreich spekulieren kann.

Zu denjenigen, die einen ganz genauen Blick in Galens Bücher warfen, gehörte der aufstrebende Deutsche-Bank-Manager Rolf-E. Breuer,[6] der zu dieser Zeit Direktor der Börsenabteilung der Deutschen Bank war. Als Breuer 1997 Hilmar Kopper als Vorstandssprecher der Deutschen Bank ablöste, gab er das Unternehmensziel aus, »Investmentbanking am Hochreck«[7] zu betreiben. Die Deutsche Bank entdeckte den Shareholder-Value und wurde unter Breuer und seinem Nachfolger, dem »gelernten« Investmentbanker Josef Ackermann, zu einer der größten Investmentbanken der Welt umgebaut. Breuer begann nicht nur damit, die nicht sonderlich renditestarken Beteiligungen an anderen deutschen Unternehmen abzubauen, er lagerte sogar das gesamte Kleinkundengeschäft in eine Tochtergesellschaft aus, die man später veräußern wollte. Die Deutsche Bank wollte sich stattdessen auf das renditestarke Investmentbanking für ihre vermögenden Privatkunden konzentrieren – eine Narretei, die von Ackermann später rückgängig gemacht wurde.

Der Geist war jedenfalls aus der Flasche, und aus den bodenständigen Bankern der Deutschland AG wurden moderne Turbofinanzkapitalisten, die sich nur noch für die kurzfristigen Renditeziele interessierten und dem Shareholder-Value frönten. Josef Ackermann formulierte damals eine Eigenkapitalrendite von 25 Prozent als Zielvorgabe – was mit klassischen Beteiligungen an Industrieunternehmen ebenso wenig zu erreichen war wie mit Krediten an Bauherren oder Handwerkerbetriebe.

Abwicklung der Deutschland AG

Langsam aber stetig erodierte seitdem der Kern der alten Deutschland AG. Einige Beispiele illustrieren das überdeutlich – allein im Bankensektor. So wurden 1998 die »guten« Teile der beiden bayerischen Großbanken Bayerische Hypotheken- und Wechselbank und der Bayerischen Vereinsbank zur Bayerischen Hypo- und Vereinsbank verschmolzen und 2005 als HypoVereinsbank von der italienischen UniCredit geschluckt. Die »schlechten« Teile wanderten in die Hypo Real Estate, die der Finanzkrise zum Opfer fiel und den Steuerzahler wohl einen dreistelligen Milliardenbetrag kosten wird. Nennenswerte Beteiligungen an deutschen Unternehmen gibt es weder bei der HypoVereinsbank noch bei der Abwicklungsgesellschaft der Hypo Real Estate.

Die BHF-Bank wurde kurze Zeit nach ihrer Umfirmierung zur AG Ziel einer feindlichen Übernahme der niederländischen ING-Gruppe. Ausgeweidet und filetiert fiel das Kerngeschäft der BHF an die deutsche Privatbank Sal. Oppenheim, die ihrerseits später von der Deutschen Bank geschluckt wurde. Seit drei Jahren versucht die Deutsche Bank nun die BHF weiterzuverkaufen. Die letzten bekannten Interessenten waren die US-Finanzunternehmen BlackRock und Ripplewood. Was ihre Beteiligungen an deutschen Unternehmen angeht, spielt die BHF jedoch längst keine Rolle mehr.

Die Dresdner Bank, die noch in den 1980er Jahren die Bank mit dem größten Volumen an Industriebeteiligungen war, wurde zum Spielball des Versicherungskonzerns Allianz. 2001 schluckte die Allianz die Dresdner Bank und entkernte sie in den Folgejahren. Während die renditestarke Vermögensverwaltung in die Allianz-Gruppe übernommen wurde, wurden sämtliche Beteiligungen der Dresdner Bank verkauft – meist an Hedge-Fonds und Private-Equity-Fonds, besser bekannt als »Heuschrecken«. Was von der Dresdner Bank übrig blieb – neben dem Filial- und Kleinkundengeschäft vor allem faule Kredite –, wurde auf dem Höhepunkt der Finanzkrise im Herbst 2008 an die Commerzbank verkauft, die sich ihrerseits wenige Monate später an dem vergifteten Brocken verschluckte und vom Steuerzahler für 18,2 Milliarden Euro »gerettet« werden musste. Über nennenswerte Beteiligungen verfügt auch die Commerzbank nicht mehr.

Wenn man für das Sterben der Deutschland AG einen positiv besetzten Begriff finden will, so könnte man wohl von Konsolidierung oder Strukturwandel sprechen. Neben den Opfern der Entwicklung gibt es nämlich auch – zumindest auf dem Papier – Gewinner: Sowohl die Deutsche Bank als auch die Allianz und die Munich Re haben sich in der Transformationsphase zu den ganz Großen ihrer Branche entwickelt, die sich auf Augenhöhe mit den Finanzgiganten der Wall Street und der City of London befinden. Der Preis für die Stärkung des Kerngeschäfts war es jedoch, sich von nahezu allen Beteiligungen aus Industrie und Handel zu trennen.

Schaut man sich heute die Besitzverhältnisse der deutschen Großkonzerne an, trifft man nur in Ausnahmefällen auf die Finanzkonzerne der alten Deutschland AG. Die Deutsche Bank gehört zwar zu den größten Banken der Welt, ist in Deutschland aber lediglich an drei Dax-Konzernen beteiligt,[8] wobei die Beteiligung an der Daimler-Benz AG mit 2,7 Prozent die mit Abstand größte Beteiligung ist. Zusammen haben diese Beteiligungen einen Marktwert von 1,9 Milliarden Euro.[9] Auch die Allianz ist nur noch an drei Dax-Konzernen beteiligt, wobei alle drei Beteiligungen zusammen gerade einmal 1,4 Milliarden Euro wert sind. Stattdessen sind neue Akteure auf der Bildfläche erschienen.

Showdown des Finanzkapitals

Das Phänomen, dass einige wenige Großkonzerne über ihre Beteiligungen eine beherrschende Stellung einnehmen, geht weit über Deutschland hinaus. Sogar die größten deutschen Konzerne spielen im internationalen Konzert nur die zweite Geige. Im Vergleich zu den Zeiten der Deutschland AG sind die Unternehmensbeteiligungen an den großen börsennotierten Konzernen heute kleinteiliger geworden. Großkonzerne, bei denen einzelne Personen oder Familien die Kontrolle haben, sind eher die Ausnahme von der Regel. Mehr als zwei Drittel der Aktien der deutschen Dax-Konzerne befinden sich heute im Streubesitz, also nicht in der Hand von wenigen Großanlegern. Doch fast 70 Prozent der Aktien der Dax-Konzerne werden dabei von institutionellen Anlegern gehalten. Diese Beteiligungen gehen dabei nur im Ausnahmefall über die meldepflichtige Grenze von 3 Prozent hinaus, dennoch beherrschen die institutionellen Anleger die Konzerne. Sie sind es, die den Aufsichtsrat bestellen, den Vorstand entlasten und jede wichtige strategische Entscheidung abnicken müssen.

Wenn das Management eines Großkonzerns dabei gegen die Interessen eines dieser institutionellen Anleger verstößt, ist Ärger vorprogrammiert. Als mahnendes Beispiel dafür kann der Putsch einiger Hedgefonds gegen den Vorstand der Deutsche Börse AG im Sommer 2005 gelten. Die Deutsche Börse war zu diesem Zeitpunkt ein klassisches Beispiel der Deutschland AG: Mit Werner Seifert wurde das Unternehmen von einem vergleichsweise langfristig planenden Vorstandsvorsitzenden geführt, dessen Unternehmensstrategie eng mit dem Aufsichtsrat abgestimmt war, der vom damaligen Deutsche-Bank-Chef Rolf-E. Breuer geführt wurde.

Im Jahr 2000 traf Seifert eine Entscheidung, die einen Konflikt zwischen dem kurzfristigen Renditestreben und einer langfristigen Unternehmensstrategie darstellen sollte: Die Deutsche Börse AG war zu diesem Zeitpunkt hoch profitabel, und Seifert plante, die Gewinne nicht einfach an die Aktionäre auszuschütten oder durch eigene Aktienrückkäufe den Kurs der Unternehmensaktie zu puschen, sondern mit dem Geld aus den prall gefüllten Unternehmenskassen die britische Börse London Stock Exchange zu übernehmen. Doch dies passte der Fondsmanager Christopher Hohn nicht ins eigene Geschäftskonzept, dessen Hedgefonds mit dem seltsam anmutenden Namen The Children's Investment Fund (TCI) als besonders rücksichtslos und aggressiv verschrien ist. Er drängte darauf, die Rücklagen der Deutschen Börse AG als Dividende in die Kassen der Anteilseigner fließen zu lassen – er wollte das Unternehmen plündern. Seifert versperrte sich jedoch mit Rückendeckung Breuers den Forderungen des Hedgefonds-Managers, und es kam zum großen Showdown. Zum Zeitpunkt, als Hohn zum Putsch gegen Seifert ansetzte, besaß TCI gerade einmal eine Beteiligung von 3 Prozent an der Deutschen Börse, die jedoch – typisch für große Aktiengesellschaften – keinen strategischen Investor aufweisen konnte, der zum Beispiel über eine Sperrminorität die von Hohn anvisierte Plünderung des Unternehmens hätte unterbinden können.

Hohn sammelte seine Truppen und machte in Londoner Finanzkreisen publik, dass die Deutsche Börse reif sei, gepflückt zu werden. Binnen weniger Monate folgten zahlreiche Hedgefonds Hohns Beispiel und kauften sich bei der Deutschen Börse AG ein. Unter der Führung von TCI torpedierten die Hedgefonds die geplante Übernahme der Londoner Börse und schafften es sogar, im Mai 2005 Seifert und kurze Zeit später auch Breuer aus dem Amt zu jagen. Mit einem goldenen Handschlag von knapp 10 Millionen Euro ließ sich Seifert an der irischen Atlantikküste nieder, wurde Jazzpianist und verewigte seine Sicht der Dinge über die Schlacht zwischen der alten Deutschland AG und den Hedgefonds in einem lesenswerten Buch.[10] Die Fonds jedoch hatten ihr Ziel erreicht: Die neue Unternehmensführung schüttete die Rücklagen an die Anteilseigner aus, die daraufhin das leckgeschlagene Schiff wieder verließen. Dieser Vorfall war es, der den SPD-Politiker Franz Müntefering zu der Heuschrecken-Metapher anregte, die auch bei näherer Betrachtung ziemlich zutreffend ist.

Der Fall Deutsche Börse gegen TCI zeigt vor allem eines: Auch vergleichsweise kleine institutionelle Anleger können einem Großkonzern ihre Strategie aufzwingen. Ohne einen strategischen Großinvestor, der seine eigene Strategie gegen die Begehrlichkeiten des Marktes durchsetzen kann, ist jeder Großkonzern letzten Endes gezwungen, den Renditewünschen institutioneller Anleger nachzugehen. Tut er es nicht, kommt es zum Konflikt, und die institutionellen Anleger übernehmen vielleicht sogar das Ruder. Die Konzernpolitik wird somit nicht nur indirekt, sondern manchmal auch ganz offensichtlich von den Interessen einzelner Marktteilnehmer diktiert. Und deren Interessen sind sicher nicht immer die Interessen der Allgemeinheit.

1 300 Unternehmen regieren die Welt

Wussten Sie schon?

- 1 318 Unternehmen kontrollieren 80 Prozent der weltweiten Großkonzerne.
- 147 Unternehmen kontrollieren 40 Prozent der weltweiten Großkonzerne.
- Drei Viertel dieser 147 Unternehmen sind Finanzunternehmen.
- Unter den 20 mächtigsten Unternehmen der Welt befinden sich 19 Finanzunternehmen.

Welche Bedeutung die Besitzverhältnisse in der modernen Finanzwelt haben und wie ungleich diese bei sehr wenigen großen und mächtigen Finanzunternehmen konzentriert sind, zeigt eine Studie der angesehenen Züricher Eidgenossenschaftlichen Technischen Hochschule (ETH) aus dem Jahre 2011.[11] wurden die Daten der

Forschungsdatenbank Orbis untersucht, in der die Daten von rund 100 Millionen Unternehmen gespeichert sind. Die Forscher der ETH filterten aus diesen Einträgen 43 000 Unternehmen heraus, die aufgrund ihrer Größe und Aktivität als multinationale Großkonzerne gelten können. Bei der Analyse der Besitz- und Machtverhältnissen dieser Konzerne stießen die Forscher auf einen Kern von 1 318 Firmen, die über den Besitz von Aktien und Firmenanteilen 80 Prozent[12] des untersuchten Firmennetzwerks kontrollieren.

Weitere Untersuchungen zeigten, dass es sogar innerhalb dieses Kerns ein weiteres äußerst effektives Zentrum der Machtkonzentration gibt. Dieses innere Zentrum der Macht umfasst 147 Konzerne, die zusammen über 40 Prozent der gesamten Wirtschaft herrschen und sich über ihre Firmenanteile selbst kontrollieren. Drei Viertel der Mitglieder dieses Zentrums der Macht gehören dabei der Finanzbranche an, und unter den zwanzig mächtigsten Unternehmen der Welt gibt es mit Walton Enterprises (Walmart) nur ein einziges Unternehmen aus der Realwirtschaft.

Rang	Unternehmen	Branche	Land
1.	Barclays plc	Großbank	Großbritannien[13]
2.	Capital Group Companies, Inc.	Investmentgesellschaft	USA
3.	FMR LLC	Investmentgesellschaft	USA
4.	AXA S. A.	Versicherungsgesellschaft	Frankreich
5.	State Street Corporation	Großbank	USA
6.	JPMorgan Chase & Co.	Großbank	USA
7.	Legal & General Group plc	Versicherungen und Vermögensverwaltung	Großbritannien
8.	Vanguard Group, Inc.	Investmentgesellschaft	USA
9.	UBS AG	Großbank	Schweiz
10.	Merrill Lynch & Co., Inc.	Investmentbank	USA
11.	Wellington Management Company LLP	Investmentgesellschaft	USA

Rang	Unternehmen	Branche	Land
12.	Deutsche Bank AG	Großbank	Deutschland
13.	Franklin Resources, Inc.	Investmentgesellschaft	USA
14.	Credit Suisse Group AG	Großbank	Schweiz
15.	Walton Enterprises LLC	Einzelhandel	USA
16.	Bank of New York Mellon Corporation	Großbank	USA
17.	Natixis S. A.	Investmentbank	Frankreich
18.	Goldman Sachs Group, Inc.	Investmentbank	USA
19.	T. Rowe Price Group, Inc.	Investmentgesellschaft	USA
20.	Legg Mason, Inc.	Investmentgesellschaft	USA

Die zwanzig mächtigsten Unternehmen der Welt

Mit der Deutschen Bank auf Position 12 und der Allianz auf Position 28 befinden sich nur zwei deutsche Unternehmen unter den Top 50. Dabei muss jedoch die Frage erlaubt sein, wie deutsch die Deutsche Bank überhaupt ist, deren Investmentsparte samt Vermögensverwaltung in London sitzt. Die alte Deutschland AG scheint ausgedient zu haben.

Freie Märkte können nur dann funktionieren, wenn es keine monopolartigen Machtkonzentrationen gibt. Dass unser Wirtschafts- und Finanzsystem von solch monopolartigen Machtkonzentrationen bestimmt wird, dürfte angesichts der hier genannten Zahlen außer Zweifel stehen. Hinzu kommt, dass eine Gesellschaft sich die Frage stellen muss, ob es mit einem demokratischen Staats- und Gesellschaftswesen überhaupt vereinbar ist, dass ein verschwindend kleiner Teil der Unternehmen nahezu die gesamte Wirtschaft kontrolliert.

8 BlackRock und Co.: das globalisierte Finanzkapital

Betrachtet man die Herkunft der Aktienbesitzer, fällt auf, dass nur ein gutes Drittel der Dax-Anteile von Inländern gehalten wird. Ein weiteres Drittel gehört Personen und vor allem Finanzkonzernen aus den USA und Großbritannien, während das letzte Drittel sich auf den Rest der Welt verteilt – größere Anteile besitzen hier vor allem schweizerische Banken, luxemburgische Finanzunternehmen und arabische Staatsfonds.

Die Spinne im Netz der Beteiligungen an den Dax-Unternehmen ist dabei ein Unternehmen, dessen Name wohl nur Insidern bekannt ist – BlackRock. BlackRock ist an jedem Dax-Konzern beteiligt, an 80 Prozent der Dax-Konzerne sogar mit 5 Prozent und mehr, bei mehr als der Hälfte der Dax-Konzerne ist BlackRock sogar der größte Anteilseigner. Doch wer ist BlackRock? Und was bedeutet dies für den Standort Deutschland und für die Vermögensverteilung?

Im Superman-Comic-Universum ist Blackrock ein mystisches Artefakt, das Schurken die notwendigen Superkräfte gibt, um im epischen Kampf über die Macht die Guten zu besiegen. Ob der Investmentbanker Laurence Douglas Fink, genannt Larry, eine Portion Humor bewies, als er dem von ihm und weiteren Investmentbankern 1988 gegründeten Finanzunternehmen ausgerechnet den Namen BlackRock gab, ist nicht bekannt. BlackRock hat nämlich durchaus das Zeug, seinen Besitzern, um es ein wenig mystisch zu überspitzen, die Macht im realen Universum zu verschaffen.

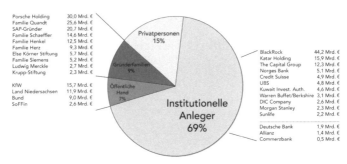

Porsche Holding	30,0 Mrd. €
Familie Quandt	25,6 Mrd. €
SAP-Gründer	20,7 Mrd. €
Familie Schaeffler	14,6 Mrd. €
Familie Henkel	12,5 Mrd. €
Familie Herz	9,3 Mrd. €
Else Körner Stiftung	5,7 Mrd. €
Familie Siemens	5,2 Mrd. €
Ludwig Merckle	2,7 Mrd. €
Krupp-Stiftung	2,3 Mrd. €
KfW	15,7 Mrd. €
Land Niedersachsen	11,9 Mrd. €
Bund	9,0 Mrd. €
SoFFin	2,6 Mrd. €

BlackRock	44,2 Mrd. €
Katar Holding	15,9 Mrd. €
The Capital Group	12,3 Mrd. €
Norges Bank	5,1 Mrd. €
Credit Suisse	4,9 Mrd. €
UBS	4,8 Mrd. €
Kuwait Invest. Auth.	4,6 Mrd. €
Warren Buffet/Berkshire	3,1 Mrd. €
DIC Company	2,6 Mrd. €
Morgan Stanley	2,3 Mrd. €
Sunlife	2,2 Mrd. €
Deutsche Bank	1,9 Mrd. €
Allianz	1,4 Mrd. €
Commerzbank	0,5 Mrd. €

Privatpersonen 15%
Gründerfamilien 9%
Öffentliche Hand 7%
Institutionelle Anleger 69%

Herkunft/Standort der Aktionäre der Dax-30-Konzerne

| Rest 6,0% | USA 23,6% | Europa 35,0% (davon GB 12,4%) | Deutschland 35,4% |

Basis: Börsenkapitalisierung am 10.02.2014 Quelle: Eigenauskunft der Konzerne, eigene Berechnung

Wem gehören die Dax-30-Konzerne?[1]

Wussten Sie schon?

- BlackRock ist an allen Dax-Unternehmen beteiligt und dabei bei jedem zweiten Dax-Unternehmen der größte Anteilseigner.
- BlackRock verwaltet 4,3 Billionen US-Dollar.
- Bei 15 der 20 wertvollsten Unternehmen der Welt gehört Black-Rock zu den beiden größten Anteilseignern.

Schöne neue Finanzwelt

Um den Aufstieg der Investmentbanken und Fonds zu verstehen, ist ein Blick in die jüngere Geschichte des Finanzsystems notwendig. Die 1970er und 1980er Jahre waren das, was man heute als Hochzinsphase bezeichnen würde. Ende der 1970er stieg der Leitzins in den USA auf schwindelerregende 19 Prozent – schöne Zeiten für Sparer, die auf ihrem Sparbuch oder Festgeldkonto mehr als 15 Prozent Zinsen kassierten, allerdings fraß zwischen 1974 und 1981 eine vergleichsweise hohe Inflation einen großen Teil dieser Zinsen wieder auf. Dies- und jenseits des Atlantiks war es für Sparer wenig attraktiv, die Ersparnisse in Aktien oder gar synthetische Finanzprodukte zu stecken, da diese nur selten höhere Renditen abwarfen als das wesentlich sicherere Festgeldkonto.

Diese Periode war im besten Sinne des Wortes: langweilig. Über Jahrzehnte hinweg gab es keine Finanzkrise, und selbst schwere externe Schocks wie die Ölkrise steckten Wirtschafts- und Finanzsystem ohne ernste Probleme weg. Dafür stiegen die Reallöhne von Jahr zu Jahr. Es gab weder extremen Reichtum noch extreme Armut, und die Einkommens- sowie die Vermögensschere wurden geschlossen – nicht zuletzt aufgrund einer progressiven Steuerpolitik. Wie auch damals sind langweilige Zeiten meist gute Zeiten für die Bevölkerungsmehrheit und schlechte Zeiten für das Finanzkapital.

Das Finanzkapital schlug jedoch schon bald zurück: Die hohen Leitzinsen in den späten 1970er Jahren ließen die Arbeitslosigkeit steigen und würgten die Konjunktur ab. Mit massiver finanzieller Unterstützung der Wall Street konnte 1980 Ronald Reagan die Präsidentschaftswahlen für sich entscheiden. Kaum im Amt krempelte er die USA von Grund auf um und sorgte dafür, dass das Finanzkapital einen weltweiten Siegeszug antreten konnte. Verschiedene wirtschaftspolitische Maßnahmen, die unter dem Begriff »Reaganomics« bekannt wurden, verhalfen dem Finanzsystem zu enormem Aufschwung: Das Finanzsystem wurde weitestgehend dereguliert, und der immer weiter sinkende Leitzins tat sein Übriges, um Banken und Fonds das nötige Spielgeld zu verschaffen.

Zur Mitte von Reagans erster Amtszeit sank die Inflation, die bei seiner Wahl noch bei 12,6 Prozent gelegen hatte, auf 2,5 Prozent. Unterstützt durch Reagans Kürzungspolitik sank auch das Zinsniveau: Notierten amerikanische Staatsanleihen 1980 noch bei 15 Prozent, halbierte sich der Zinssatz während seiner Regierungszeit. Damit waren auch die Zeiten, in denen Sparbuch und Festgeldkonto gute Zinsen abwarfen, gegen die die Wall Street nur schwer konkurrieren konnte, passé. Hinzu kamen steuerpolitische Maßnahmen, um den Börsen frisches Kapital zukommen zu lassen: Unter Reagan sank der

Spitzensteuersatz von beachtlichen 72 Prozent auf 33 Prozent, während die Einkommensteuern für Gering- und Normalverdiener angehoben wurden; außerdem wurden die Steuern auf Veräußerungsgewinne von 40 Prozent auf 20 Prozent halbiert.

Während der Reagan-Ära wuchs so das Geldvermögen der Wohlhabenden, während die sinkenden Realeinkommen für den Rest der Bevölkerung dazu führten, dass immer weniger klassische Kredite nachgefragt wurden. Weil aber die Banken von den Sparern mehr Geld angeboten bekamen, als sie als Kredite vergeben konnten, sanken die Zinsen. Und je stärker die Zinsen sanken, desto größer wurde das Interesse der vermögenden Kundschaft, alternative Anlagemöglichkeiten abseits der klassischen Sparprodukte zu finden. Als Reagan ins Amt kam, lag der durchschnittliche Zins für dreimonatiges Festgeld bei 12,6 Prozent. Als er das Amt an seinen Nachfolger übergab, betrug der Zinssatz nur noch 7,7 Prozent.

Goldgräberstimmung an den Börsen

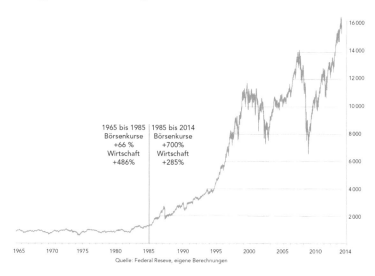

Entfesselung des Aktienmarkts in den USA²

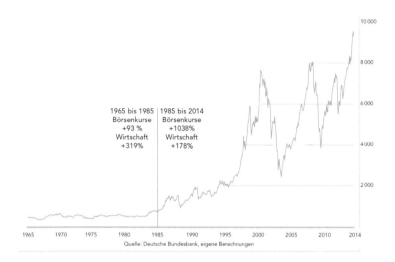

1965 bis 1985	1985 bis 2014
Börsenkurse	Börsenkurse
+93 %	+1038%
Wirtschaft	Wirtschaft
+319%	+178%

Quelle: Deutsche Bundesbank, eigene Berechnungen

Entfesselung des Aktienmarkts in Deutschland[3]

Während des Aktienbooms von 1987 bis 1999 kletterte der Dow-Jones-Index um atemberaubende 521 Prozent, während die Realwirtschaft im gleichen Zeitraum »nur« um 72 Prozent wuchs. Diese offenkundige Blase konnte nur dadurch aufrechterhalten werden, dass durch die Börsengänge von Unternehmen aus dem Bereich der neuen Technologien (New Economy) stetig neues Geld in die Börsen gepumpt wurde. Angelockt durch die Analysten der Investmentbanken und ihre Lautsprecher in den Medien kauften die Marktteilnehmer wie wild alle Papiere, die auch nur entfernt etwas mit Computern, Internet oder Mobiltelefonen zu tun hatten.

Wenn jene Jahre eine Party waren, sollte die Zeit von 2002 bis zur Finanzkrise 2008 eine wilde Orgie unvorstellbaren Ausmaßes werden. Als die New-Economy-Blase platzte, versuchten amerikanische Regierung und Notenbank alles nur Erdenkliche, um eine tiefgreifende Finanzkrise und eine Krise der Realwirtschaft zu verhindern. So wurde der Leitzins trotz solider Realwirtschaft binnen weniger Monate in mehreren Schritten von 6,5 Prozent auf 1,75 Prozent gesenkt. Der Zinssatz für dreimonatiges Festgeld lag damit zum ersten Mal in der Geschichte unter der Inflationsrate. Wer seine Ersparnisse immer noch klassisch sparte, erzielte damit negative Realzinsen. Klar, dass die immer stärker gestiegenen Geldvermögen – die fortlaufend niedrigen Steuern machten es möglich – nach neuen Produkten suchten, mit denen sie ihr Geld vermehren konnten.

Angefeuert wurde die Goldgräberstimmung durch eine weitere Deregulierung des Bankensystems. 1999 setzte die Clinton-Regierung mit dem Gramm-Leach-Bliley Act den 1932/1933 als Folge der Weltwirtschaftskrise verabschiedeten Glass-Steagall Act außer Kraft: Glass-Steagall hatte es Geschäftsbanken verboten, auf eigene Rechnung Wertpapiergeschäfte zu betreiben. Dies blieb ein Privileg der Investmentbanken, die ihren Kunden wiederum kein Einlagen- und kein Kreditgeschäft anbieten durften. Diese Form des Trennbankensystems funktionierte so gut, dass dem Finanzsystem während der gesamten Laufzeit des Glass-Steagall Acts schwerere Krisen erspart blieben. Ein sicheres Finanzsystem war jedoch nicht im Interesse aller Marktteilnehmer. Sowohl Geschäftsbanken als auch Investmentbanken profitierten ungemein von der Aufhebung der altbewährten Regeln. In Kombination mit dem niedrigen Leitzins braute sich so über die Jahre hinweg eine hochbrisante Mischung zusammen, die bei der ersten Krise implodieren musste.

Wo viel Geld fließt, finden sich stets Profiteure. Eine ungeschriebene Regel des Finanzsystems lautet: »Das Geld ist nicht weg, es hat nur jemand anderes.« Auch wenn dieser Satz vollkommen korrekt ist, sollte man ihn mit Vorsicht genießen, da er dem Realisationsprinzip unterliegt. Was dies heißt, zeigt uns ein kleines Beispiel.

Ihnen gehört ein kleines Stück Land mit einem Schrebergarten, wofür Sie einmal 10 000 Euro bezahlt haben. Beim Anlegen eines Gemüsebeets stoßen Sie auf einen goldfarbenen Klumpen Metall. Ihr Fund spricht sich schnell herum, und schon am nächsten Tag stehen mehrere Geschäftsleute vor Ihrer Tür, die Ihnen für Ihren Garten eine Million Euro bieten. Sie wollen jedoch abwarten und den Metallklumpen untersuchen lassen. Eine Woche später bekommen Sie das Gutachten, das Sie als glücklichen Besitzer eines Grundstücks mit einer Pyritader (im Volksmund Katzen- oder Narrengold) ausweist. Niemand ist nun mehr an ihrem Grundstück interessiert, und der Verkehrswert beträgt wieder 10 000 Euro – wie ehedem. Haben Sie nun tatsächlich 990 000 Euro verloren? Natürlich nicht, denn der Wert von einer Million Euro war nie real, sondern nur ein Erwartungswert, der auf falschen Prognosen beruhte.

Denken Sie bitte an dieses Beispiel, wenn Sie das nächste Mal in Ihrer Zeitung lesen, dass bei einem Börsencrash so und so viel Geld »vernichtet« wurde. Bei einem Börsencrash wird kein Geld vernichtet, sondern lediglich eine Preiskorrektur vorgenommen. Wie kann es dann aber sein, dass jeder Börsencrash die Bilanzen der Spekulanten derart durcheinanderwirbelt, dass einige von ihnen ganz real in die Pleite gehen?

Um dieser Frage nachzugehen, kommen wir noch einmal auf das Grundstück mit der Pyritader zurück: Wären Sie eine Bank und hätten Ihr Grundstück nach dem Fund mit einem Marktwert von 1 Million Euro in Ihren Büchern bilanziert, hätten Sie einen Buchgewinn von 990 000 Euro erzielt. Nach dem unerfreulichen Gutachten hätten Sie ihre Bücher freilich aktualisieren und im Vergleich zur Vorperiode (also zum Stichtag des Fundes) einen Buchverlust von 990 000 Euro vermelden müssen – eigentlich kein Problem. Doch was würde passieren, wenn Sie einen Teil dieses Buchgewinns als Dividende bereits ausgezahlt hätten? Dann hätten Sie nach der Neubewertung ernsthafte Probleme.

Im echten Finanzsystem haben die Banken ihre Anlagen während des Aktienbooms über lange Zeit viel zu hoch bewertet und auf Basis dieser »falschen Preise« nicht nur hohe Dividenden und Boni ausgezahlt, sondern auch gigantische Kredite aufgenommen und das geliehene Geld in neue Anlagen gesteckt. Die Besitzer der Pyritadern hatten sich also gegenseitig eingeredet, ihr Pyrit sei eigentlich Gold, und sich gegenseitig Geld geliehen, um neue Pyritadern zu kaufen, die wiederum als Goldadern bilanziert wurden. Da überrascht es natürlich nicht, dass am Ende des Tages einige dieser Banken kollabieren mussten.

Zu den echten Gewinnern jeder Finanzkrise zählen diejenigen, die ihre überbewerteten Papiere vor dem Zusammenbruch für möglichst viel Geld rechtzeitig verkaufen und so aus Buchgewinnen ganz reale Gewinne machen. In der aktuellen Finanzkrise wussten beispielsweise manche Banken ganz genau, dass viele der Papiere, mit denen sie handelten, keineswegs so werthaltig waren, wie es deren Marktwert vorgaukelte. So bündelten etwa die Deutsche Bank oder Goldman Sachs systematisch problematische Hypotheken (»Subprime«) in intransparenten Papieren, verkauften sie an andere Banken weiter und wetteten dann sogar noch auf deren Wertverlust. Der ganz große Gewinner der Finanzkrise war jedoch ein Akteur, der bis vor wenigen Jahren sogar in Fachkreisen kaum bekannt war.

BlackRock betritt die Bühne

Larry Fink ist heute der unbestrittene König der Wall Street. Danach sah es zu Beginn seiner Karriere ganz und gar nicht aus. Bevor er BlackRock gründete, war er einer der Finanzalchemisten der Investmentbank First Boston. Finks Job war es, an der Wall Street einen Markt für Mortgage-backed Securities (MBS), auf Deutsch »durch Hypotheken gesicherte Wertpapiere«, aufzubauen. Hypotheken galten zu jenem Zeitpunkt, also Mitter der 1980er Jahre, als eine fürchterlich langweilige Angelegenheit: Banken, die Immobilienkredite vergeben, müssen dafür einen gehörigen Teil ihrer Kundeneinlagen einsetzen, und die Verzinsung ist ebenfalls alles andere als sexy. Doch die Wall Street wäre nicht die Wall Street, wenn sie es nicht geschafft hätte, aus einem derart langweiligen und renditeschwachen, aber dafür sicheren Produkt wie einer Hypothek ein renditestarkes Risikoprodukt zu machen.

Investmentlegende Warren Buffet sollte Finks »Erfindung« fast 20 Jahre später als »finanzielle Massenvernichtungswaffe« bezeichnen. Ironischerweise war das erste Opfer dieser Massenvernichtungswaffe ihr eigener Erfinder. Während Fink seine MBS-Papiere am Markt platzierte, lösten Reagans Deregulierungen des Finanzsystems einen ersten Kollateralschaden aus: Der 1982 verabschiedete Garn-St. Germain Depository Institutions Act erlaubte es nun auch Sparkassen, am ganz großen Rad zu drehen und abseits des langweiligen Kerngeschäfts im Eigenhandel mit Hochrisikopapieren zu spekulieren. Es kam, wie es kommen musste: Bereits wenige Monate nach der Befreiung von regulatorischen Handfesseln verzockten sich die ersten Sparkassen derart, dass sie Pleite gingen. Im Laufe der nächsten Jahre sollten insgesamt 747 der damals 3 234 US-Sparkassen ihre Pforten schließen. Die Verluste wurden schon damals dem Steuerzahler aufgebürdet – nach Angaben des US-Rechnungshofs kostete die Sparkassen-Krise den amerikanischen Steuerzahler insgesamt 341 Milliarden US-Dollar.[4]

Nicht die Sparkassenkrise, dafür aber die auf die Krise folgende Senkung des Leitzinses zerstörte das Rechenmodell des jungen Larry Fink. Seine durch die Zinsänderungen ausgelöste Fehlkalkulation kostete seinen Arbeitgeber First Boston 100 Millionen Dollar – und ihn den Job. Für Fink war dies ein traumatisches Erlebnis. Fortan war er geradezu davon besessen, die Risiken des Finanzmarkts besser zu verstehen und in eine neue Anlagestrategie umzuwandeln, bei der die Risiken für ihn und seine Kunden möglichst transparent würden.

Versuch, Risiken messbar zu machen

BlackRocks Risikomanager hört auf den Namen »Aladdin« und ist ein Cluster aus 6 000 Hochleistungsrechnern, die in einem idyllischen Nest im Bundesstaat Washington stehen. Glaubt man der PR-Abteilung von BlackRock ist Aladdin ein wahres Wunderwerk: Aladdin weiß, welche Auswirkungen ein Erdbeben in Iran auf die Wahrscheinlichkeit hat, dass ein kanadischer Häuslebauer seinen Immobilienkredit pünktlich bedient. Aladdin erkennt Finanzblasen und weiß, wann eine Bank Liquiditätsprobleme bekommt, welche Banken dadurch mit in den Abgrund gerissen werden, was dies mit dem Wechselkurs zwischen türkischer Lira und indischer Rupie zu tun hat und wie sich die Zinsen auf dem europäischen Geldmarkt entwickeln. Oder um es kurz zu machen: Aladdin ist die ultimative Risikobewertungsmaschine. Wer braucht so etwas, werden Sie sich fragen? Die Liste derer, die Aladdin um Rat fragen, ist lang.

Jeder Pensionsfonds sollte beispielsweise ein gesteigertes Interesse daran haben, zusammenhängende Risiken zu erkennen und bei seiner

Anlagestrategie zu berücksichtigen. Es gibt dabei zusammenhängende Risiken, die selbst von Amateurspekulanten erkannt werden: Wer beispielsweise auf einen sinkenden Ölpreis wettet und gleichzeitig Aktien von Fluglinien in seinem Portfolio hat, wäre von einer Krise in Nahost doppelt betroffen, da daraufhin steigende Ölpreise auch die Aktien für Fluglinien unter Druck setzen würden. Was für einen Amateurspekulanten wahrscheinlich nicht sonderlich relevant ist, ist für die Risikomanager eines Pensionsfonds von größtem Interesse, schließlich ist es ihr Job, das finanzielle Polster der Versicherten gegen alle Arten von Risiken abzusichern. In einer Finanzwelt, in der alles mit allem zusammenhängt und ein Abschwächen der US-Konjunktur über den Umweg der Subprime-Kredite den griechischen Staat in den Bankrott treiben kann, reicht profanes Alltagswissen für das Risikomanagement nicht aus, und so kommt Aladdin ins Spiel.

Lange Zeit spielte BlackRock mit seinem Aladdin-System eine Außenseiterrolle. Vor der Finanzkrise interessierten sich die großen Investoren zwar schon für ein ausgefeiltes Risikomanagement, nahmen die systemimmanenten Risiken jedoch nicht besonders ernst. Die Finanzkrise belehrte sie eines Besseren, und das hat vor allem mit Larry Finks erster großer Pleite zu tun. Wie wohl kaum ein anderer kannte der Mann, der vor wenigen Jahren durch hypothekengesicherte Wertpapiere zunächst 100 Millionen Dollar und dann seinen Job verloren hatte, die Systemrisiken, die von diesen Papieren ausgingen. BlackRock und Aladdin waren somit einer der wenigen Akteure in der Finanzwelt, die nicht nur das Risiko solcher Papiere kannten, sondern auch eine ungefähre Ahnung hatten, welcher Dominostein während der Finanzkrise als nächstes kippen würde.

Wie viel PR und wie viel Wahrheit in der korrekten Risikoanalyse von Aladdin während der Schockwellen der Finanzkrise steckt, ist schwer zu sagen. Die amerikanische Regierung vertraute jedenfalls auf das Risikomanagement von Aladdin und beauftragte BlackRock mit der Verwaltung der toxischen Papiere (vulgo Schrottpapiere), die der Staat und die Notenbank FED bei der billionenschweren Abwicklung der Wall-Street-Koryphäen Bear Stearns und American International Group (AIG) übernommen hatten. Dieser 130-Milliarden-Dollar-Auftrag war erst der Beginn: Als sei BlackRock eine Außenstelle des

US-Finanzministeriums durfte das Unternehmen auch die Bilanzposten der verstaatlichten Hypothekenbanken Fannie Mae und Freddie Mac bewerten und für die US-Notenbank den Rückkauf von hypothekengesicherten Wertpapieren in Höhe von 1 250 Milliarden Dollar managen. Es folgten Aufträge des britischen und des griechischen Staates. BlackRock galt nun in der Finanzwelt als Einäugiger unter Blinden: als einziger Vermögensverwalter, der im allgemeinen Chaos an den Märkten einen Kompass besaß. Und darin dürfte sogar ein Stück Wahrheit stecken, da BlackRock durch die Aufträge des amerikanischen Staates einen sehr intimen Einblick in die Zusammenhänge des Finanzsystems erhielt, mit denen man Aladdin füttern konnte.

Gigant ohne Agenda

Auch wenn das Risikomanagement das große Alleinstellungsmerkmal von BlackRock ist, so ist das Unternehmen eigentlich ein Vermögensverwalter – genauer gesagt, ein Vermögensverwalter der Extraklasse. BlackRock verwaltet nicht nur die Vermögen einiger weniger Superreicher, sondern auch Milliarden von Pensionsfonds, Staatsfonds und Versicherungen. Dabei betreibt das Unternehmen jedoch keinen Handel auf eigene Rechnung, sondern spekuliert nur mit dem Geld, das ihm seine Kunden anvertraut haben. Spielte BlackRock vor der Finanzkrise noch in der Mittelklasse, saugte das Unternehmen während der Finanzkrise mehr Geld an als ein zu einem schwarzen Loch kollabierender Stern. Spätestens die Übernahme der kompletten Vermögensverwaltung des bis dahin weltgrößten Vermögensverwalters Barclays im Jahr 2009 beförderte BlackRock in die Champions League.

Heute verwaltet BlackRock über sein Aladdin-System die unglaubliche Summe von 4,3 Billionen US-Dollar – fast so viel, wie alle Private-Equity-Fonds und Hedgefonds auf der Welt zusammen. Um diese Summe aufzubringen, müsste jeder deutsche Haushalt 100 000 Dollar beisteuern. Die Nummer zwei der Branche, die Capital Group, kommt nur auf ein Viertel dieser Summe. BlackRock spielt in einer eigenen Liga, in jeder Hinsicht: BlackRock ist nämlich nicht nur bei jedem zweiten deutschen Dax-Konzern der größte Anteilseigner, sondern auch größter Aktionär bei Apple, Exxon Mobil, Microsoft, General Electric, Chevron, Royal Dutch Shell und Nestlé sowie zweitgrößter Aktionär bei Google. Wenn man sich die zwanzig wertvollsten Unternehmen, gemessen am Börsenwert, anschaut, ist BlackRock bei neun von ihnen der größte und bei sechs weiteren der zweitgrößte Anteilseigner. Es gibt weltweit nur wenige große Aktiengesellschaften, an denen BlackRock nicht maßgeblich beteiligt ist.

So groß BlackRock ist, so mysteriös ist der Branchenprimus auf den ersten Blick. In den 1980er Jahren betraten Finanzcowboys mit ihren breiten Hosenträgern und ihrem selbstsicheren, großspurigen Auftreten die Szene. Als Prototyp für diese Gattung kann wohl die Kunstfigur Gordon Gekko aus Oliver Stones Spielfilm *Wall Street* gelten, die seitdem als Stereotyp des skrupellosen Spekulanten in den Köpfen der Menschen herumspukt. Mit James Cayne, einst Chef der Investmentbank Bear Stearns, der über die Immobilienkrise stürzte, wurde allerdings das letzte Prachtexemplar dieser Gattung hinweggefegt. Abgelöst wurden diese eher prolligen Cowboys durch die klassischen Investmentbanker mit ihrer erstklassigen Ausbildung und Siegerattitüde. Ein durchaus realistisches Stereotyp für diese Gattung schuf Tom Wolfe 1987 in seinem berühmten Roman *Fegefeuer der Eitelkeiten*. Dessen Protagonist Sherman McCoy ist der Prototyp des Goldman-Sachs-Bankers: weiß, gebildet, feingeistig, aus gutem Hause, mit guten Manieren und dem stolzen »Yale-Kinn«, ein moderner »Master of the Universe« in einem Umfeld von Geld und Macht. Die Sherman McCoys dieser Welt sitzen heute nicht nur in den Chefetagen der Banken und Hedgefonds, sie haben auch den Sprung in die Spitzen der Politik geschafft und gestalten die Parameter, innerhalb derer ihr System gedeihen kann.

Mit der Machtübernahme von BlackRock gerieten jedoch auch die klassischen Investmentbanker ins Hintertreffen – auf der Roten Liste der gefährdeten Arten stehen sie freilich nicht. Der typische BlackRock-Mitarbeiter trägt keine breiten Hosenträger, nein, er trägt noch nicht einmal Nadelstreifenanzug und Aktenkoffer. Die wackeren Arbeitsbienen, die Aladdin mit neuen Informationen füttern und ständig an den Stellschrauben des Risikomanagementsystems feilen, tragen

Jeans und Rucksack und haben mit Wirtschaft nicht viel zu tun: Sie haben ihr Studium in den naturwissenschaftlichen Fächern, Mathematik oder Informatik mit Prädikat abgeschlossen und verstehen viel von komplexen Systemen und Algorithmen. Selbst BlackRock-Chef Larry Fink wirkt so gar nicht wie ein arroganter Investmentbanker: Bei seinen eher seltenen öffentlichen Auftritten ähnelt Fink eher einem Abteilungsleiter einer Kreissparkasse – ein nicht sonderlich schillernder Beamtentyp mit randloser Brille, hoher Stirn und grauem Anzug, der andauernd von Risikominimierung und konservativen Anlagestrategien spricht. Dem Mann würde man nicht nur einen Gebrauchtwagen abkaufen, sondern sogar einen milliardenschweren Pensionsfonds anvertrauen.

Anders als aktiv gemanagte Fonds oder Investmentbanken verfolgt BlackRock mit seinen Beteiligungen keine unternehmerische Strategie. BlackRock geht es nicht darum, Unternehmen möglichst preiswert zu übernehmen, sie auszuquetschen und dann weiterzukaufen. BlackRock investiert die Gelder seiner Kunden stattdessen in Unternehmen, deren Preis laut Aladdin in einem vernünftigen Verhältnis zum Risiko steht. Das klingt auf den ersten Blick sehr vernünftig, birgt jedoch für die Unternehmen gewaltige Risiken.

Aladdin verfolgt allein den Zweck, eine möglichst hohe Rendite bei einem möglichst geringen Risiko zu erzielen. Das lässt keinen Platz für nicht monetäre Faktoren wie beispielsweise die Zufriedenheit der Mitarbeiter, den Umweltschutz oder langfristige unternehmerische Perspektiven. Wie soll man solche Variablen auch in ein System aufnehmen, das nur die Regeln des Marktes kennt?

Sowohl Finanzcowboys vom Typ eines Gordon Gekko als auch Investmentbanker vom Typ eines Sherman McCoy waren Menschen, deren wirtschaftliche Entscheidungen zwar keinesfalls gesellschaftlich sinnvoll, aber immerhin psychologisch erklärbar waren. BlackRock allerdings ist ein anonymer Gigant, der zwar über seine Beteiligungen viele internationale Großkonzerne kontrolliert, sich dabei jedoch nicht in die Karten blicken lässt. Spielte bei den Cowboys und den Investmentbankern noch die Gier die entscheidende Rolle, so ist nun eine in Algorithmen geschmiedete betriebswirtschaftliche Logik das Maß aller Dinge – Widerstand zwecklos. Noch nie waren die Entscheidungsprozesse über wirtschaftliche Prozesse undemokratischer als heute in der BlackRock-Ära.

Wem gehört BlackRock, wem die großen Banken?

Wenn ein Unternehmen eine derartige Macht besitzt, ist es natürlich von höchstem gesellschaftlichen Interesse zu wissen, wer diese Macht kontrolliert. Wem gehört BlackRock? Wer die Studie der ETH Zürich aus dem letzten Kapitel noch in Erinnerung hat, dürfte von der Antwort auf diese Frage kaum überrascht sein: 75 Prozent der Anteile an BlackRock verteilen sich auf drei Großbanken – Merrill Lynch (eine Tochter der amerikanischen Großbank Bank of America), Barclays (eine britische Großbank) und PNC Financial Services (eine amerikanische Großbank). Und wem gehören diese Unternehmen? Die größten Anteilseigner der Bank of America sind State Street, Vanguard, BlackRock, J. P. Morgan, Wellington, Capital Research, Bank of New York Mellon, Capital World, Northern Trust und Franklin Ressources – allesamt Finanzunternehmen, die in der ETH-Studie zum Machtzentrum des Wirtschaftssystems gezählt werden. An Barclays sind neben den üblichen Verdächtigen (BlackRock, Legal & General, Capital Group) noch der Staatsfonds von Katar und die Herrscherfamilie von Abu Dhabi beteiligt, die während der Finanzkrise die vor dem Aus stehende Großbank mit frischem Geld retteten. An PNC sind wiederum die üblichen Verdächtigen (BlackRock, Wellington et cetera pp.) beteiligt. Ähnliche Besitzstrukturen finden wir heute bei jeder Großbank. Fast alle Finanzunternehmen, die laut ETH-Studie die Weltwirtschaft steuern, besitzen und kontrollieren sich gegenseitig. Mit dem Geld ihrer Kunden haben Großbanken und große Investmentgesellschaften so einen völlig autonomen Kern geschaffen, der sich gegen jegliche Mitsprache oder gar Kontrolle von außen abschirmt.

In den Lehrbüchern der Ökonomie gibt es eine klare Trennung zwischen den Besitzern und dem Management eines Unternehmens. Das Management wird, so die Theorie, von den Besitzern kontrolliert und befolgt deren Anweisungen. In der Praxis kontrollieren sich jedoch die Manager der großen Finanzunternehmen über die zahlreichen Querverbindungen und gegenseitigen Beteiligungen selbst. Oder um es zuzuspitzen: Die kleine Gruppe der Topmanager der großen Finanzunternehmen beherrscht nicht nur den Großteil der Weltwirtschaft, sondern kontrolliert und ernennt sich zudem selbst.

Was die deutsche Bundeskanzlerin Angela Merkel also als marktkonforme Politik bezeichnet hat, ist letztlich der längst vollzogene Kotau vor einem globalen außerparlamentarischen Machtzentrum, das weder vom Volke gewählt noch demokratisch kontrolliert oder legitimiert ist. Insofern passt der Name BlackRock als Analogie auf das mystische Artefakt, das in den Superman-Comics den Schurken die notwendigen Superkräfte gibt, um im epischen Kampf über die Macht im Universum die Guten zu besiegen, doch ganz hervorragend. Oder?

9 Armut GmbH & Co. KG: unsere prekären Selbstständigen

Die Zeiten, in denen Unternehmer und Selbstständige nicht nur als das Rückgrat unseres Wirtschaftssystems, sondern auch als Bessergestellte angesehen wurden, sind schon lange vorbei. Heute hat jeder vierte Selbstständige ein Einkommen, das unter dem geplanten Mindestlohn liegt. In einer aktuellen Studie[1] geht das DIW von 1,1 Millionen Selbstständigen aus, deren Erwerbseinkommen unter dem geplanten flächendeckenden Mindestlohn liegt. Das heißt, dass die Zahl der Selbstständigen mit einem Erwerbseinkommen unter dem geplanten Mindestlohn sogar in absoluten Zahlen größer ist als die Zahl der Arbeitnehmer,[2] die in Vollzeit tätig sind und weniger als 8,50 die Stunde bekommen. Überflüssig zu erwähnen, dass diese »Unternehmer« durch ihre Arbeit kaum ihre Lebenshaltungskosten decken, geschweige denn ein nennenswertes Betriebsvermögen aufbauen können.

Wussten Sie schon?

- 1,1 Millionen Selbstständige haben ein Erwerbseinkommen, das unterhalb des Mindestlohns von 8,50 Euro pro Stunde liegt.
- 130 000 Selbstständige stocken ihr Einkommen mit Hartz IV auf.
- 180 000 meist selbstständige privat Krankenversicherte sind mit ihren Beiträgen im Rückstand.
- Die Zahl der Solo-Selbstständigen mit niedrigem Erwerbseinkommen wächst unaufhörlich.

Denken auch Sie, dass es einem Land, in dem es viele Selbstständige gibt, besser geht als einem Land, in dem nur wenige Menschen ihr wirtschaftliches Schicksal in die eigenen Hände nehmen? Seien Sie unbesorgt, diese Fehleinschätzung ist sehr weit verbreitet.

Ein Blick auf die Selbstständigenstatistik der europäischen Statistikbehörde Eurostat hilft bereits, eine ungefähre Vorstellung zu bekommen, welchen Zusammenhang die Selbstständigenquote mit dem gesellschaftlichen Wohlstand hat. Zu den europäischen Ländern mit dem höchsten Anteil an Selbstständigen zählen Griechenland, Rumänien, Polen und Portugal, während Länder wie Schweden, Dänemark, Luxemburg und Norwegen den niedrigsten Anteil aufweisen. Und auch das Land der angeblich märchenhaften Gründerkultur, die USA, hat im internationalen Vergleich eine der weltweit niedrigsten Selbstständigenquoten. Wenn es denn einen Zusammenhang zwischen der wirtschaftlichen Leistungsfähigkeit eines Landes und der Zahl der Selbstständigen gibt, dann ist dies eher ein negativer.

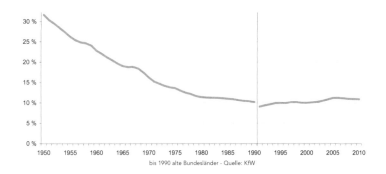

Selbstständigenquote in Deutschland[3]

Der Strukturwandel schlägt zu

Diesen Eindruck unterstreicht auch ein Blick auf den Verlauf der Selbstständigenquote in der jüngeren deutschen Geschichte. Als die alte Bundesrepublik noch ein volkswirtschaftliches Erfolgsmodell war, in dem es den Menschen von Jahr zu Jahr besser ging, nahm der Anteil der Selbstständigen kontinuierlich ab. 1950 beispielsweise war die Selbstständigenquote in Deutschland auf dem Niveau des heutigen Rumäniens. Diese Ähnlichkeit ist leicht zu erklären: der Strukturwandel in vielen Wirtschaftsbereichen. So gab es auch in Deutschland früher noch zahlreiche Kleinbauern, die weitgehend durch große Agrarbetriebe mit hoher Produktivität verdrängt wurden. Dasselbe gilt für die vielen kleinen Einzelhandels- und Handwerksbetriebe, die großen Ketten weichen mussten, die oft zu günstigeren Preise und in attraktiveren Lagen ihre Waren und Dienste anbieten. Die Kleinen konnten da kaum mithalten und mussten oftmals aufgeben.

Wir können diesen Strukturwandel natürlich beklagen, aufhalten können wir ihn nicht. Und ein Blick auf den Leerstand von kleineren Gewerbeflächen in kleinen und mittelgroßen Städten zeigt, dass dieser Strukturwandel noch lange nicht abgeschlossen ist. Was die Großbäckereien für den Kleinbäcker waren, ist heute der Onlinehandel für zahlreiche kleine Boutiquen, Radio- und Fernsehfachgeschäfte oder Schuhläden. Da keine Trendwende in Sicht ist, verwundert auf den ersten Blick der leichte Anstieg der Selbstständigenquote seit den 1990er Jahren. Wenn man sich die Zahlen jedoch einmal etwas näher anschaut, klärt sich dieses vermeintliche Paradox jedoch schnell auf. Die Zahl der Selbstständigen, die eigene Mitarbeiter beschäftigen, stieg in den frühen 1990er Jahren vereinigungsbedingt leicht an und ist seitdem erstaunlich konstant. Massiv gewachsen ist in diesem Zeitraum jedoch die Zahl der Selbstständigen, die außer Familienmitgliedern keine weiteren Mitarbeiter beschäftigen. Wirtschaftsforscher haben für diese Gruppe von Kleinstunternehmern den Begriff »Solo-Selbstständige« geprägt.

Boom der Solo-Selbstständigkeit

Alleine von 2000 bis 2011 – neuere Zahlen liegen nicht vor – hat sich die Zahl der Solo-Selbstständigen von 1,8 auf 2,6 Millionen erhöht. Rein statistisch ist somit fast jeder zehnte Erwerbstätige ein Solo-Selbstständiger. Trotz des massiven Wachstums ist Solo-Selbstständigkeit kein neues Phänomen. Nicht nur die klassischen Kleinbetriebe wie Bäcker, Metzger, Fernsehtechniker, Schuster oder Tante-Emma-Laden, die oft nur ihre eigenen Familienangehörigen beschäftigen, sondern auch der landwirtschaftliche Familienbetrieb hat hierzulande eine lange Tradition; auch den selbstständigen Taxifahrer gibt es schon so lange, wie es auch Taxen gibt. Doch obgleich die Zahl der Solo-Selbstständigen in den letzten Jahren stark gestiegen ist, hat die Zahl dieser »klassischen« Solo-Selbstständigen im gleichen Zeitraum deutlich abgenommen – die der Landwirte im Schnitt um 7 Prozent pro Jahr, die der Taxifahrer um 2,4 Prozent und die der genannten Kleinbetriebe-Betreiber um durchschnittlich 1,5 Prozent.[4]

Einen echten Boom gab es in anderen Branchen. So ist die Zahl der selbstständigen Lehrer und Dozenten im letzten Jahrzehnt im Schnitt um 8,5 Prozent gewachsen – heute gibt es dreißig Mal so viele selbstständige Lehrer und Dozenten wie Bäcker, die ihren Betrieb nur mit Familienangehörigen führen.[5] Gleichzeitig ist die Zahl der Selbstständigen in künstlerischen Berufen, zum Beispiel Fotografen, Musiker, Maler oder Publizisten, heute größer als die Zahl der Landwirte, die ihren Hof als Familienbetrieb führen. Der Strukturwandel ist auch hier in vollem Gange.

Neben den künstlerischen Berufen zählen auch zahlreiche Dienstleistungen aus dem Gesundheits- und Pflegebereich zu den »Gewinnern« dieses Strukturwandels. Bei den Pflegeberufen beträgt das durchschnittliche jährliche Wachstum der Solo-Selbstständigen durchschnittlich 6,3 Prozent, bei den Kosmetikern 6,0 Prozent und bei den Masseuren 2,3 Prozent. Als dritte Wachstumsgruppe sind Berufsgruppen aus dem Handwerk auszumachen: So stehen beispielsweise die sogenannten Ausbauberufe wie Fliesenleger oder Monteure an der Spitze mit einem jährlichen Wachstum von fast 10 Prozent.

Die Gründe, warum Menschen in die berufliche Selbstständigkeit gehen, sind zahlreich. Das Einkommen zählt bei den meisten Solo-Selbstständigen jedoch ganz sicher nicht dazu. Der mittlere Solo-Selbstständige erzielt ein Bruttoerwerbseinkommen von 12,70 Euro die Stunde. Damit verdienen Solo-Selbstständige im Schnitt weniger als abhängig beschäftigte Arbeitnehmer. Vor allem in den unteren Einkommensbereichen liegt das Einkommen der Solo-Selbstständigen ganz deutlich unter einem Wert, mit dem man eigenständig seine Lebenshaltungskosten bestreiten kann. Die unteren 10 Prozent der Solo-Selbstständigen erwirtschaften gerade mal einen durchschnittlichen Stundenlohn von 4,58 Euro – zum Leben zu wenig und zum Sterben zu viel. Generell ist die Spreizung der Einkommen bei den Selbstständigen um einiges höher als bei den Arbeitnehmern. So beträgt das durchschnittliche Erwerbseinkommen der oberen 25 Prozent der Einkommensskala bei den Solo-Selbstständigen im Schnitt 19,84 Euro und liegt damit leicht über dem Vergleichswert der abhängig beschäftigten Arbeitnehmer mit 18,71 Euro.

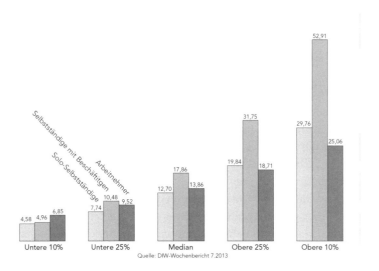

Erwerbseinkommen von Selbstständigen und Arbeitnehmern 2011 (in Euro pro Stunde, brutto)[6]

Wenn die Sozialversicherung zum Luxus wird

All das sind wohlgemerkt Bruttowerte, bei denen die sogenannten Lohnnebenkosten von abhängig beschäftigten Arbeitnehmern nicht mitgerechnet werden. Aber nur wenige selbstständige Berufe haben eine ordentliche soziale Absicherung wie beispielsweise die Sozialversicherung für Landwirtschaft, Forsten und Gartenbau (SVLFG) oder die Künstlersozialversicherung (KSV). Für eine zumindest die größten Risiken abdeckende Krankenversicherung und eine auch nur im Ansatz als solche zu bezeichnende Altersabsicherung müssen Selbstständige eine monatliche Summe von 600 Euro oder mehr veranschlagen. Es ist folglich kein Wunder, dass die privaten Krankenversicherungen, die auch bei geringverdienenden Selbstständigen beliebt sind, auf einem Berg von einer 500 Millionen Euro aus Beitragsrückständen sitzen[7] – rund 180 000 meist selbstständige Privatversicherte sind mit ihren Zahlungen im Verzug.

Besonders dramatisch sieht die Lage bei Alleinstehenden aus: Ein durchschnittlicher alleinstehender Solo-Selbstständigen-Haushalt verfügt lediglich über ein Nettoeinkommen von 1 600 Euro; zieht man davon noch die Kosten für Krankenversicherung und Altersvorsorge ab, ist man schnell unter dem Existenzminimum, das momentan bei 1 045 Euro pro Monat liegt. Bei den unteren 25 Prozent mit 1 000 Euro und den unteren 10 Prozent mit 750 Euro liegt das Nettohaushaltseinkommen bereits ohne Krankenversicherung und Altersvorsorge darunter.

Ist es angesichts dieser Zahlen überraschend, dass jeder Zehnte der rund 1,3 Millionen Solo-Selbstständigen Hartz-IV-Aufstocker ist? Ja, es ist überraschend, denn die Zahl der Selbstständigen, die eigentlich ein Anrecht auf ergänzende Leistungen aus dem ALG-II-Topf hätten, ist weitaus größer als die Zahl derer, die diese Leistungen auch tatsächlich in Anspruch nehmen. Dafür gibt es zahlreiche Gründe, wobei die Scham wohl der bedeutendste ist. Oft sind die dafür zuständigen Arbeitsagenturen aber auch schlicht nicht in der Lage, die Buchführung eines Selbstständigen zu verstehen. Woher soll auch ein ALG-II-Betreuer wissen, was beispielsweise ein selbstständiger IT-Berater als Betriebskosten anrechnen kann? So stehen 1,1 Millionen Selbstständigen, deren Einkommen unter dem kommenden Mindestlohn liegt, also nur 130 000 selbstständige Hartz-IV-Aufstocker gegenüber. Zumindest dem Finanzministerium dürfte dies sehr gelegen kommen.

Prekäre Selbstständigkeit ist politisch gewollt

Was treibt Menschen überhaupt in eine prekäre Selbstständigkeit? Die Experten des DIW haben darauf eine einfache Antwort: Als Hauptgrund für die stark steigenden Zahlen bei den Solo-Selbstständigen macht das DIW die staatliche Förderung der Selbstständigkeit aus. Seit Anfang der 1990er hat die Bundesregierung bereits versucht, die offizielle Arbeitslosenquote dadurch zu senken, dass man möglichst viele Menschen in eine nicht immer lukrative Form der Selbstständigkeit abschiebt.

Die rot-grüne Schröder-Regierung perfektionierte diese Methode. Während Hartz IV in aller Munde ist, ist Hartz II wohl nur Arbeitsmarktexperten ein Begriff. Mit dem Hartz-II-Paket wurden die staatlichen Existenzgründerzuschüsse massiv erhöht. Erwerbslose, die über ein auch nur im Ansatz schlüssiges Konzept für eine geplante Selbstständigkeit verfügten, wurden von der Arbeitsagentur durch die Weiterzahlung des Arbeitslosengeldes und Zuschüsse bei der Sozialversicherung gefördert. Schon ein Jahr vor der Einführung im Jahre 2013 wurde der Begriff »Ich-AG« als Synonym für Hartz II verwendet und gleich zum Unwort des Jahres gewählt. Zumindest statistisch kann Hartz II durchaus als Erfolg gewertet werden: Noch nie stieg die Zahl der Selbstständigen schneller als in den Jahren 2003 bis 2006, in denen »Ich-AGs« mit der maximalen Fördersumme gepusht wurden. In diesem Zeitraum wurden insgesamt 400 000 Existenzgründungen mit insgesamt 4 Milliarden Euro direkt gefördert. Gleichzeitig stieg jedoch im gleichen Zeitraum auch die Zahl der Selbstständigen, die von ihrer beruflichen Tätigkeit kaum leben können. Wer hier einen direkten Zusammenhang vermutet, liegt zumindest nicht ganz daneben. 2009 lief Hartz II aus, und die zwischenzeitlich deutlich verschärften Gründungszuschüsse wurden 2011 von einer Pflicht- in eine Ermessensleistung umgewandelt. Damit konnte zumindest das steile Wachstum der prekären Solo-Selbstständigkeit abgemildert werden.

Wenn Freiheit eine andere Bedeutung bekommt

Vor allem im künstlerischen Bereich findet ein weiterer Strukturwandel statt, für den ausnahmsweise einmal nicht die Politik die alleinige Verantwortung trägt, zum Beispiel im Journalismus. Gehörte der Beruf des »freien Journalisten« früher noch zu den angeseheneren der Republik, ist er heute als brotlose Kunst verschrien – und dies nicht zu Unrecht.

Wie viele Seiten muss wohl ein freier Journalist bei einer angesehenen Wochenzeitung schreiben, um auf das durchschnittliche Bruttogehalt eines angestellten Journalisten mit zehnjähriger Berufserfahrung, nämlich 3 863 Euro,[8] zu kommen? Genau diese Seite des Manuskripts für dieses Buch hatte 3 100 Zeichen. Bei einem Zeichenhonorar von 1,3 Cent, das bei einigen angesehenen Zeitungen durchaus üblich ist, entspräche dies einem Bruttoentgelt von 40,30 Euro. Um das genannte Durchschnittsgehalt zu bekommen, müsste ein freier Journalist also jeden Wochentag inklusive Wochenende, drei volle Seiten schreiben und dann auch noch verkaufen – ein Ding der Unmöglichkeit. Die schätzungsweise 19 000 freien Journalisten, die alleine in Berlin ihr mageres Honorar durch Hartz IV aufstocken müssen, kämen nach dieser Rechnung auf eine monatliche Schreibleistung von 1,9 Millionen DIN-A4-Seiten. Würden alle Journalisten derart schlecht bezahlt und müssten von ihrer Arbeit eigenständig leben, müssten dafür ganze Wälder gefällt werden.

So kriegt das Attribut »frei« in »freier Journalist« eine ganz neue Bedeutung. Schon Kris Kristofferson sang in seinem Hippie-Klassiker »Me and Bobby McGee«: »Freedom's just another word for nothing left to lose« (Freiheit bedeutet, nichts mehr verlieren zu können). Es sind jedoch beileibe nicht nur freie Journalisten, die zu den prekären Neu-Selbstständigen gehören. Welcher selbstständige Pressefotograf kann schon von Honoraren von 20 oder 50 Euro pro abgedrucktem

Bild leben? Besonders unter den »jungen Kreativen« wächst ein neues selbstständiges Prekariat heran, dessen Höhepunkt noch lange nicht erreicht ist.

Wem gehört Deutschland? Ganz sicher nicht den 1,1 Millionen Selbstständigen, deren Einkommen unter dem geplanten Mindestlohn liegt. Wer sich die eigene Krankenversicherung leisten kann, spart oft bei der Altersvorsorge und ist damit noch nicht einmal indirekt am Volksvermögen beteiligt. Das Betriebsvermögen dieser Solo-Selbstständigen ist im volkswirtschaftlichen Maßstab meist so gering, dass es gar nicht lohnt, es eigens auszuweisen. Nur wenige von ihnen sind wirklich freiwillig selbstständig, und es ist zu befürchten, dass eine Zwangsverselbstsständigungswelle mit der Einführung des Mindestlohns ordentlich in Fahrt kommen wird. Eine weitere Spreizung der Einkommens- und Vermögensschere wäre die Folge

10 Wer hat, dem wird gegeben: unsere Sparer und Erben

Statistisch gesehen ist der typische Vertreter der deutschen Vermögenselite männlich, selbstständig, zwischen 66 und 70 Jahren alt, hat Abitur und lebt im Südwesten der Bundesrepublik. Entgegen landläufiger Vorstellungen hat er sein Vermögen nicht mit den eigenen Händen aufgebaut, sondern geerbt. In diesem Jahrzehnt werden voraussichtlich Vermögen im Wert von 2,6 Billionen Euro vererbt.[1] Der Durchschnittswert dieser Erbschaften wird 305 000 Euro betragen, wobei die Vermögensungleichheit dazu führt, dass der Großteil dieses vererbten Vermögens innerhalb der wohlhabendsten Haushalte der Republik weitervererbt wird. Die Mittelschicht bleibt außen vor und muss zusehen, wie ihre potenziellen Erbschaften im Alter aufgebraucht werden, während für die Unterschicht der Begriff Erbschaft ohnehin ein Fremdwort aus einer anderen Welt ist.

Wussten Sie schon?

- In diesem Jahrzehnt wird in 8 500 Erbfällen ein durchschnittliches Vermögen von 68,6 Millionen Euro vererbt.
- In diesem Jahrzehnt wird in rund 350 000 Erbfällen Vermögen von mehr als einer Million Euro vererbt, davon in mehr als 200 000 Fällen an die nächste Generation.
- Die untere Hälfte der Bevölkerung kann im Schnitt nur 8 500 Euro pro Erbfall erwarten.
- Ein Haushalt in Bayern ist im Schnitt mehr als zehnmal so reich wie ein Haushalt im Osten der Republik.

- Ein durchschnittlicher Haushalt spart 1 300 Euro im Jahr.
- Mehr als 10 Prozent aller Haushalte verzehren ihr Vermögen, anstatt Teile ihres Einkommens zu sparen.

Von Tellerwäschern und Millionären

Es gehört zu den Entstehungsmythen der jungen Bundesrepublik, dass radikal mit der alten, starren Klassengesellschaft gebrochen wurde und die Karten mit der Währungsreform vollkommen neu gemischt wurden. Der Tellerwäscher konnte Millionär werden, und angeblich waren es auch fleißige Tüftler, die als Unternehmer das Land aufbauten und dafür mit einem verdienten, aber dennoch bescheidenen Reichtum belohnt wurden.

Um keine Missverständnisse entstehen zu lassen: Es ist Fakt, dass die Bonner Republik im Vergleich zum früheren Kaiserreich und zur heutigen Berliner Republik geradezu ein Hort von sozialer Mobilität war. Der Arbeitersohn, der dank guter Bildungspolitik und staatlicher Unterstützung studieren konnte, ist mehr als ein Klischee. Mit dem industriellen Wachstum und dem folgenden Strukturwandel brauchte die deutsche Wirtschaft schließlich von Jahr zu Jahr mehr Fachkräfte und Akademiker und fand den Nachwuchs für diese Jobs vor allem in den mittleren und unteren Schichten – der Nachwuchs der oberen Schichten besuchte ohnehin schon die Universitäten. Diese soziale Mobilität machte jedoch im Vorzimmer des Chefbüros halt.

Der Elitenforscher Michael Hartmann hat Lebensläufe und soziale Herkunft der Vorstandschefs der 100 größten deutschen Unternehmen untersucht[2] und kam zu dem Ergebnis, dass die Eliten lieber unter sich bleiben. Jeder zweite Topmanager stammt aus großbürgerlichem Elternhaus, gehört also schon immer zur Elite. Jeder dritte Topmanager kommt aus dem Bürgertum, also aus Familien mit hohem Einkommen und hoher Bildung, beispielsweise leitende Angestellte oder Ärzte. Lediglich 15 Prozent der Topmanager kommen aus der Mittelschicht oder gar aus einem Arbeiterhaushalt. Hartmann macht dafür vor allem den fehlenden »Stallgeruch« verantwortlich und folgert, dass Vorstände und Aufsichtsräte im Kern Nachwuchs suchen, der ihnen in Persönlichkeit und Werdegang ähnelt.

Sozialer Aufstieg durch Bildung ist ein weiterer Mythos, an den wir uns gewöhnt haben. Gerade einmal 9,2 Prozent der Gymnasiasten haben Eltern mit Volks- beziehungsweise Hauptschulabschluss.[3] Selbst bei gleicher Leistung hat das Kind eines Akademikers gegenüber einem Arbeiterkind eine dreimal so große Chance, ein Gymnasium zu besuchen. Von 100 Akademikerkindern studieren 71, von 100 Kindern aus Nichtakademikerfamilien nur 24.[4] So pflanzen sich soziale Ungleichheiten über Generationen hinweg fort. Doch statt sich darüber zu echauffieren, dass Kindern aus der Unter- und der Mittelschicht der Aufstieg in die obersten Etagen der Wirtschaft versperrt ist, arbeitet sich die Öffentlichkeit lieber an der Frage ab, wie viele Männer und wie viele Frauen aus der Oberschicht im Aufsichtsrat eines Unternehmens sitzen sollten. Die Oberschicht lacht sich dabei ins Fäustchen: So lange die Öffentlichkeit durch solche Grabenkriege abgelenkt ist, werden ihre Privilegien garantiert nicht angetastet. Wenn nicht der Sohnemann, sondern das Töchterchen in Pappas Fußstapfen tritt, was soll's? Hauptsache, es bleibt in der Familie.

Da es keine nennenswerten Beispiele von Aufsteigern in der Wirtschaft gibt, werden Aufsteiger aus anderen Bereichen zu modernen Helden stilisiert. Deutschland sucht den Superstar, jeder kann es zu etwas bringen. Wie steht es um ein Land, in dem goldkettenbehangene Rapper und junge Fußballhelden als Beispiele herhalten müssen, dass ein Aufstieg in die Liga für Vermögensmillionäre möglich ist? Unabhängig von Ihrem persönlichen Talent, dürfte die Chance, durch Sport oder Musik zum Millionär zu werden, ungefähr so groß sein wie die Chance, sechs Richtige mit Zusatzzahl im Lotto anzukreuzen oder vom Blitz getroffen zu werden.

Bleibt der soziale Aufstieg durch Heirat, aber selbst der gehört immer mehr der Vergangenheit an. In ihrem Bericht zur Einkommensungleichheit vermerkt die OECD,[5] dass sich in Deutschland in den letzten Jahren immer mehr Paare aus der gleichen Einkommensgruppe zusammenfinden. Das »traditionelle Modell Chefarzt heiratet Krankenschwester« sei, so die OECD, auf dem Rückzug. Stattdessen heiratet die Krankenschwester immer häufiger den Altenpfleger und der Chefarzt die Geschäftsführerin, und beide Paare bleiben in der sozialen Schicht, aus der sie stammen.

Kann man sich ein Vermögen zusammensparen?

Es gibt einen klaren Zusammenhang zwischen Vermögen und Einkommen – das ist keine Überraschung. Haushalte mit einem hohen Einkommen verfügen meist über ein großes Vermögen, und Haushalte mit einem großen Vermögen haben meist – alleine schon über Zinseinnahmen und Dividenden – ein hohes Einkommen. Wer von unten in die oberen Vermögensschichten vorstoßen will, muss sparsam sein, so lautet die altväterliche Weisheit der Vermögenden – gerade

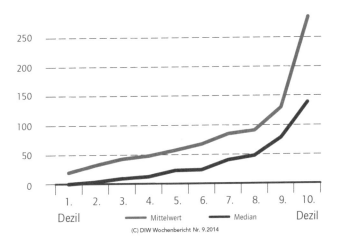

Durchschnittliches Pro-Kopf-Vermögen nach Einkommensdezilen im Jahr 2012 (in 1 000 Euro)[6]

so, als hätte es je einen Menschen gegeben, der nur durch Sparen reich geworden wäre.

Bereits im Kindergarten lernen die Kleinen an jedem Weltspartag von mit Sparschweinen bewaffneten Bankmitarbeitern, dass man vor allem durch Sparen zu Geld kommen kann. Und was für Hänschen gilt, gilt für Hans erst recht: Sparen ist in unserer Gesellschaft eine Tugend, auch wenn diese tagtäglich durch 0-Prozent-Finanzierungs- angebote auf eine schwere Probe gestellt wird. Wir werden gerne als Volk der Sparer dargestellt, und dies wird uns regelmäßig auch mit der vergleichsweise hohen Sparquote der Haushalte bewiesen. Nun müssen wir jedoch wissen, dass diese Sparquote nichts anderes als die Summe der Bruttoersparnisse im Verhältnis zum Bruttoeinkommen ausdrückt.

Mit Blick auf die Verteilung der Sparbeträge wird schnell klar, dass es nicht die unteren oder mittleren, sondern die einkommensstarken Haushalte sind, die durch ihr Sparvolumen die Sparquote nahezu im Alleingang bestimmten. Die Erkenntnis, dass wohlhabende Haushalte mehr Geld sparen können als arme ist natürlich profan. Weniger pro- fan ist ein Blick auf die Verteilung der Sparbeträge unabhängig vom Einkommen oder Vermögen der Haushalte.

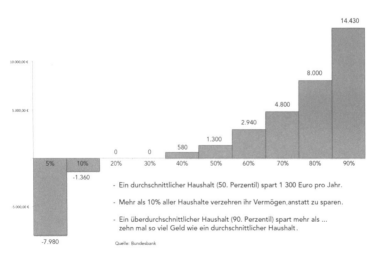

Verteilung der Sparbeträge nach Perzentil pro Jahr[7]

Mehr als 10 Prozent aller Haushalte verzehren ihr Vermögen, anstatt Teile ihres Einkommens zu sparen. Zu diesen Haushalten dürften vor allem ehemalige Freiberufler und Selbstständige gehören, die nicht das Glück hatten, in ihren aktiven Zeiten ein Vermögen aufzubauen, das sich selbst trägt und von dessen Zinseinnahmen man im Alter leben kann. Auch Pflegebedürftige gehören im Alter zu denjenigen, die von ihrem Ersparten leben müssen, denn erst wenn das Ersparte aufgebraucht ist, springt der Staat ein und trägt die Differenz zwischen Rente und Kosten des Pflegeheims. Diese Haushalte leben von der Substanz.

Von der Substanz leben vor allem aufgrund der Hartz-Reformen auch die Erwerbslosen. Laut DIW sind sie die einzige soziale Gruppe, die in den letzten zehn Jahren ihr Vermögen signifikant eingebüßt hat. Während die ärmeren Haushalte auch in puncto Sparen in jeder Hinsicht abgehängt sind, versuchen zumindest die Haushalte der Mittelschicht so ihr Vermögen zu mehren. Ein nennenswerter Vermögensaufbau ist mit Sparen allein jedoch kaum zu bewerkstelligen: Zu den 240 Euro, die ein durchschnittlicher Mittelschicht-Haushalt (40 bis 60 Prozent der Einkommensverteilung) monatlich spart, wird nämlich auch die Tilgung laufender Kredite gerechnet. Wenn man bedenkt, dass ein Haushalt dieser Einkommensklasse im Schnitt alleine offene Hypothekenkredite in Höhe von 25 000 Euro hat, relativiert sich die Summe des Sparbetrags. Für einen Vermögensaufbau, der über das Eigenheim hinausgeht, reichen die Rücklagen zumindest nicht. Aber wen wundert dies angesichts der stagnierenden Reallöhne schon?

Von welchem Geld sollen Gering- und Normalverdiener auch Rücklagen bilden? Die Zahlen der PHF-Studie der Bundesbank zeigen nämlich auch, dass die einkommensstarken Haushalte (90 bis 100 Prozent der Einkommensverteilung) einen sehr beachtlichen Teil ihrer Einnahmen in die Vermehrung des eigenen Vermögens stecken: fast 1 000 Euro pro Monat. Anzumerken ist, dass die PHF-Studie die Superreichen (also die obersten 0,1 Prozent) nicht repräsentativ erfasst hat und der Durchschnitt zudem die Verteilung innerhalb dieser Spitzengruppe verzerrt.

Wenn die Armen gar nichts sparen können und die Mittelschicht bis zur Schmerzgrenze mit dem Abtragen von Immobilienkrediten beschäftigt ist, kann sich wenig an der Vermögensverteilung ändern. Im Gegenteil: Da die einkommensstarken und in Personalunion auch vermögensstarken Haushalte als einzige Gruppe ihr Vermögen auch aus den laufenden Einnahmen signifikant erhöhen können, führt dies zu einer weiteren Vergrößerung der Vermögensunterschiede.

Zinseffekt: oft ignoriert und noch öfter überschätzt

Wenn man das Thema Vermögensverteilung in kapitalismuskritischen Kreisen anspricht, bekommt man oft eine verblüffende Antwort: Schuld an der Spreizung der Vermögensschere sei der Zins, genauer gesagt der Zinseszins. Der Zins, so hört man immer wieder, sei der Konstruktionsfehler, ja geradezu die »Erbsünde« unseres Geld- und Finanzsystems. Er sorge nicht nur dafür, dass die Reichen reicher und die Armen ärmer werden, sondern führe auch ganz direkt zu einem exponentiellen Wachstumszwang der Geldmenge und zur Zinsknechtschaft der Bevölkerung. Finanz- und Wirtschaftskrisen seien somit die direkte Folge des Zinssystems. Diese Kritik ist nicht neu: Seitdem Geld gegen Zins verliehen wird, gibt es auch Kritik am Zins. Zeit für eine kurze Einordnung.

Was ist der Zins? Unternehmen nutzen Kredite meist dazu, Investitionen vorzunehmen, mit deren Hilfe sie bessere Ergebnisse erzielen. Der Zins ist aus Sicht dieser Kreditnehmer eine Prämie dafür, mit Hilfe von Fremdkapital Investitionen vorzunehmen, um die eigene Ertragssituation zu steigern. Privatleute ziehen mit Hilfe von Krediten meist Ausgaben vor, die ihnen einen wie auch immer gearteten Nutzen versprechen – sei es das neue Auto, für das man momentan noch nicht genug Geld hat oder das Eigenheim. Die Alternative zum Kredit ist das klassische Sparen. Wer beispielsweise ein Haus bauen will, hat zwei Möglichkeiten: Entweder er spart und kauft sich das Haus, sobald er den nötigen Kapitalstock zusammengespart hat, oder er nimmt einen Kredit auf, mit dem er seine Investition vorzieht nach dem Motto »Kaufe jetzt, zahle später«. Für viele Privatleute ist die Kreditfinanzierung dabei die einzig realistische

Variante, will man sein Eigenheim nicht erst mit Beginn des Rentenalters beziehen.

Für den Kreditgeber stellt der Zins nicht nur einen Inflationsausgleich, sondern vor allem eine Risikoprämie dar. Zum Wesen des Kredits gehört nun einmal auch, dass der Kreditnehmer zahlungsunfähig wird. Die Investition des Unternehmers kann sich als unrentabel herausstellen, der Häuslebauer kann seinen Job verlieren und den Kredit für das Eigenheim nicht mehr zurückzahlen. Beide Fälle sind keine Ausnahmen, sondern Berechnungsgrundlage des Zinses.

Wenn es um die Vermögensverteilung geht, sind von Seiten der Zinskritiker oft Anekdoten zu hören wie die des »Jesuspfennigs«. In dieser Geschichte, die auf den englischen Moralphilosophen Richard Price zurückgeht, legt Joseph für seinen Sohn Jesus einen Pfennig bei einer Bank an. Durch Zins und Zinseszins wächst das Konto über die folgenden Jahre natürlich bis ins Unermessliche – eine Exponentialfunktion wie aus dem Lehrbuch. Diese Anekdote mag unterhaltsam sein, ökonomisch betrachtet ist sie blanker Unfug, da sie Kreditausfälle, Krisen und Steuern ebenso ignoriert wie eine ungleiche Vermögensverteilung.

Vermögen	2014	2015	2016	2017	2018	2019	2020
Haushalt 1	10 000 €	10 400 €	10 816 €	11 249 €	11 699 €	12 167 €	12 653 €
Haushalt 2	90 000 €	93 600 €	97 344 €	101 238 €	105 287 €	109 499 €	113 879 €
Verteilung							
Haushalt 1	10 %	10 %	10 %	10 %	10 %	10 %	10 %
Haushalt 2	90 %	90 %	90 %	90 %	90 %	90 %	90 %

Der Zinseffekt bei 4 Prozent Wachstum pro Jahr

Wenn zwei Haushalte ihr Vermögen zu einem bestimmten Zinssatz anlegen, wächst das Vermögen des reichen Haushalts zwar in absoluten Zahlen deutlich schneller, relativ wachsen jedoch beide Vermögen gleich schnell – das prozentuale Verhältnis beider Vermögen bleibt stets gleich.

Empirisch lässt sich der Zusammenhang von Zins und Vermögens-
konzentration relativ einfach widerlegen, wenn man sich die Zeit zwischen 1945 und 1980 anschaut. Diese Periode wird auch »große Kompression« genannt und zeichnet sich dadurch aus, dass sich nicht nur
die Einkommens-, sondern auch die Vermögensschere in allen westlichen Industrieländern geschlossen hat. Während dieser Phase verän-
derte sich jedoch kaum etwas am Zinssystem. Was sie auszeichnete,
war vielmehr ein klares Bekenntnis seitens der Politik, mittels Geset-
zen und Steuersystem für eine Angleichung der Lebensverhältnisse zu
sorgen.

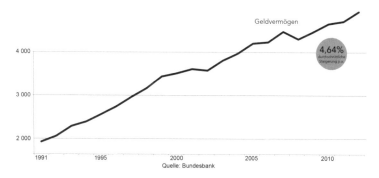

Vermögensentwicklung in Deutschland[8]

Zins und Zinseszins können dann zu einem Problem werden, wenn
die Zinssätze für hohe Vermögen sich deutlich von denen für niedrige
Vermögen unterscheiden. Genau diesen Prozess können wir momentan beobachten: Während Otto Normalsparer schon von Glück reden
kann, wenn er überhaupt mehr als 1 Prozent Zinsen auf seine Ersparnisse bekommt, erzielen die Vermögenden nach Statistik der Bundesbank[9] eine durchschnittliche Verzinsung von 4,6 Prozent auf ihre
Geldvermögen. Würde eine solche Entwicklung über lange Zeit an-
dauern, würde die Zinsdifferenz in der Tat zu einer weiteren Konzentration an der Spitze führen. Diese Gefahr ist real, hat jedoch relativ
wenig mit exponentiellem Wachstum, sondern vielmehr mit der nicht

vorhandenen Bereitschaft der Staaten zu tun, Kapitalgewinne und Zinsen über das Steuersystem abzuschöpfen.

Wem gehört Deutschland statistisch gesehen?

Rein statistisch ist Reichtum männlich und Armut weiblich. Männer sind nach den Untersuchungen des SOEP[10] im Schnitt um 27 000 Euro wohlhabender als Frauen. Dieser Unterschied leuchtet auf den ersten Blick nicht unbedingt ein, da Frauen eigentlich alleine schon aufgrund ihrer höheren Lebenserwartung als alleinige Erben des Vermögens einer Partnerschaft wohlhabender sein müssten. Die SOEP-Studienleiter Joachim Frick und Markus Grabka erklären diesen Unterschied mit der stark abweichenden Verteilung von Betriebsvermögen zwischen den Geschlechtern: Auf eine Frau mit Betriebsvermögen kommen in der SOEP-Statistik drei Männer.[11] Und da das Betriebsvermögen vor allem für die äußerst vermögenden Haushalte eine bedeutende Größe ist, führt diese statistische Besonderheit zu einer starken Verschiebung.

Auch regional gibt es sehr große Vermögensunterschiede. Die vermögendsten Haushalte der PHF-Studie der Bundesbank finden sich im Süden der Republik. In Bayern, Baden-Württemberg und Hessen beträgt das mittlere Nettovermögen 252 000 Euro – mehr als doppelt so viel wie im Bundesschnitt. Während die westlichen Länder (Nordrhein-Westfalen, Rheinland-Pfalz, Saarland) in etwa auf dem Bundesschnitt liegen, hängen die nördlichen Bundesländer (Niedersachen, Bremen, Schleswig-Holstein, Hamburg) mit 41 400 Euro und erst recht die östlichen Bundesländer inklusive Berlin mit einem durchschnittlichen Haushaltsvermögen von 21 400 Euro weit zurück. Ein Haushalt in Bayern ist somit im Schnitt mehr als zehnmal so reich wie ein Haushalt im Osten der Republik.

Diese regionale Schieflage hat auch historische Gründe. So besaßen die DDR-Bürger zum Zeitpunkt der Wiedervereinigung nur selten Immobilien-, Betriebs- oder Geldvermögen, das sie vermehren und vererben konnten. Die Schieflage innerhalb der alten Bundesländer spiegelt wiederum auf anschauliche Art und Weise die strukturelle

Wirtschaftslage im Westen der Republik wieder. Würde man die Superreichen, die in der PHF-Studie nicht berücksichtigt sind, einbeziehen, wäre der Abstand zwischen Ost und West noch größer.

Mit Friede Springer und Axel Oberwelland (Storck Süßwaren) verfügt der Osten nur über zwei Milliardäre der *Forbes*-Liste – und diese kommen auch noch aus West-Berlin. Damit liegt der Osten sogar noch vor Bremen, Rheinland-Pfalz, Niedersachen und dem Saarland, wo es überhaupt keine Milliardäre gibt. Die Statistik für Norddeutschland dürfte jedoch durch die zehn Hamburger Milliardäre und die insgesamt 42 000 Millionäre der Hansestadt merklich nach oben getrieben werden. Gegenüber 19 Milliardären aus dem Süden ist das keine ernsthafte Konkurrenz.

Wertet man die Vermögensstatistiken nach der sozialen Stellung der Personen aus, liegen mit großem Abstand Selbstständige mit mehr als 10 Mitarbeitern vorne, die im Schnitt über ein Vermögen von 950 000 Euro verfügen.[12] Das Schlusslicht bilden hier die Arbeitslosen mit einem Vermögen von knapp 18 000 Euro. Auf den ersten Blick ist es überraschend, dass Beamte in der Vermögensstatistik in allen Gruppen hinter den Arbeitern und Angestellten aus der freien Wirtschaft liegen. So verfügt beispielsweise ein Beamter im gehobenen und höheren Dienst nur über ein durchschnittliches Vermögen von 114 000 Euro, während ein Angestellter mit Führungsaufgaben auf 209 000 Euro kommt. Grund für diese statistische Besonderheit dürfte wohl das vergleichsweise gute Altersvorsorgesystem der Beamten sein, das die Motivation senkt, zusätzlich fürs Alter vorzusorgen.

Erbschaften in Billionenhöhe

Der typische Verlauf der Vermögenskurve nach Lebensphasen ist folgender: Man verlässt ohne nennenswertes Vermögen in jungen Jahren das Elternhaus, hat während der Ausbildung oder des Studiums keine Möglichkeit, sich Geld zur Vermögensbildung zurückzulegen, fängt im Alter von etwa 30 Jahren mit dem Sparen an oder baut sich ein Haus und zahlt es über die kommenden Jahrzehnte ab. Bis zum

Renteneintritt wächst damit das Vermögen von Jahr zu Jahr, und im Rentenalter verzehrt man einen Teil des angesparten Vermögens, zum Beispiel die Lebensversicherung. Auch wenn dieser Lebensphasenansatz ein wenig idealistisch ist und eher dem Wunsch als der Realität vieler Haushalte entspricht, so hilft er doch zumindest zum Teil zu erklären, warum das individuelle Vermögen sehr stark mit dem Lebensalter korreliert.

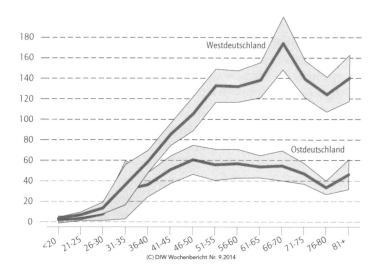

Individuelles Nettovermögen nach Altersgruppen und Region im Jahr 2012 (in 1000 Euro) [13]

Für den statistischen Vermögenssprung im Alter von 40 bis 65 Jahren, der sich vor allem in Westdeutschland abspielt, gibt es jedoch noch eine ganz andere Erklärung: Nach einer Untersuchung des Deutschen Instituts für Altersvorsorge (DIA)[14] ist dies nämlich genau das durchschnittliche Alter, in dem die Kindergeneration das Erbe der Elterngeneration antritt. Auch wenn dies in der öffentlichen Diskussion gerne unter den Tisch gekehrt wird: Vermögen werden in der Regel nicht erarbeitet oder erspart, sondern ererbt.

Die Studie des Deutschen Instituts für Altersvorsorge, das von der Deutschen Bank finanziert wird, bietet noch weitere interessante Ergebnisse. So beziffert sie beispielsweise die Summe des Vermögens, das in diesem Jahrzehnt vererbt wird, auf 2,6 Billionen Euro, 1,8 Billionen Euro werden über die Generationen hinweg vererbt. Davon entfallen jedoch rund 550 Milliarden Euro auf nur 2 Prozent der besonders großen Erbschaften – und dabei bleiben sogar alle Haushalte unberücksichtigt, welche bei einer »Abschneidegrenze« von 18 000 Euro Nettoeinkommen aus der Statistik fallen.

Bezieht man die großen Vermögen ein, kommt man vielmehr zu dem Ergebnis, dass 585 Milliarden Euro in 0,1 Prozent aller Erbfälle ihren Besitzer wechseln. Das heißt: In 8 525 Erbfällen wird ein durchschnittliches Vermögen von 68,6 Millionen Euro weitergegeben. Die Vermögen der obersten 2,5 Prozent (ohne die 0,1 Prozent an der Spitze) der Vermögenskala fallen in 213 000 Erbfällen mit einem durchschnittlichen Volumen von 2,7 Millionen Euro an die nächste Generation. Insgesamt werden in rund 350 000 Erbfällen Vermögen von mehr als einer Million Euro vererbt, davon in mehr als 200 000 Fällen an die nächste Generation, in den übrigen an Ehepartner und andere Verwandte oder an Dritte wie Kirchen, Parteien und Tierheime.

Die nächste Generation der Millionäre steht damit bereits in den Startlöchern. Völlig anders sieht die Lage für die untere Hälfte der Bevölkerung aus: Hier sind im Schnitt nur 8 500 Euro pro Erbfall zu erwarten – und das reicht gerade einmal für das Begräbnis und einen ordentlichen Leichenschmaus. Selbst der aber muss beim unteren Zehntel der Vermögensskala ausfallen, da hier ausschließlich Schulden vererbt werden. Wer hat, dem wird gegeben – ein sozialer Ausgleich findet über Erbschaften nicht statt. So stellt auch die DIA-Studie fest, dass »von großen Erbschaften vor allem profitiert, wer auch bereits hohe Vermögen aus eigenem Einkommen angespart hat«.

11 Uns gehört Deutschland: Deutschlands Vermögende

Da sämtliche Statistiken an der Spitze der Vermögensskala blind sind, müssen wir auf Schätzungen zugreifen, um die kleine, aber äußerst vermögende Schicht der Superreichen in Zahlen zu fassen. Eine vergleichsweise gute Quelle für derartige Schätzungen ist das *Manager Magazin*, das seit 2000 seine Liste der 300 reichsten Deutschen veröffentlicht; 2010 wurde die Liste auf die 500 reichsten Deutschen erweitert. Laut der aktuellsten Liste besitzen die 500 reichsten Deutschen zusammengenommen ein Vermögen von 530 Milliarden Euro – fast viermal so viel wie die untere Hälfte aller deutschen Haushalte zusammen. Alleine die 16 reichsten Deutschen verfügen mit 136 Milliarden Euro über das gleiche Vermögen wie die 20 Millionen Haushalte Deutschlands am unteren Ende der Vermögensskala.

Erstaunlich ist die Dynamik, mit der die Vermögen der Superreichen in den letzten Jahren gewachsen sind. Kamen die Top 100 des *Manager Magazins* im Jahr 2004 noch auf ein Gesamtvermögen von 245 Milliarden Euro, so waren es 2013 bereits 337 Milliarden Euro – ein Wachstum um 38 Prozent. Interessant ist auch ein Blick in die Vergangenheit: In der starren Klassengesellschaft des Kaiserreichs verfügten im Jahre 1908 die drei reichsten deutschen Familien (Rothschild, Krupp und Henckel von Donnersmarck) über ein Gesamtvermögen von 580 Millionen Goldmark; kaufkraftbereinigt entspräche diese der heutigen Summe von 3 Milliarden Euro. Die drei reichsten Familien der Gegenwart (Albrecht/Aldi, Quandt/BMW, Schwarz/Lidl) kommen zusammengenommen auf 59 Milliarden Euro – also auf fast das Zwanzigfache ihrer Vorgänger aus der Kaiserzeit. In der aktuellen Liste würden die Familien Rothschild, Krupp und Henkel von Donnersmarck übrigens nicht in den Top 100 vertreten sein.

Wenn man fragt, wem Deutschland gehört, muss man natürlich auch Namen nennen. Das tut die Top-500-Liste des *Manager Magazins*. Neben zahlreichen Industriellen, deren Betriebe übrigens in fast allen Fällen entweder älter als die Bundesrepublik sind oder in der Nachkriegszeit gegründet wurden, finden sich dort auch die Lieblinge der Yellow Press wieder. Hauptberufliche Erben wie die Familie von Thurn und Taxis (550 Millionen Euro Vermögen), Ernst August von Hannover (400 Millionen Euro) und die Familie von Bismarck (250 Millionen Euro) sind wohl fast jedem durch die interessanten Illustrierten beim Friseur ein Begriff. Neben dem Who's Who des deutschen Geldadels sind in der Liste aber auch einige interessante Personen zu finden, bei denen sich ein näherer Blick auf die Quelle und die Verwendung des Reichtums lohnt.

Wussten Sie schon?

- Die zehn reichsten Familien Deutschlands kassierten 2013 zusammen 2,4 Milliarden Euro an Dividenden.
- 60 000 Mitarbeiter mit einem Stundenlohn von 20 Euro würden jährlich 2,4 Milliarden Euro kosten.
- Die 500 reichsten Deutschen besitzen zusammen ein Vermögen von 530 Milliarden Euro.

Die Billigheimer

Wer hätte das gedacht – statistisch ist nicht Starnberg, Bad Homburg oder Kampen, sondern die beschauliche Ruhrgebietseinöde Essen-Schuir die reichste Stadt Deutschlands. Dort lebt Karl Albrecht, der zusammen mit seinem Bruder Theo seit gefühlten Ewigkeiten den Titel »reichster Deutscher« trägt. Mit einem geschätzten Vermögen von 33 Milliarden Euro gehört die Familie der Discount-Giganten, die

Deutschland in Aldi Nord und Aldi Süd geteilt haben, auch heute zu den reichsten Familien der Republik. Theo Albrecht ist 2010 im Alter von 88 Jahren verstorben, sein Bruder Karl hat in diesem Jahr seinen 94. Geburtstag gefeiert. Da stellt sich unwillkürlich die Frage, ob und wie viel Geld bei der Übertragung des immensen Familienvermögens an die nächste Generation über die Erbschaftssteuer an den Staat fällt. Die Antwort: gar nichts! Beide Albrecht-Brüder haben ihr gesamtes Betriebsvermögen nämlich bereits zu Lebzeiten steuervergünstigt in Familienstiftungen übertragen, deren jeweiliger Zweck es ist, die Nachkommen zu alimentieren und den Konzern zu steuern. Dafür fällt nun alle 30 Jahre eine sogenannte Erbersatzsteuer an, die ebenfalls steuerlich begünstigt ist. Ausschüttungen der Tochterunternehmen an die Stiftung sind übrigens generell steuerfrei.

Das *Schwarzbuch Markenfirmen* wirft Aldi vor, die gewerkschaftliche Organisierung der Mitarbeiter weitestgehend zu unterbinden.[1] Als die *Süddeutsche Zeitung* über die »schikanösen Arbeitsbedingungen« bei Aldi schrieb und die Behinderung der Betriebsräte kritisch kommentierte, entfielen plötzlich für einige Zeit die ganzseitigen Anzeigen des Discounters. Aldi bezahlt seine Mitarbeiter zwar besser als die direkte Konkurrenz, dennoch liegen die Gehälter unter dem Bundesdurchschnitt. Dafür werden Zulieferer systematisch unter Kostendruck gesetzt, sodass bei ihnen Niedriglöhne und prekäre Arbeitsverhältnisse die Regel sind. Somit ist Aldi ein Grenzfall und der gesellschaftliche Nutzen dieses Unternehmens bestenfalls fragwürdig. Ein Teil des Unternehmenserfolgs beruht auf der schlechten Bezahlung der Mitarbeiter und der Zulieferer.

Noch negativer fällt die gesellschaftliche Bilanz beim drittreichsten Deutschen aus: Dieter Schwarz (geschätztes Vermögen 13 Milliarden Euro) stieg direkt nach seinem Abitur in das familieneigene Handelsunternehmen ein und schuf 1973 den Aldi-Konkurrenten Lidl. Alle Kritikpunkte, die auf Aldi zutreffen, treffen auch auf Lidl zu – oft sogar noch in viel stärkerem Maß. Auch Dieter Schwarz hat sein Vermögen zu Lebzeiten in eine Stiftung übertragen, die im Unterschied zu den Stiftungen der Albrecht-Brüder als gemeinnützige GmbH firmiert. Dadurch ist sie nicht nur nahezu komplett von der Erbschaftssteuer befreit, sondern muss auch keine Körperschaftssteuer zahlen.

Obgleich die Stiftung 99,9 Prozent der Anteile an der Dachgesellschaft von Lidl und Kaufland hält, besitzt sie kein Stimmrecht und ist somit im operativen Geschäft vollkommen machtlos. 100 Prozent der Stimmrechte hält die Schwarz Unternehmenstreuhand KG, die lediglich mit 0,1 Prozent an der Dachgesellschaft beteiligt ist – auf dem Papier gehören Schwarz also nur 13 Millionen und nicht 13 Milliarden Euro. Der Eintrag im *Manager Magazin* ist jedoch vollkommen korrekt, da Stiftungen in aller Regel die wahren Vermögensverhältnisse verschleiern.

Neben den Albrechts und Dieter Schwarz haben auch zahlreiche andere Superreiche ihr Vermögen im Einzelhandel gemacht. Dazu zählt die Familie Deichmann (3,35 Milliarden Euro), die ihre Schuhkette über eine Vielzahl von Tochter- und Vertriebsgesellschaften steuert, die nicht der Publizitätspflicht unterliegen und steueroptimiert von einer Familienstiftung im schweizerischen Luzern verwaltet werden. Sollte Heinz-Horst Deichmann, der in diesem Jahr 88 Jahre alt wird, dereinst das Zeitliche segnen, wird der Fiskus leer ausgehen.

Die Profiteure

Zum Kreis der Einzelhandelsmilliardäre zählt auch die Familie Haub (Kaiser's Tengelmann, Obi, KiK, TEDi, Netto) mit 3,5 Milliarden Euro Vermögen. Netto musste nach scharfer öffentlicher Kritik im April 2011 einen hausinternen Mindestlohn von 7,50 Euro die Stunde einführen. TEDi wurde von der Gewerkschaft Verdi dafür kritisiert, selbst einem stellvertretenden Filialleiter laut Arbeitsvertrag nur 7 Euro pro Stunde gezahlt zu haben. Neben der Familie Haub finden sich unter den 500 reichsten Deutschen auch Stefan Heinig (600 Millionen Euro) und Walther Seinsch (300 Millionen Euro), die ebenfalls an KiK beteiligt sind oder waren.

Erivan Haub hätte vermutlich nie ein derartiges Vermögen anhäufen können, wenn sein Unternehmen KiK nicht unter menschenunwürdigen Umständen in der Dritten Welt produzierte Kleidung verkaufen würde. So waren die Arbeitsbedingungen bei einigen

KiK-Zulieferern in Bangladesch und China bereits mehrfach Gegenstand der öffentlichen Kritik: Näherinnen in Bangladesch bekämen einschlägigen Ermittlungen zufolge zwischen 18 und 24 Euro Lohn pro Monat. Und als im April 2013 eine dieser maroden Fabriken einstürzte und mehr als 1 000 Menschen unter sich begrub, wurden in den Trümmern auch Textilien von KiK gefunden. Doch anstatt Haub an den Pranger zu stellen, erhielt er 2004 sogar das Bundesverdienstkreuz. Er zählt nun einmal zu den Stützen der Gesellschaft und weiß auch, wem er dafür zu danken hat: Schon im Bundestagswahlkampf 1994 schaltete die Familie Haub Anzeigen (»Im Zweifel für Kohl«) zur Wiederwahl von Helmut Kohl, 2005 startete sie eine Kampagne für Angela Merkel mit dem Slogan »Im Zweifel eine Frau«, und 2013 wurde der Slogan der Kampagne in »Im Zweifel für die Raute« geändert. Hier wird kein Hehl aus einer politischen Überzeugung gemacht.

Während der Name Haub zumindest Insidern bekannt sein dürfte, wissen wohl die wenigsten, wer Walter Droege und Hedda im Brahm-Droege sind. Dabei besitzt das Pärchen ein Beratungs- und Investmenthaus mit dem wenig dynamisch klingenden Namen Droege Group, die weltweit mehr als 70 000 Mitarbeiter beschäftigt. Dazu gehört auch das Unternehmen Trenkwalder International, das durch die Behandlung von bei Amazon eingesetzten Leiharbeitern in die Kritik geriet. Die Familie Droege besitzt ein Vermögen von 1,3 Milliarden Euro, die Leiharbeiter, die auch einen Beitrag zur Vermögensvermehrung der Droeges leisten, müssen sich oft mit kärglichen Löhnen abfinden.

In seltenen Fällen kollidiert das Renditestreben mancher Superreicher nicht nur mit dem Gesetz, sondern wird sogar gerichtlich geahndet. So im Fall eines Unternehmens aus dem süddeutschen Raum. Diese zählt zu den größten Speditionen der Welt und ist mit etwa 2 000 Zugmaschinen vor allem im Gütertransport von Mittel- nach Südosteuropa tätig. Das wundersame Wachstum der Spedition wäre jedoch nicht ohne die bulgarischen und rumänischen Lastwagenfahrer möglich gewesen, die von dem Unternehmer auch auf innerdeutschen Strecken eingesetzt wurden, ohne deutsche Löhne zu beziehen. Da er seine Fahrer nicht nur nach südosteuropäischen Standards bezahlt, sondern dabei – im Grunde als Kollateralschaden – auch keine

Sozialabgaben an die deutschen Systeme gezahlt hat, wurde er wegen Sozialversicherungsbetrug und anderer Vergehen zu einer Haftstrafe von fünf Jahren und einer Geldstrafe von 2,16 Millionen Euro verurteilt.[2] Mittlerweile ist besagter Unternehmer samt Verwaltungsrat und Führungskräften ins Schweizer St. Gallen umgezogen. Neben der »Rechtssicherheit« dürften auch steuerliche Gründe eine Rolle gespielt haben. Näher Interessierten dürfte es nicht schwer fallen, selbst mehr zu recherchieren.

Die Dividendenkönige

Seit dem Jahr 2007 veröffentlicht das *Forbes Magazine* neben seiner Milliardärsliste »Forbes 400« auch die weniger ernst gemeinte Liste »Forbes Fictional 15[3]« mit den reichsten Charakteren aus der Welt von Literatur und Film. Dort wetteifern dann Jay Gatsby (*Der große Gatsby*), Lara Croft (*Tomb Raider*), C. Montgomery Burns (*Die Simpsons*) und Bruce Wayne (*Batman*) um die Plätze. Laut *Forbes* ist der reichste Mensch, oder um genauer zu sein, die reichste Ente der Welt, Dagobert Duck mit einem geschätzten Vermögen von 65,4 Milliarden Dollar.

Der größte Unterschied zwischen der Comicfigur und den realen Milliardären Deutschlands ist – wenn man außer Acht lässt, dass Onkel Dagobert eine Ente ist –, dass dessen Vermögen greifbar und stets verfügbar ist. In der realen Welt sind große Vermögen aber in den meisten Fällen in Betrieben oder Immobilien gebunden. Ohne Geld aus diesen Vermögensgegenständen herauszuziehen, würden selbst die Superreichen ihre Rechnungen nicht bezahlen können. Genau das tun die Besitzer Deutschlands auch – und zwar nicht zu knapp, wie eine Liste der ausgezahlten Dividenden des letzten Jahres zeigt.

Familie	Unternehmen	Dividende
Quandt	BMW	513 Millionen Euro
Porsche/Piech	Porsche	301 Millionen Euro
Merck	Merck	295 Millionen Euro

Familie	Unternehmen	Dividende
Klatten	BMW	248 Millionen Euro
Reimann	Reckitt Benckiser	212 Millionen Euro
Kühne	Kühne + Nagel	194 Millionen Euro
Jacobs	Adecco	187 Millionen Euro
Siemens	Siemens	159 Millionen Euro
Thiele	Vossloh	150 Millionen Euro
Henkel	Henkel	130 Millionen Euro

Dividendenausschüttung 2013[4]

Zehn Familien kassierten im letzten Jahr die stolze Summe von 2,4 Milliarden Euro an Dividende. Dies entspricht dem Jahreseinkommen von 7 400 Durchschnittshaushalten beziehungsweise dem jährlichen Regelsatz von 512 000 Hartz-IV-Empfängern. Und dabei hielten sich die Dividendenkönige im letzten Jahr sogar noch zurück: 2006 konnte die BMW-Mitbesitzerin Susanne Klatten alleine 2,5 Milliarden Euro Dividende einstreichen.[5] Insgesamt zahlten die 30 Dax-Unternehmen im Jahr 2013 Dividenden in Höhe von insgesamt 27,9 Milliarden Euro an ihre Aktionäre aus.[6] Dies sind im eigentlichen Sinne des Wortes leistungslose Einkommen. Umso unverständlicher ist es, dass ausgerechnet diese Einkommen steuerlich subventioniert werden.

Durch die 2009 eingeführte Kapitalertragssteuer müssen die Herren und Damen Quandt, Klatten und Co. ihre Kapitaleinkünfte nicht mehr zum Einkommensteuersatz, sondern zum reduzierten Kapitalertragssteuersatz versteuern. Für die zehn oben aufgeführten Familien heißt dies: Ohne Einführung der Kapitalertragssteuer hätten sie die Dividenden mit 45 Prozent versteuern müssen; von den 2,4 Milliarden Euro wären also 1,1 Milliarden Euro ins Steuersäckel gegangen. Und mit einem Nettoeinkommen von durchschnittlich 130 Millionen Euro lässt es sich vermutlich selbst dann ganz gut leben, wenn man die Verpflichtungen hat, die Reichtum nun einmal mit sich bringt. Dank der von CDU/CSU und SPD eingeführten Kapitalertragssteuer müssen diese zehn Familien jedoch nur 25 Prozent Steuern zuzüglich

Solidaritätszuschlag auf ihre Dividenden zahlen und dadurch nur 600 Millionen Euro abführen. Durch diese »Lex Klatten« schenkte der Staat alleine im letzten Jahr den zehn genannten Familien 500 Millionen Euro.

Wie hoch die gesamten Dividenden- und Kapitaleinkommen der Superreichen sind, lässt sich erstaunlicherweise noch nicht präzise sagen, da das Statistische Bundesamt sich bekanntlich weigert, Haushalte mit einem Nettoeinkommen von mehr als 18 000 Euro pro Monat näher zu untersuchen. Laut Einkommensteuerstatistik[7] gibt es mehr als 110 000 Haushalte, die jährlich Kapitaleinkünfte von mehr als 250 000 Euro haben. Ohne diese 110 000 Haushalte einzubeziehen, lassen sich keine Aussagen zu den Kapitaleinkommen treffen, die auch nur im Ansatz das eigentliche Ausmaß verdeutlichen.

Die Einkommensteuerstatistik eignet sich ebenso wenig für eine seriöse Berechnung der Kapitaleinkommen. Denn die Einkommensteuer ist eine Überschusssteuer, bei der die Gesamteinnahmen durch den Abzug sämtlicher anrechenbarer Ausgaben gar nicht auftauchen. Zudem ändert sich die Besteuerungsgrundlage permanent aufgrund politischer Entscheidungen, wodurch noch nicht einmal ein zeitlicher Vergleich möglich ist.

Über den Vermögenzuwachs geben diese Daten ohnehin keine Auskunft, da nur Überschüsse und Dividenden – und das auch nur indirekt – erfasst werden, nicht aber die Wertsteigerung. Wer beispielsweise im April 2003 mit 10 Millionen Euro beim Technologiekonzern Apple eingestiegen ist, sitzt heute auf einem Aktienpaket im Wert von mehr als 1 Milliarde Euro, ohne je aus steuerrechtlicher Sicht einen Cent verdient zu haben. Steuerlich erfasst werden lediglich Dividenden, die Apple bisher nie ausgeschüttet hat, und der Veräußerungsgewinn, der erst beim Verkauf des Aktienpaketes anfällt. Auch Einkommen aus Miete und Pacht werden erst dann steuerrechtlich erfasst, wenn sie Überschüsse darstellen. Wer die Einnahmen also reinvestiert, fällt aus der Einkommensteuerstatistik heraus, obwohl er sein Vermögen durch die Investitionen zweifelsohne gesteigert hat. Die Dividendenkönige können sich also glücklich schätzen, dass sie von der von uns gewählten Regierung mit Glacéhandschuhen angefasst werden.

Die Kriegsgewinnler

An Position Nummer 18 der Top 500 des *Manager Magazins* steht die Familie August von Finck mit einem geschätzten Vermögen von 4,6 Milliarden Euro. Obwohl – oder gerade weil – die Familie Finck repräsentativ für viele Dynastien ist, die ihr Vermögen trotz enger Zusammenarbeit mit den Nazis über den Zweiten Weltkrieg retten konnten, wird sie in den Hochglanzbroschüren über deutsche Unternehmerdynastien wohl nie auftauchen. Die meisten Familiendynastien beginnen mit einem Pionier, der entweder Herausragendes geleistet hat oder von Fortuna geküsst wurde.

Auf Wilhelm Finck traf beides zu: Der Kaufmannssohn mit Realschulabschluss lernte das Bankgewerbe von der Pike auf, wurde mit der Privatbank Merck Finck & Co selbst Banker und bewies mit der Gründungsbeteiligung an den heutigen Versicherungsgiganten Allianz und Münchner Rück ein glückliches Händchen in geschäftlichen Dingen. 1911 wurde er vom bayerischen König in den erblichen Adelsstand erhoben – ein Privileg, das er bereits acht Jahre später durch die Weimarer Republik verlor. 1924 starb Wilhelm Baron von Finck, und sein Sohn August erbte ein Finanzimperium, das stark genug war, um die Wirtschaftskrise zu überleben.

Baron August von Finck sen. war jedoch mehr als ein normaler Banker. Er war zeitlebens ein politischer Mensch, dessen Standort von Ferdinand Graf von Galen so beschrieben wurde: »Rechts vom Gustl steht bloß noch Dschingis Khan.« Finck gehörte zu jenen Wirtschaftsmagnaten, die sich Hitler für ihre Interessen kaufen wollten. 1931 traf er sich zusammen mit industriellen Gesinnungsgenossen und versprach Hitler die damals gewaltige Summe von 25 Millionen Reichsmark, um die NSDAP im Falle eine »Linksputschs« als Verteidiger der alten Werte in Stellung zu bringen. Auch 1933 unterstützte Finck, zusammen mit anderen Wirtschaftsmagnaten, die NSDAP mit einem Wahlfonds in Höhe von 3 Millionen Reichsmark. Wie so viele erzkonservative Magnaten trat Finck der NSDAP nach deren Machtübernahme bei und zählte bis 1945 zu ihren Förderern. Hitler zeigte sich durchaus erkenntlich: Nach dem »Anschluss« durfte Finck die Wiener Rothschild-Bank »arisieren«, und auch das Berliner Bankhaus Dreyfus & Co wurde weit unter Wert von Finck übernommen.[8]

Nach dem Krieg verlor Finck kurzzeitig seine Macht. Im Rahmen der Entnazifizierung, die er eine »Schikane der Demokratie« nannte, musste er seine Anteile an der Allianz und der Münchner Rück zeitweilig an Treuhänder abgeben. Wie so viele Unterstützer der Nationalsozialisten sollte Finck jedoch schon bald seine Besitztümer, inklusive der arisierten, zurückbekommen. Man stufte ihn lediglich als Mitläufer ein, obgleich die Unterlagen der amerikanischen Ermittlungsbehörden kritischer klingen: »Ein Nazi in jeder Hinsicht, stolz, versnobt, reserviert, pedantisch und ein Bürokrat. Es wird gesagt, dass er von der Veranlagung her völlig cool, unsentimental bis hin zur Grausamkeit und übertrieben ehrgeizig sei.«[9]

Das Finck-Imperium besteht heute nicht nur aus Banken und Versicherungen, über die Jahrzehnte hinweg wurde Finck zu einem der größten Landbesitzer Bayerns. 1970 wurde sein Landbesitz auf 4000 Hektar taxiert, die Hälfte davon in der extrem teuren Peripherie von München. Das Wachstum der Großstadt hat dazu beigetragen, dass Finck in der Nachkriegszeit hinter Friedrich Flick, der sich ebenfalls unter den Nationalsozialisten bereichern konnte, zum zweitreichsten Mann Deutschlands wurde.

Um die Erbschaftssteuer zu umgehen, nutzte Finck 1973 die Gelegenheit, sein Vermögen an seine Söhne Wilhelm und August jun. zu überschreiben. Doch August jun., der von seinem Vater nicht nur die Rolle des Patriarchen, sondern auch dessen erzkonservative bis reaktionäre Einstellung übernahm, hatte kein glückliches Händchen als Banker: Nach dem Tod seines Vaters im Jahre 1980 trennte er sich schrittweise von den Banken- und Versicherungsanteilen und zog in die als Steueroase geltende Schweiz. Dort residiert er seitdem im imposanten Schloss Weinfelden im Kanton Thurgau.

Finck jun. ordnete die Familienbesitztümer neu. Heute gehören dem Familienclan nicht nur Land und Immobilien in Bayern, sondern auch die Schweizer Mövenpick-Gruppe und diverse Schweizer Mischkonzerne. Auf politische Einflussnahme jedoch hat Finck jun. auch aus dem Schweizer Exil heraus nie verzichtet.

In jüngerer Zeit geriet Finck jun. vor allem durch die sogenannte »Mövenpick-Affäre« in die Schlagzeilen. Über sein weit verstreutes Firmennetzwerk spendete Finck in den Jahren 2008 und 2009 der

FDP insgesamt 1,1 Millionen Euro. Kaum war die neue schwarz-gelbe Regierung an der Macht, reduzierte sie den Mehrwertsteuersatz für Hotelübernachtungen, wovon der Mövenpick-Besitzer Finck und das gesamte Hotelgewerbe profitierte. Dass Finck der FDP zuvor 820 000 Euro gespendet hatte, könnte man vor diesem Hintergrund auch getrost als gute Investition begreifen. Immer wieder wird bei Bekanntwerden derartiger Fälle öffentlich darüber diskutiert, ob es tatsächlich Einflussmöglichkeiten für Superreiche gibt, den Gesetzgeber in ihrem Sinne und damit den steten Vermögenswachstums zu beeinflussen.

Die Spendierfreudigen

Zu den prominenten politischen Landschaftspflegern unter den Top 500 des *Manager Magazins* gehört auch Paul Gauselmann mit einem Vermögen von 900 Millionen Euro. Nach Recherchen der *Süddeutschen Zeitung* hat die Gauselmann AG, Deutschlands führender Spielhallenkonzern, den Parteien CDU/CSU, SPD, FDP und Grüne über Jahre hinweg mehr als eine Million Euro über verdeckte Parteispenden zufließen lassen.[10] Doch das war noch nicht genug: 2004 erwarb Gauselmann über einen Treuhänder für 450 000 Euro Anteile an der Veranstaltungsagentur Pro-Logo[11] und investierte 2007 1,3 Millionen Euro in eine Beteiligung an der Druckerei Altmann-Druck GmbH. Warum investiert ein Spielhallenbetreiber in eine Veranstaltungsagentur und eine Druckerei – und dies zu einem Preis, der laut Regine Buchheim, Professorin für Rechnungswesen von der Hochschule für Wirtschaft und Technik Berlin, »betriebswirtschaftlich schwer nachvollziehbar« ist?[12] Nun, inzwischen sind die Unternehmen zwischen FDP und Gauselmann wieder entflechtet. War es nur ein Zufall, dass sich die FDP in den Folgejahren auch in puncto Glücksspielsucht äußerst liberal zeigte?

Paul Gauselmann befindet sich in guter Gesellschaft. Viele Superreiche haben ein Herz für politische Parteien und ganz besonders für solche, die Gesetze verabschieden, die nicht den Interessen des Volkes, sondern den Interessen der Superreichen dienen. So überwiesen beispielweise die BMW-Milliardäre Johanna Quandt, Stefan Quandt und Suanne Klatten direkt nach der letzten Bundestagswahl etwa 690 000 Euro an die CDU. Wie ein kleines Dankeschön wirkte es, als sich die Kanzlerin wenige Tage später in Brüssel für die Verschiebung der CO_2-Grenzwerte bei Autos stark machte – für die Automobilindustrie ein Milliardengeschenk.

Die Medienbarone

Neben den Discount-Märkten gibt es wohl keine weitere Branche, in der die Unternehmen der Top-500-Liste des *Manager Magazins* eine derartige Marktmacht haben wie in der Medienbranche. Ein Blick auf die auflagenstärksten Tageszeitungen macht dies deutlich.

Zeitung (Auflage)	Verlag	Besitzer	Vermögen (Mio. Euro)	Top 500
Bild (2 650 000)	Springer AG	Friede Springer (51,35%)	3 400	25
Süddeutsche Zeitung (403 000)	SWMH	Dieter Schaub (44%)	1 100	109
		Eberhardt Ebner u.a.	300	263
	Familie Friedmann (18,75%)		250	401
WAZ (373 000)	Funke-Medien-gruppe	Familie Grotekamp (66%)	1 100	106
		Renate Schubries	250	406
		Stephan Holthoffer-Pförtner	250	493
FAZ (335 000)	Verlagsgruppe FAZ	Fazit-Stiftung		
Rheinische Post (326 000)	RP Mediengruppe	Familien Arnold, Betz, Wenderoth und Droste		

Südwest-Presse (290 000)	Neue Pressegesellschaft	Dieter Schaub (via SWMH)	1 100	109
Freie Presse (258 000)	Medien Union	Dieter Schaub	1 100	109
Sächsische Zeitung (241 000)	Gruner + Jahr (60%)	Bertelsmann (Familie Mohn) (74,9%)	1 550[13]	72
		Familie Jahr (25,1%)	2 550	43
	ddvg (40%)	SPD		
Neue Westfälische (233 000)	ddvg (57,5%)	SPD		
Rheinpfalz (231 000)	Medien Union	Dieter Schaub	1 100	109
Kölner Stadtanzeiger (222 000)	Verlagsgruppe M. DuMont Schauberg	Alfred Neven DuMont	350	313
		Christian DuMont Schütte	350	313
Augsburger Allgemeine (220 000)	Mediengruppe Pressedruck	Familie Holland	350	341
HNA (211 000)	Ippen-Gruppe (90%)	Dirk Ippen	650	177

Tageszeitungen mit einer Auflage ab 200 000 Exemplaren (Quelle: IVW)

Bis auf die *FAZ*, deren Gründer weitsichtig waren und ihre Anteile in eine gemeinnützige Stiftung überführt haben, und die *Neue Westfälische*, die von einem hundertprozentigen Tochterunternehmen der SPD kontrolliert wird, befinden sich sämtliche große Tageszeitungen im Besitz von Familien mit mindestens einem dreistelligen Millionenvermögen. Zu erwähnen wären auch noch die Publikationen aus dem Hause von Holtzbrinck (*Handelsblatt, Zeit, Tagesspiegel*), die von der gleichnamigen Familie (Vermögen 1 350 Millionen Euro) herausgegeben werden, aber mangels auflagenstarker Tageszeitung in der Tabelle nicht auftauchen.

Die Medienbarone besitzen nicht nur die genannten Zeitungen, sondern kontrollieren den Zeitungsmarkt nahezu komplett. Die Funke-Gruppe, die sich im Besitz der Familien Grotekamp, Schubries und Holthoffer-Pförtner befindet, gibt beispielsweise dreißig Tages- und Wochenzeitung und etwa hundert Anzeigenblätter heraus. Und was für den Zeitungsmarkt gilt, gilt analog auch für den Markt für Zeitschriften und den privaten Rundfunk.

Die Bertelsmann AG ist der größte europäische Medienkonzern: Über die RTL Group kontrollieren die Gütersloher die deutschen Privatsender RTL, RTL II, Vox, Super-RTL und n-tv, über Gruner + Jahr ist Bertelsmann mit Publikationen wie dem *Stern* oder *Capital* im Printbereich aktiv. Auch am Spiegel-Verlag ist Bertelsmann via Gruner + Jahr mit einer Sperrminorität von 25,5 Prozent beteiligt. Bertelsmann befindet sich im Besitz der Familie Mohn, die jedoch nur 23,1 Prozent des Konzerns direkt besitzt, 76,9 Prozent der Anteile sind in der Bertelsmann Stiftung gebündelt. Für die Familie Mohn ist dies ein Glücksfall, da die Gewinne, die an die Stiftung ausgezahlt werden, steuerlich begünstigt sind und außerdem keine Körperschaftssteuern und im Falle des Generationswechsel auch keine Erbschaftssteuern anfallen. Kontrolliert wird die Bertelsmann-Stiftung von Liz Mohn, die dank des Stiftungskonstrukts mit einem geschätzten Privatvermögen von 1,5 Milliarden Euro im Konzert der Milliardäre ärmer dasteht, als sie eigentlich ist. Würde man das Stiftungsvermögen auf die Familie Mohn anrechnen, wäre sie mit einem Familienvermögen von 13,8 Milliarden Euro hinter den Albrechts und den Quandts die drittreichste Familie Deutschlands.

Auch Friede Springer mit einem Vermögen von 3,4 Milliarden Euro gehört zur Gruppe der einflussreichen Verlagserbinnen. Der Springer Verlag bestimmt mit *Bild*, *Welt* und *B. Z.* vor allem den Boulevard und ist mit diversen Beteiligungen an privaten Radiostationen auch im Äther präsent. Weder Liz Mohn noch Friede Springer machen einen Hehl daraus, wo ihr politisches Herz schlägt. Zusammen mit Angela Merkel bilden sie das »Triumfeminat«[14] der deutschen Politik. Waren es früher die »Old-Boys-Networks« der Industriekapitäne, die die Spitzen der Politik bei »Wein, Weib und Gesang« beackerten, sind es heute drei ältere Damen, die beim Kaffeekränzchen zwischen Linzer Torte und einem Gläschen Eierlikör die neoliberale Umgestaltung der Gesellschaft planen.

Auch abseits der Qualitätszeitungen herrscht auf dem deutschen Medienmarkt eine monopolartige Konzentration der Medien, die von Familien herausgegeben werden, die zu den reichsten der Republik zählen. Dazu gehören beispielsweise die Familie Burda (3,4 Milliarden Euro), die neben der *Bunten* und dem *Focus* unzählige Special-Interest-Zeitschriften (zum Beispiel *Fit for Fun, Lisa, Freizeit Revue*) herausgeben und an zahlreichen TV- und Radiosendern beteiligt sind. In dieser Sparte ist auch die Bauer Media Group aktiv, die von der Familie Bauer (2600 Millionen Euro) kontrolliert wird und Zeitschriften wie *Auf einen Blick, Bravo, Tina* und *TV Movie* verlegt. Diese Zeitschriften sind auf den ersten Blick unpolitisch, doch gerade das Unpolitische ist bekannterweise im höchsten Grad politisch. Wäre beispielsweise ein politisches Magazin derart plump systemerhaltend, wie es die sogenannten »Frauenzeitschriften« mit ihrer Heile-Welt-Romantik und ihren herzzerreißenden Adels-Schmonzetten sind, würde es wahrscheinlich reihenweise Leserproteste geben.

Haben Sie sich eigentlich schon einmal gewundert, warum man in den Zeitungen und Zeitschriften samt ihrer Online-Ableger so gut wie nie etwas über die ungleiche Vermögensverteilung liest? Vermissen Sie in diesen Medien etwa auch eine Debatte über die Einführung einer Vermögenssteuer? Finden Sie es nicht merkwürdig, warum in den Medien immer wieder Steuersenkungen, Privatisierungen und Reformen gefordert werden, bei denen die Mittelschicht die Zeche zahlen soll, während die Vermögenden sich aus ihrer Verpflichtung stehlen? Beim Blick auf die Besitzstrukturen der Medienkonzerne beantwortet sich diese Frage beinahe von selbst.

Die Finanzmogule

Der bestbezahlte Hedgefonds-Manager der Vereinigten Staaten verdiente im Jahr 2006 so viel wie sämtliche Lehrer des Bundesstaates New York in drei Jahren zusammen.[15] Derartige Exzesse sind in Deutschland zum Glück (noch) nicht bekannt. Hierzulande stieß bereits der 80-Millionen-Bonus,[16] den die Deutsche Bank an ihren Star-Investmentbanker Christian Bittar zahlte, auf Kritik. Dass dieser den Libor-Satz manipuliert hatte, war natürlich eine andere Sache ... Mit Alexander Dibelius (Goldman Sachs, geschätztes Vermögen 200 Millionen Euro) und Paul Achtleitner (Goldman Sachs und später Allianz, geschätztes Vermögen 200 Millionen Euro) hat Deutschland jedenfalls nur zwei Investmentbanker in den Reihen seiner Superreichen aufzuweisen, und die rangieren auch noch am untersten Ende der Top-500-Liste. Alle anderen Banker in den Reihen der Superreichen stammen aus altangesehenen Privatbankdynastien.

Wenn es um die großen Renditen im Finanzkasino geht, ist Deutschland Entwicklungsland. Statt nach Wall Street duften die deutschen Finanzmogule eher nach einem verrauchten Kellerbüro in Wanne-Eickel. Der wohlhabendste deutsche Finanzprofi ist Reinfried Pohl, der immerhin mit einem Vermögen von 2,85 Milliarden Euro an Position 33 der Vermögenshitparade rangiert. Pohls große Leistung war es, 1975 den Strukturvertrieb für Finanzprodukte in Deutschland eingeführt zu haben. Das Geschäftsmodell ist denkbar einfach und erinnert frappierend an ein klassisches Pyramidenspiel: Man heuert ein ganzes Heer von »unabhängigen Vermögensberatern« an, die mit Finanzprodukten unterschiedlicher Anbieter auf die Menschheit losgelassen werden, zunächst die Klinken von Freunden und Verwandten putzen oder selbst weitere Berater rekrutieren. Der einzige Gewinner sitzt wie bei allen Pyramidenspielen ganz oben. Beim Strukturvertrieb Deutsche Vermögensberatung AG (DVAG)[17] ist das Reinfried Pohl, ebenfalls ein Mann mit besten politischen Verbindungen.[18]

Es wäre wohl unfair, Carsten Maschmeyer (1 Milliarde Euro) als Trittbrettfahrer Pohls zu bezeichnen. Es ist zwar richtig, dass Maschmeyer zu Beginn seiner Karriere Pohls Strukturvertrieb mit dem von ihm 1987 gegründeten AWD kopierte. Doch Maschmeyer setzte schon bald zum großen Überholmanöver an: Durch geschickte politische Landschaftspflege wurde der König der Drückerkolonnen schon bald zum Intimus vom damaligen niedersächsischen Ministerpräsidenten Gerhard Schröder, für den er anonym die 650 000 D-

Mark teure Werbekampagne »Der nächste Kanzler muss ein Niedersachse sein« schaltete. Ganz selbstlos war diese Spende freilich nicht: Zum einen hatte Maschmeyer höllisch Angst, dass der nächste Kanzler ein Saarländer sein könnte – Oskar Lafontaine galt schon damals in Finanzvertrieblerkreisen als Spielverderber –, zum anderen machte er sich durchaus Hoffnungen, dass ein Kanzler Schröder für ihn auch geschäftlich ein Hauptgewinn sein könnte. Maschmeyer sollte Recht behalten.

Die unter Gerhard Schröder eingeführte Riester-Rente wurde für Finanzvertriebler Maschmeyer schon wenige Jahre später zu einer echten Cash-Cow. Dafür zeigte er sich dankbar: So ist der Wirtschaftsweise Bert Rürup, der sich als treibende Kraft für die zunehmende Privatisierung der Sozialsysteme einen Namen machte, heute Maschmeyers Kompagnon in der MaschmeyerRürup AG, bei der auch Walter Riester als Experte angestellt ist.[19] Legt man die üblichen Honorarsätze für Vorträge zugrunde, müsste Riester auf seinen Vortragsreisen von verschiedenen Versicherungs- und Finanzunternehmen, darunter auch Maschmeyers ehemaliger Konzern AWD, insgesamt über 284 000 Euro an Honoraren kassiert haben.

Die Rüstungsmagnaten, Wurstkönige und Hühnerbarone

Der erste deutsche Panzer hatte keine besonders ruhmreiche Geschichte. Im März 1917 in Auftrag gegeben, konnte bis Ende des Ersten Weltkriegs kein einziger K-Wagen (Kolossal-Wagen) aufs Feld der Ehre ausrücken. Als der 150-Tonnen-Koloss 1919 für die erste Probefahrt bereitstand, ließen ihn die Siegermächte kurzerhand verschrotten. Gebaut wurde der K-Wagen von der Waggonfabrik Wegmann & Co., die 1912 von dem Ingenieur August Bode und dem Kaufmann Conrad Köhler übernommen wurde. Als 20 Jahre nach dem Schrottpressentod des K-Wagens nun doch deutsche Panzer Europa niederwalzen durften, liefen in Kassel die Bänder bei der Firma Wegmann im Hochbetrieb. Nach dem Krieg sollten die Bodes im Entnazifizierungsverfahren eigentlich als »Belastete« eingestuft werden und damit 30 Prozent ihres Vermögens abtreten müssen. Doch die Kasseler Justiz hatte ein Herz für die Rüstungsmagnaten und stufte sie nur als »Mitläufer« ein, die sich mit einer »einmaligen Geldsühne« von 300 beziehungsweise 1 000 Mark freikaufen konnten.[20]

Als die junge Bundesrepublik sich für die Wiederbewaffnung entschied, waren die Bodes bereits zur Stelle. Ihre Panzer hießen nun Leopard und wurden zu Exportschlagern. Die Firma, die heute Kraus-Maffei Wegmann heißt, wird immer noch vom Bode-Clan geführt, deren Vorsitzender Manfred Bode neben einer Waldorf-Schulausbildung über ein Vermögen von 550 Millionen Euro verfügt. Die übrigen Anteile an der Panzerschmiede werden von den Familien Sethe und von Braunbehrens gehalten. Burkhart von Braunbehrens, im Hauptberuf Künstler, sorgte 2012 für einen kleinen Skandal, als er sich öffentlich gegen den Export von Leopard-Panzern nach Saudi-Arabien aussprach – daraufhin wurde er still und leise aus allen Gremien des Kraus-Maffei-Wegmann-Konzerns entfernt. Heute will Burkhart von Braunbehrens seine Anteile an der Panzerschmiede verkaufen. Dies ist ihm jedoch vertraglich untersagt, wogegen er gerichtlich vorgeht.[21]

Auch die Familie Diehl (2,1 Milliarden Euro Vermögen) verdient mit, wenn deutsche Waffen an irgendeinem Winkel der Welt töten. Über ihre steuerbegünstigte Familienstiftung kontrollieren die Diehls ein kleines Rüstungsimperium, das Luft-Luft-Raketen, Lenkflugkörper, Artillerieraketen, Präzisionsbomben, Panzerfäuste und jede Menge anderer Produkte im Sortiment hat, die zum Töten und Getötetwerden benötigt werden. Es ist eine Binsenweisheit, dass sich auch mit dem Tod viel Geld verdienen lässt – vor allem dann, wenn man die Mordwerkzeuge verkauft.

Mit dem Tod verdient auch die Familie Tönnies (1,2 Milliarden Euro) ihr Geld – jedoch nicht auf ganz so martialische Art und Weise wie die Rüstungsmagnaten. Die Tönnies gehören zu den westfälischen Wurstkönigen. In den Schlachthöfen der Familie Tönnies werden jedes Jahr 16 Millionen Schweine geschlachtet – und vor allem billig. Nach Angaben der Gewerkschaft Nahrung-Genuss-Gaststätten (NGG) sind nur 7 Prozent der Tönnies-Mitarbeiter im eigenen Unternehmen beschäftigt, während 60 Prozent der Mitarbeiter aus Osteuropa stammen. Dies sind vor allem Rumänen und Bulgaren, die über Werksverträge auf Stundenlöhne von 3 bis 5 Euro kommen und in Kasernen zusammengepfercht ohne soziale Absicherung in Deutschland vor sich hinvegetieren.[22]

Die PHW-Gruppe Lohmann & Co. AG kommt auf 4,5 Millionen geschlachtete Hähnchen pro Woche. Besser bekannt ist das Unternehmen unter den Markennamen Wiesenhof und Bruzzler. In der PHW-Gruppe ist alles perfekt organisiert: So fährt die Lkw-Flotte des Unternehmens mit einem Biokraftstoff, der aus dem Fett und den Produktionsabfällen der geschlachteten Hühner besteht – Renditeorientierung in der Praxis. Mit den Verbraucher- und Tierschützern steht PHW traditionell auf Kriegsfuß, was kein Wunder ist, zumal Wiesenhof in steter Regelmäßigkeit wegen Tierschutzverletzungen und Verletzungen der Hygienevorschriften kritisiert wird. Aber auch mit den eigenen Mitarbeitern gehen die niedersächsischen Hühnerbarone nicht eben großzügig um: Polnische Gastarbeiter wurden von Wiesenhof nach Recherchen der ARD mit 3,50 Euro pro Stunde abgespeist.[23] Erst 2013 deckte eine lokale Zeitung die skandalösen Arbeitsbedingungen in einem PHW-Betrieb in Wildeshausen auf: Die dort beschäftigten Rumänen, Bulgaren und Vietnamesen wurden in Massenunterkünften untergebracht und kamen bei einem Akkordlohn von 23 Cent pro zerlegter Pute auf einen Stundenlohn von 6 bis 8 Euro brutto – und mussten sich davon auch noch ihr teures Arbeitsgerät selbst kaufen.[24] Mit einem derartigen Umgang mit Mitarbeitern könnten schonmal schnell 500 Millionen Euro Vermögen zusammenkommen.

Die Heiler

Asklepios, so lautet der Name des griechischen Gottes der Heilkunst. Er wurde vom Göttervater Zeus mit einem Blitz erschlagen, da dieser befürchtete, dass dank Asklepios' Heilkunst kein Mensch mehr sterben müsse. Asklepios ist aber auch der Name eines großen deutschen Klinikbetreibers, doch der macht weniger durch seine Heilkunst von sich reden. Das Geschäftsmodell des Klinikbetreibers ist es vielmehr, öffentliche Krankenhäuser zu Dumpingpreisen zu übernehmen und durch Sparmaßnahmen auf dem Rücken von Personal und Patienten rentabel zu machen. Hätte es der Asklepios-Gründer Bernd große Broermann (Vermögen 2,4 Milliarden Euro) also mit der griechischen Mythologie ernst genommen, hätte er dem Konzern den Namen Hermes geben müssen, des Gottes der Händler, der sich in einer Nebentätigkeit auch um die Diebe kümmert.

Broermann ist wohl das, was die Amerikaner ein »Wunderkind« nennen. Nach dem Abitur studierte der Sohn einer Bauernfamilie aus dem Oldenburger Münsterland zunächst Medizin und Chemie, da er »Medikamente entwickeln wollte, die die Ursachen und nicht nur die Symptome von Krankheiten bekämpfen«, wie er es Jahre später in einem Interview formulierte.[25] Doch schon nach dem Vordiplom beziehungsweise Physikum sattelte der junge Student auf Jura und Betriebswirtschaft um. Er machte sein Diplom in BWL und erwarb in Jura sogar einen Doktortitel – was dem Wunderkind noch nicht genug war: Er ging nach Paris machte dort den MBA an der Elite-Managementschule INSEAD und setzte ein Jahr später einen weiteren MBA-Abschluss an der US-Eliteuniversität Harvard drauf. Da ihn die Universitäten offenbar nicht voll auslasten konnten, baute er neben seinem Studium ein Vertriebsnetzwerk für Finanzprodukte auf, das er bei seinem Umzug in die USA gewinnbringend verkaufte.

Als frisch gebackener Doppel-MBA ging Broermann als Wirtschaftsprüfer zu Ernst & Young. Bald bekam er, nun in der Beraterbranche selbstständig, von einem Mandanten den Auftrag, in den USA eine Klinikkette aufzubauen. Und da Broermann offenbar ein Händchen dafür hatte, Krankenhäuser auf Rendite zu trimmen, gab ihm die Bank of America eine hundertprozentige Fremdfinanzierung zum Aufbau einer eigenen Klinikkette in den USA. 1984 kehrte Broermann nach Deutschland zurück und gründete den Asklepios-Konzern, der heute 150 Kliniken betreibt mit etwa 25 600 Betten und 45 000 Mitarbeitern. Und all dies gehört Bernard große Broermann. Wie hoch Broermanns heutiges Nettovermögen ist, lässt sich nicht mit Bestimmtheit sagen. Greifbare Geschäftszahlen des Asklepios-Konzerns verlieren sich in einem feingliedrigen Netz aus kleinen, nicht publizitätspflichtigen Gesellschaften.

Das Geschäftsmodell von Asklepios ist denkbar einfach: Da viele Kommunen durch die Steuergesetzgebung des Bundes mittlerweile finanziell ausgeblutet sind, versuchen sie durch den Verkauf ihres Tafelsilbers ihr Budget ein wenig zu sanieren. Kommunale Krankenhäuser standen zumindest in der jüngeren Vergangenheit ganz oben auf den kommunalen Verkaufslisten. Doch bevor es zu einer Privatisierung kommt, schlägt erst einmal die Stunde der Berater: Professionelle, international bekannte und tätige Beraterfirmen testieren den Kommunen, dass ihr Tafelsilber in Wirklichkeit eine tickende Kostenbombe ist, die schnellstmöglich verkauft werden sollte. Wie es der Zufall will, tauchen dann am Horizont bereits die weißen Ritter in Gestalt von Asklepios, Helios oder Rhön-Kliniken auf und helfen den Gemeinden aus der Patsche – meist zu einem Preis, der weit unter den Vorstellungen der Kommunen liegt.

Private Krankenhäuser sind zweifelsohne renditestärker als kommunale oder kirchliche Häuser. Aber woran liegt das? Pro Pflegedienst-Vollkraft zahlen die privaten Träger ganze 10 Prozent weniger, der Personalschlüssel ist bei den Privaten geringer, und die Mitarbeiter profitieren nicht von der vorbildlichen, aber teuren betrieblichen Altersvorsorge kommunaler Träger. Dafür haben die privaten Klinikbetreiber höhere Zinskosten, die sich nicht zuletzt aus dem teilweise horrenden Fremdkapitalanteil ergeben. Krankenhauskonzerne wachsen nicht aus der eigenen Substanz heraus, sondern auf Pump – und die Zinsen wollen bedient werden.

Was die kommunalen Häuser an ihre Mitarbeiter auszahlen, zahlen die Privaten den kreditgebenden Banken und den Aktionären. Daher ist es auch nicht möglich, im Einzelfall zu entscheiden, ob ein kommunales oder ein privates Krankenhaus betriebswirtschaftlich besser arbeitet, zumal die privaten Klinikketten die Kostenfaktoren weitestgehend nach eigenem Gutdünken in ihrem Unternehmensnetzwerk verschieben können. So kommt es dann, dass die meisten Häuser für die Öffentlichkeit und die eigenen Mitarbeiter als defizitär dargestellt werden, die Gesamtbilanz aber stets erstaunlich positiv ausfällt. So rühmt sich Asklepios in Investorenprospekten seiner »im Vergleich zur Gesamtwirtschaft überdurchschnittlichen operativen Ertragskraft«, während den Mitarbeitern das Märchen von den ständigen Verlusten aufgetischt wird, mit denen weitere harte Sparmaßnahmen begründet werden. Anhand der verfügbaren Geschäftszahlen kann man jedoch davon ausgehen, dass die großen Klinikketten eine Eigenkapitalrendite von rund 15 Prozent und eine Umsatzrendite in gleicher Höhe erwirtschaften.

Diese Rendite wird – da kann es keinen Zweifel geben – auf dem Rücken der Mitarbeiter und auf dem Rücken der Patienten erwirtschaftet. Seit dem Beginn der großen Privatisierungswelle im Jahre 1995 wurden alleine in der Krankenpflege rund 50 000 Vollzeitstellen abgebaut. Heute versorgt eine Pflegekraft rund 25 Prozent mehr Fälle als vor 15 Jahren. Alleine die jeden Monat geleisteten Überstunden entsprechen 15 000 Vollzeitstellen.

Gespart wird vor allem bei den Gehältern im Pflegebereich: 20 Prozent aller vollzeitbeschäftigten Krankenpfleger beziehen ein Bruttoeinkommen von unter 1 500 Euro und weitere 20 Prozent zwischen 1 500 und 2 000 Euro. Nur 13 Prozent beziehen mehr als 3 000 Euro brutto pro Monat. Sogar die Unternehmensberatung McKinsey, die ansonsten unverdächtig ist, Arbeitnehmerinteressen zu zu vertreten, brandmarkt diese offensichtliche Diskrepanz:

>»Wenngleich die Beschäftigten in deutschen Krankenhäusern sehr viel leisten, verdienen sie keinesfalls mehr als ihre Kollegen im Ausland. Im Gegenteil: Die höchste Produktivität geht einher mit dem niedrigsten Gehaltsniveau.«[26]

Auch Bernard große Broermann wäre vermutlich nie so schnell zu seinem sagenhaften Vermögen gekommen, wenn er seine Mitarbeiter anständig bezahlt hätte und ihnen gute Arbeitsbedingungen gewährleisten würde. Den Vorwurf der Bereicherung auf Kosten seiner Mitarbeiter weist Broermann jedenfalls kategorisch von sich: Er habe noch nie auch nur einen einzigen Cent aus dem Unternehmen entnommen. Das ist schwer nachzuprüfen und eigentlich auch eher eine Nebelkerze, denn die Geschäftsstrategie von Asklepios heißt Wachstum. Und ob Asklepios nun Herrn Broermann eine Dividende auszahlt oder die Renditen in den Kauf neuer Kliniken investiert, die das Vermögen der Broermanns weiter wachsen lassen, ist ziemlich irrelevant.

Die gesellschaftliche Bilanz von Broermanns unternehmerischen Tätigkeiten fällt indessen verheerend aus: Die Mitarbeiter der übernommenen Kliniken sind die Verlierer, die nicht nur schlechter bezahlt werden, sondern auch unter dem Stress und der Überbelastung physisch wie psychisch leiden. Die Patienten sind ebenfalls die Verlierer, da sie von Pflegekräften und Ärzten, die chronisch überarbeitet sind, nicht bestmöglich versorgt werden können. Die Kommunen sind ebenfalls die Verlierer, da sie sich ihr Tafelsilber unter Wert haben abnehmen lassen. Die einzigen Gewinner dieses Spiels sind Bernd große Broermann, der mittlerweile Milliardär ist und sich zwei Luxushotels im noblen Taunus angeschafft hat, und seine Geldgeber. Was hätte nur aus einem Mann wie Bernd große Broermann werden können, wenn er sein Talent nicht an die BWL und die Vermehrung des eigenen Vermögens verschwendet hätte?

Uns gehört Deutschland

Ich gebe zu, dass die Auswahl der vorgestellten Superreichen nicht unbedingt repräsentativ ist und dass es sicher einige emsige Familienunternehmer aus dem Kreis der Wohlhabendsten gibt, die ihre Mitarbeiter anständig behandeln, nichts mit dem Dritten Reich zu tun hatten, sich nicht ihre eigenen Politiker und Parteien kaufen, Gesetze stets befolgen und gesellschaftliche Verantwortung übernehmen. Die geschilderten Beispiele sollten jedoch ausreichen, um zu verdeutlichen, wie große Vermögen entstehen und warum sie in der Regel gesellschaftlich mehr Nachteile als Vorteile bringen.

Wenn alle Beteiligten zu den Gewinnern gehörten, wäre überhaupt nichts dagegen einzuwenden, dass eine Gesellschaft sich einige Superreiche leistet. Wenn diese Kaste ihr Vermögen jedoch direkt oder indirekt durch eine Umverteilung von unten nach oben erlangt, ist Kritik notwendig. So lange Reichtum und Armut Hand in Hand gehen und mehr Reichtum spiegelbildlich mehr Armut produziert, muss sich eine Gesellschaft die Frage stellen, ob sie sich diesen Reichtum überhaupt leisten kann und leisten will.

12 Sozialismus für Reiche: warum die Vermögensschere sich weiter öffnet

In einer freien Marktwirtschaft scheint es in konjunkturell guten Zeiten wohl unvermeidlich, dass sich die Vermögenschere weiter öffnet. Ein Naturgesetz ist das jedoch nicht, immerhin gab es in der jüngeren Geschichte auch eine längere Phase, in der sich die Vermögensschere trotz freier Märkte nicht weiter öffnete. Diese Periode reichte vom Ende des Zweiten Weltkriegs bis zum Zusammenbruch des Kommunismus. Es ist kein Zufall, dass der Kapitalismus genau zu dem Zeitpunkt seine Ketten abwarf, als das konkurrierende System an seinen eigenen Widersprüchen zugrunde ging. Heute müssen wir ansehen, wie der Finanzkapitalismus sich in einer derart ungezügelten Form zeigt, dass auch er an seinen Widersprüchen zugrunde zu gehen droht.

Der amerikanische Wirtschaftsnobelpreisträger Paul Krugman hat das vergangene Jahrhundert in seinem Buch *Nach Bush*[1] in vier Perioden eingeteilt:

- *Das goldene Zeitalter bis 1937:* In den USA herrschten große Einkommens- und Vermögensunterschiede, und die Politik hatte kein Interesse, dieses Ungleichgewicht zu vermindern.
- *Die große Kompression von 1937 bis 1945:* Die Einkommens- und Vermögensschere wurde durch eine rigide Besteuerung von Vermögen und Einkommen und eine soziale Wirtschaftspolitik (New Deal) geschlossen.
- *Das Mittelschicht-Amerika von 1945 bis Ende der 1970er Jahre:* Es gab weder extremen Reichtum noch extreme Armut, und eine progressive Steuerpolitik hielt die Einkommens- und Vermögensschere geschlossen.

- *Das große Auseinandergehen ab dem Ende der 1970er Jahre:* Die Spitzensteuersätze wurden massiv gesenkt, und die Einkommens- und Vermögensschere öffnete sich wieder weit. Das führte dazu, dass es heute wieder mehr Reiche und Arme gibt.

Direkte Vergleiche zwischen Deutschland und den USA sind schon allein aufgrund der unterschiedlichen Wirtschaftssysteme vor und während des Zweiten Weltkriegs nicht statthaft. Man kann jedoch deutliche Parallelen für die Nachkriegszeit ziehen.

Wussten Sie schon?

- 1952 gab es in Deutschland mit dem Lastenausgleichsgesetz eine Vermögensabgabe, bei der die Superreichen bis zu 50 Prozent ihres Vermögens abgeben mussten.
- Das Gesetz zur Vermögenssteuer ist immer noch in Kraft. Die Bundesregierung verzichtet jedoch freiwillig darauf, dieses Gesetz auch anzuwenden.

Als die Vermögenden zur Kasse gebeten wurden

Direkt nach dem Zweiten Weltkrieg gab es in Deutschland eine kurze Periode, in der die Gesellschaft gewillt war, die Vermögensschere zu schließen. Zunächst wurden bei der Währungsreform von 1948 große Geldvermögen zu einem Teil entwertet. Während Löhne, Renten, Pensionen und Mieten mit einem Kurs von einer Reichsmark zu einer D-Mark umgestellt wurden, wurden Schuldverschreibungen und Forderungen zehn zu eins umgestellt und Bargeld und Sparguthaben zum Kurs 100 zu 6,5 umgetauscht.

Der Mythos, jeder Bundesbürger hätte mit 40 D-Mark angefangen, ist ein (schönes) Märchen. Denn selbst 10 Prozent der größeren Forderungen stellten immer noch ein ansehnliches Geldvermögen dar, und vor allem waren die Sachvermögen immer noch ungleich verteilt. Schließlich hatte einiges an Immobilien- und Betriebsvermögen den Krieg überstanden, und auch der Landbesitz in den westlichen Besatzungszonen wurde durch den Krieg überhaupt nicht verändert. Wahrscheinlich hätte sich an der Vermögensverteilung für Sachgüter nichts weiter verändert, wäre die junge Bundesrepublik nicht durch die stete Zuwanderung der Vertriebenen aus den ehemaligen Ostgebieten und die Zuwanderung aus der jungen DDR an ihre wirtschaftliche Leistungsgrenze geraten. Jedem Vertriebenen standen schließlich Entschädigungszahlungen zu – und die mussten finanziert werden.

Daher verabschiedete Bonn im Jahre 1952 das Lastenausgleichsgesetz. Diejenigen, die auch nach Krieg und Währungsreform noch über ein erhebliches Vermögen verfügten, wurden mit einer einmaligen Vermögensabgabe zur Kasse gebeten. Dies betraf vor allem das Immobilienvermögen, aber auch Landbesitz und Betriebsvermögen wurden mit dem geschätzten Wert zum Stichtag 21. Juni 1948, also einen Tag nach der Währungsreform, mit einbezogen. Die Höhe der Vermögensabgabe betrug 50 Prozent des anrechenbaren Gesamtvermögens. Dabei galt ein Grundfreibetrag von bis zu 5 000 D-Mark, soweit das Gesamtvermögen die Summe von 25 000 D-Mark nicht überstieg.

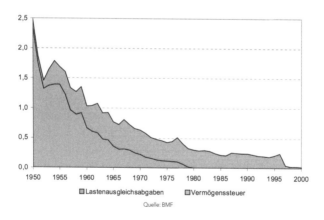

Aufkommen der Lastenausgleichsabgaben und der Vermögenssteuer[2]

Die Schuldsumme aus der Vermögensabgabe musste in 120 vierteljährlichen Raten auf maximal 30 Jahre gestreckt abgezahlt werden. So betrug die maximale Belastung nur 1,67 Prozent pro Jahr und konnte ohne große Probleme aus dem Cashflow mit laufenden Einnahmen getilgt werden, ohne dass die Vermögenssubstanz angegriffen wurde. Anders wäre eine solche Vermögensabgabe auch kaum durchführbar gewesen, da Sachvermögen kaum ad hoc in Geld umgewandelt werden kann. Das Ziel einer echten und sozial gerechten Vermögensumverteilung erfüllte das Lastenausgleichsgesetz von 1952 jedoch voll und ganz, da der Ausgleichsfonds als Sondervermögen ausgelegt wurde.

Man kann sich das im Grunde wie eine Zwangsanleihe vorstellen. Der Fonds zahlte die Leistungen (Entschädigungen für Kriegsverluste) sofort aus und war damit zunächst hoch verschuldet. Diese Schulden entsprachen den Forderungen an die Vermögenden und wurden von diesen via Vermögensabgabe über einen längeren Zeitraum ausgeglichen. Am Ende löste sich der Fonds auf. Aus bilanzieller Sicht mussten die Vermögenden zum Zeitpunkt der Vermögensabgabe Verbindlichkeiten in Höhe dieser Abgabe in ihre Bilanz eintragen. Ihr Bruttovermögen blieb also gleich, während sich ihr Nettovermögen halbierte. Während der Tilgungsphase sanken die Verbindlichkeiten von Quartal zu Quartal, sodass sich das Bruttovermögen langsam dem Nettovermögen anglich. Da die Tilgung aus den laufenden Einnahmen bezahlt wurde, stieg das Gesamtvermögen deutlich langsamer.

Selbst Kritiker müssen zugeben, dass das Lastenausgleichsgesetz gut durchdacht war. Heute fragt man sich, wie eine Bundesregierung, zumal unter CDU-Führung, überhaupt derart »markt-nonkonform« handeln konnte. Um diese Frage zu beantworten, müssen wir uns in die Nachkriegszeit zurückversetzen.

Geburt der Sozialen Marktwirtschaft

Während der gesamten Nachkriegszeit gab es den politischen Willen, soziale Ungleichheiten auszugleichen. Die Gründe dafür sind allseits in Vergessenheit geraten. Wer weiß heute noch, dass es im November 1948 einen Generalstreik gegen die Wirtschaftspolitik in der britischen und amerikanischen Besatzungszone gab, bei dem 9 Millionen Menschen auf die Straße gingen? Wer weiß heute noch, dass in Hessen 1946 die Verstaatlichung von Schlüsselindustrien, Großbanken und Versicherungen per Volksentscheid beschlossen wurde? Und wer erinnert sich eigentlich noch an das Ahlener Programm der CDU, in dem 1947 ein christlicher Sozialismus anstelle einer kapitalistischen Wirtschaftsordnung gefordert wurde?

Ein Beispiel ist der hessische Verfassungskompromiss aus dem Jahre 1946:[3] Die verfassungsgebende Landesversammlung, in die Vertreter aller Parteien und parteilose Fachleute berufen wurden, sah in Artikel 41 die Verstaatlichung von Großunternehmen in den Bereichen Bergbau, Metall, Energie, Verkehr, Banken und Versicherungen vor. Darüber hinaus wurde dem Recht auf Arbeit, dem Achtstundentag und einem umfassenden Streikrecht Verfassungsrang zugebilligt. Dies klang für die marktliberale amerikanische Besatzungsmacht nach Sozialismus, und sie setzte deshalb durch, dass über den umstrittenen Artikel 41, gesondert vom Rest der Verfassung, in einem Volksentscheid abgestimmt werden sollte. Während die Landesverfassung eine Zustimmung von 76 Prozent verbuchen konnte, wurde auch der Artikel 41 mit 72 Prozent Zustimmung vom Volke angenommen. Doch gänzlich undemokratisch scherte sich der amerikanische Militärgouverneur Lucius D. Clay nicht um vox populi, setzte den Artikel außer Kraft und verhinderte in der Folge alle Versuche der Hessen, ihn umzusetzen.[4]

Auch bei der »Ruhrfrage« setzten sich letzten Endes die Amerikaner durch. Nach dem Krieg stellte die Montanindustrie Nordrhein-Westfalens nach der Abtrennung Schlesiens und des Saarlandes das industrielle Herz Deutschlands dar. Die Kohle- und Stahlbarone des Ruhrgebiets waren aufgrund ihrer Unterstützung von Hitlers Rüstungspolitik nicht nur dem deutschen Volk suspekt, insbesondere die Briten wollten sie ursprünglich entmachten und die Montanindustrie Nordrhein-Westfalens verstaatlichen.[5] Doch auch hier waren es wieder die Amerikaner, denen diese Form von »Sozialismus light« zu weit ging. Sie wollten ein wirtschaftlich starkes und ideologisch gefestigtes Westdeutschland als Bollwerk gegen den sowjetischen Einfluss aufbauen und erachteten dabei die kleinste Spur von Sozialismus als hinderlich. So setzten sich die USA in der Ruhrfrage gegen die Briten durch und übernahmen als Kompensation einen Großteil der britischen Besatzungskosten.

Nun mussten die Amerikaner vor allem den Krieg in den Köpfen der deutschen Politiker gewinnen. Die SPD war in der Nachkriegszeit schwerlich für marktliberale Ideen zu begeistern. In ihrem im Mai 1946 in Hannover verabschiedeten Parteiprogramm forderte sie gar eine umfangreiche staatliche Planung bei Produktion und Investitionen. Interessanter für die USA war da schon die CDU. In der Nachkriegszeit herrschten bei den Christdemokraten heftige Flügelkämpfe: Der einflussreiche linke Flügel der CDU wollte keinen Kapitalismus, sondern eine Ausrichtung auf einen »Sozialismus mit christlicher Prägung«. Jakob Kaiser, der Wortführer des linken Flügels, wollte seine Ideen damals in einer Großen Koalition mit der SPD durchsetzen. Zum Ausdruck kamen diese Ideen im 1947 beschlossenen »Ahlener Programm« der nordrhein-westfälischen CDU, das sich gegen das »kapitalistische Gewinn- und Machtstreben« aussprach und eine Verstaatlichung der Schlüsselindustrien vorsah. Diesen »linken Umtrieben« setzte schließlich der von den Amerikanern unterstützte damals siebzigjährige Politveteran Konrad Adenauer ein Ende. Mit Hilfe wirtschaftsliberaler Vordenker wie Ludwig Erhard und mit der Unterstützung der Industriellen konnte Adenauer den Flügelkampf in der CDU für sich gewinnen. Fortan bestimmte die »Soziale Marktwirtschaft«, ein Konsensmodell zwischen reinem Marktliberalismus und ordnungspolitischen Elementen, die wirtschaftspolitische Agenda der CDU.

Ludwig Erhard und seine Mitstreiter machten die Soziale Marktwirtschaft nicht zu einem tatsächlich sozialen Wirtschaftssystem, weil dies ihrer Grundüberzeugung entsprach, sondern weil sie fürchteten, dass eine fortschreitende soziale Spaltung dazu führen würde, dass die Herzen und Köpfe der Menschen den Kapitalismus generell in Frage stellen würden. Alternativen zur Marktwirtschaft waren damals durchaus real, doch das ist heute weitgehend vergessen. Die Soziale Markwirtschaft setzte sich nicht nur durch, sie wurde sogar zu einem echten Erfolgsmodell, das im Laufe der Jahre die Klassen miteinander versöhnen sollte. Ohne eine Bedrohung von außen wäre dieser Bonner Gesellschaftsvertrag jedoch nie zustande gekommen. Alle Beteiligten wussten, dass ein marktliberales Wirtschaftssystem die Leidensfähigkeit der Deutschen damals überstrapaziert und in die Arme des Sozialismus, wenn nicht gar in die Arme Moskaus, getrieben hätte.

Ende der Sozialen Marktwirtschaft

Während des Kalten Krieges adaptierte die Bundesrepublik ein Wirtschaftssystem, das man wohl am ehesten als »Kapitalismus mit menschlichem Antlitz« bezeichnen könnte. Das funktionierte erstaunlich gut: Breite Massen profitierten vom wirtschaftlichen Aufschwung, das gesellschaftliche System war – wenn man einmal die obersten Ränge herauslässt – so durchlässig wie noch nie zuvor. Arbeiterkinder konnten die Universität besuchen, die Einkommens- und Vermögensschere blieb weitestgehend geschlossen. Doch bereits in den 1980er Jahren wurde die Saat für ein neues Wirtschaftssystem gesät, das Jahre später die Soziale Marktwirtschaft Stück für Stück beerdigen sollte.

Angefacht durch den Siegeszug des Neoliberalismus in Großbritannien und den USA und dem Wegbrechen des »Klassenfeinds« eroberte die Ideologie der freien Märkte peu à peu auch die Köpfe der deutschen Eliten. Warum sollte man sich mit 5 Prozent Rendite zufrieden geben, wenn man auch 15 Prozent erzielen konnte? Warum sollte man den unteren Klassen eine Teilhabe am Volksvermögen zugestehen, wenn man sich dieses Vermögen auch selbst unter den Nagel reißen kann? Warum sollten Märkte durch den Staat reguliert werden, wenn sie ohne solche Gängelung viel effizienter sind? Deutschland war plötzlich nicht mehr ein Land, in dem es vergleichsweise gerecht zuging und in dem alle Schichten an den Erfolgen der Wirtschaft partizipierten, sondern der kranke Mann in Europa, wie das Wirtschaftsblatt *The Economist* im Jahre 1999 bar jeder Grundlage unkte.[6] Paradoxerweise war es ausgerechnet die SPD, die ab 1998 ansetzte, das Land und sein Wirtschaftssystem in einer Art und Weise umzukrempeln, die man als Revolution von oben bezeichnen könnte.

Die »Agenda 2010«, mit der das Sozialsystem und der Arbeitsmarkt nach neoliberalen Vorstellungen umgebaut wurden, setzten in weiten Teilen eins zu eins einen Forderungskatalog der Bertelsmann Stiftung auf.[7] Die Hintergründe zu diesem »Staatstreich der Eliten« lassen sich in Albrecht Müller Klassiker *Die Reformlüge*[8] von 2004 nachlesen.

	1998	2005	2014
Spitzensteuersatz Einkommensteuer	53%	42%	45%
Kapitalertragssteuer	53%	42%	25%
Körperschaftssteuer	45%	25%	15%
Körperschaftssteuer auf Veräußerungsgewinne	45%	0%	0%
Erbschaftssteuer	30%	30%	(30%)[9]
Vermögenssteuer	0%	0%	0%

Steuersenkungen für Reiche und Unternehmer in Deutschland seit 1998

Ein weiterer Kern der Demontage der Sozialen Marktwirtschaft war ein ganzer Reigen von Steuersenkungen, der schon ein Jahr vor der rot-grünen Machtübernahme begonnen hatte. 1997 hatte der Bund beschlossen, die Vermögenssteuer auszusetzen und nicht mehr zu erheben. Grund für diese Enthaltsamkeit war ein Urteil des Bundesverfassungsgerichts, das festgestellt hatte, dass bei der gültigen Vermögenssteuergesetzgebung Immobilienvermögen gegenüber anderen Vermögensarten bevorzugt behandelt wurde. Doch anstatt, wie vom Bundesverfassungsgericht gefordert, Immobilienvermögen künftig bei der Besteuerung realistisch nach ihrem Zeitwert einzuschätzen, verzichteten Bund und Länder auf die zuletzt rund 4,5

Milliarden Euro Einnahmen aus der Vermögenssteuer. Heute zählt Deutschland zu den Ländern, in denen Vermögen am geringsten besteuert wird.

Ab 2000 folgten die Einkommensteuer, die Kapitalertragssteuer und die Körperschaftssteuer dem Trend zur Steuersenkung für Reiche. Der Spitzensteuersatz der Einkommensteuer, der bis 1989 noch bei 56 Prozent gelegen hatte, wurde in mehreren Schritten bis 2005 auf 42 Prozent gesenkt. 2007 stieg der Spitzensteuersatz zwar wieder auf 45 Prozent, aber nur für Einkommen ab 250 000 Euro für Ledige und 500 000 Euro für Verheiratete, während der frühere Spitzensteuersatz schon bei etwa 55 000 Euro für Ledige griff. Die Kapitalertragssteuer auf Zinsen, Dividenden und Spekulationsgewinne wurde 2008 von der Einkommensteuer abgekoppelt und auf 25 Prozent gesenkt. Die Körperschaftssteuer sank 2000 von 45 auf 40 Prozent, 2002 auf 25 Prozent und 2008 schließlich auf nur noch 15 Prozent. Veräußerungsgewinne beim Verkauf von Betriebsvermögen wurden 2002 völlig steuerfrei, was die unheilvollen Aktivitäten der Hedgefonds dramatisch begünstigte.

Der Erbschaftssteuersatz beginnt seit 1974 unverändert für Erben der Steuerklasse I oberhalb eines Freibetrags bei 7 Prozent und steigt für die größeren Vermögen bis auf einen Spitzensatz von 30 Prozent. Die Erbschaftssteuerreform von 2008 schuf jedoch zahlreiche Möglichkeiten, betriebliches Vermögen von der Erbschaftssteuer auszunehmen. Davon profitieren besonders die reichen Familien, weil deren Vermögen überwiegend die Form von Unternehmensanteilen hat.

Bisher genannt haben wir nur die Senkungen bei den großen Steuerarten. Zahlreiche kleine Reformen, beispielsweise die Einführung der Tonnagesteuer im Jahr 1998, mit der die Renditen aus der Handelsschifffahrt steuerlich massiv begünstigt werden, runden das Paket ab. Hinzu kommen zahlreiche Steuererleichterungen und neu geschaffene Schlupflöcher, die vor allem den Unternehmen und Vermögenden nutzen, die aufgrund ihrer Größe Bilanzposten international verschieben können.

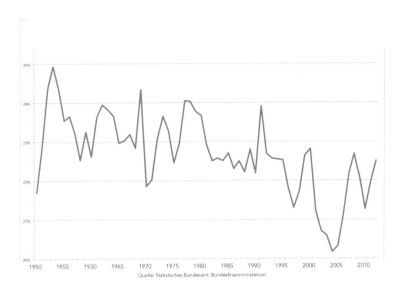

Quelle: Statistisches Bundesamt, Bundesfinanzministerium

Anteil der Steuereinnahmen von Bund, Ländern und Gemeinden am Bruttoinlandsprodukt[10]

Allein die offiziellen Steuersenkungen führten nach Berechnungen des Ökonomen Kai Eicker-Wolf[11] im vergangenen Jahrzehnt zu Ausfällen von rund 400 Milliarden Euro. Ohne die Steuerreformen der letzten 16 Jahre könnte der Fiskus jedes Jahr rund 50 Milliarden Euro mehr einnehmen. Dies führte Anfang des letzten Jahrzehnts zu einem massiven Abfall der Steuerquote, der 2007 durch die Erhöhung der Umsatzsteuer von 16 Prozent auf 19 Prozent abgemildert werden konnte. Doch die Umsatzsteuer wird nicht von den Unternehmen und nur zu einem geringen Teil von den Vermögenden getragen: Am stärksten werden durch deren Erhöhung die Unter- und Mittelschicht getroffen.

Einer Studie[12] zufolge zahlen die reichsten fünfzig Haushalte Deutschlands effektiv nur 29 Prozent Steuern auf ihre Einkommen – zu Kohls Zeiten waren es noch 48 Prozent. Damit zahlt heute ein Superreicher in Deutschland relativ weniger Steuern als ein Alleinstehender mit einem Jahresbruttoeinkommen von 60 000 Euro, der keine besonderen Abzüge geltend machen kann. 1893 führte der damalige preußische Finanzminister Johannes von Miquel den Grundsatz ein, dass der Steuersatz sich nach der wirtschaftlichen Leistungsfähigkeit der Bürger zu richten habe – 121 Jahre später scheint dieser Grundsatz nicht mehr zu gelten.

Wenn der Staat seine Steuereinnahmen immer weiter senkt und weniger Geld von den Vermögenden, dafür aber mehr von der Mittelschicht abgreift, hat dies einen erheblichen Effekt auf die Vermögensschere. Würde man beispielsweise die Steuersenkungen seit 1998 ungeschehen machen, hätten der Staat vor allem von Wohlhabenden mehr als 800 Milliarden Euro mehr eingenommen. Abhängig von der Verwendung dieses Geldes wäre es durchaus möglich gewesen, die Spreizung der Vermögensschere zu stoppen. Dass dies nicht geschah, war kein Naturgesetz, sondern politisch gewollt – von den Politikern, die von einer großen Mehrheit des Volkes gewählt wurden. Wäre man zynisch, könnte man daher auch sagen, dass wir an unserer prekären Lage im Grunde selbst schuld sind.

UmFAIRteilen: 16 Punkte für einen Weg zu einer gerechten und stabilen Gesellschaft

Wenn die Spreizung der Vermögensschere kein Naturgesetz, sondern politisch gewollt ist, liegt es auch im Einflussbereich der Politik, eine gerechtere Verteilung des Volksvermögens zu gewährleisten. Würde die Politik folgende 16 Punkte beherzigen, könnten sich die Vermögen der Bevölkerung in einem längeren Prozess wieder angleichen. Deutschland würde dann all seinen Bewohnern und nicht nur einer kleinen Elite gehören.

- Beginn einer ernsthaften statistischen Erhebung der Vermögen der Wohlhabenden
- Wiedereinführung einer Vermögenssteuer und vielleicht auch einer einmaligen Vermögensabgabe
- Rücknahme aller Steuersenkungen und Steuererleichterungen seit 1998
- Einführung einer Millionärssteuer von 75 Prozent
- Abschaffung der Sonderregelungen bei der Erbschaftssteuer
- Einführung einer Steuerpflicht auf die weltweiten Einkünfte
- Einführung einer wirksamen Finanztransaktionssteuer
- Abschaffung von Steuerschlupflöchern
- Verschärfung des Stiftungsrechts
- Rücknahme der Umsatzsteuererhöhung von 2007
- Rücknahme der Hartz-Reformen
- Einführung eines Mindestlohns von 10 Euro und politische Flankierung zur Steigerung der Lohnquote
- Ausweitung der staatlichen Eigenheimförderung und Einführung einer wirksamen Mietpreisbremse
- Verbesserung der schulischen und universitären Ausbildung und

bessere Förderung von armen Kindern und Jugendlichen
- Sofortiges Ende der Privatisierungspolitik
- Stärkung der gesetzlichen Rente, sofortiges Ende der Zuschüsse für Riester- und Rürup-Rente und Rückabwicklung der privaten Krankenversicherung

Um die Spreizung der Vermögensschere zu stoppen, ist es unerlässlich, Vermögen und auch hohe Einkommen stärker zu besteuern.

Beginn einer ernsthaften statistischen Erhebung der Vermögen der Wohlhabenden

Die Politik braucht verlässliche Zahlen, um Entscheidungen zur Vermögensverteilung zu treffen und um Gesetze zu verabschieden, die Deutschland gerechter machen. Diese Zahlen existieren jedoch nicht.

Das Statistische Bundesamt ist auf einem Auge blind, da es bei seiner Einkommens- und Verbrauchsstichprobe Haushalte mit einem Nettoeinkommen von mehr als 18 000 Euro ausschließt. Da die meisten Haushalte des obersten Prozents der Vermögensverteilung allein schon durch die Kapital-, Zins- und Dividendeneinnahmen ein höheres Einkommen haben, werden sie in der wohl wichtigsten ökonomischen Statistikreihe überhaupt nicht erfasst. Statistikreihen wie das SOEP des DIW oder die PHF-Studie der Bundesbank sind kein echter Ersatz, da die Daten ausschließlich aus Haushalten stammen, die sich freiwillig an der Studie beteiligen. Haushalte aus dem obersten Prozent der Vermögensverteilung sind kaum darunter, die reichsten 500 Haushalte fehlen komplett.

Ohne belastbare Daten zum Reichtum ist es jedoch nahezu unmöglich, verlässliche Berechnungen aufzustellen, mit welchen politischen Maßnahmen sich die Spreizung der Vermögensschere stoppen ließe. Dabei stellt eine präzise Aufstellung der individuellen Vermögenswerte eine unerlässliche Voraussetzung für eine Besteuerung dieser Vermögenswerte dar. So lange diese Daten nicht vorliegen, kann man die Einnahmen aus einer Vermögensbesteuerung nur auf Basis unvollständiger Berechnungen schätzen. Dies ist jedoch kein Argument gegen die Wiedereinführung einer Vermögenssteuer. Sollten die dabei erzielten Einnahmen von der Prognose abweichen, ließe sich der Steuersatz später immer noch anpassen.

Wiedereinführung einer Vermögenssteuer und vielleicht auch einer einmaligen Vermögensabgabe

Eine Vermögenssteuer mit einem Steuersatz von 1,6 Prozent und sehr hohen Freibeträgen würde dem Staat jährlich Mehreinnahmen in Höhe von 26,4 Milliarden Euro bringen, die ausschließlich vom obersten Prozent der Vermögensskala gezahlt würden.

In Deutschland gibt es bis heute eine gesetzlich verankerte Vermögenssteuer, die seit 1997 jedoch nicht mehr erhoben wird. Der vorgeschobene Grund für diese ungewöhnliche Enthaltsamkeit ist ein Urteil des Bundesverfassungsgerichts aus dem Jahre 1995: Die Richter bemängelten damals, dass die Wertfeststellung von Immobilien bei der Bemessung der Vermögenssteuer eine unzulässige Besserstellung darstellt. Hintergrund dafür war, dass bei der alten Vermögenssteuer Immobilien nach einer Tabelle aus dem Jahr 1964 besteuert wurden – spätere Wertsteigerungen wurden bei der Steuer also nicht berücksichtigt. Karlsruhes Hausaufgabe an die Politik war es, ein realistischeres Wertfeststellungsverfahren für Immobilien umzusetzen, doch daran hatte die damals regierende schwarz-gelbe Bundesregierung kein Interesse und setzte die Vermögenssteuer lieber ganz aus. Alle nachfolgenden Regierungen weigerten sich seitdem, eine rechts- und zeitgemäße Vermögenssteuer umzusetzen.

Traditionell erhob Deutschland schon immer Vermögenssteuern in Höhe von rund 0,4 Prozent des Bruttoinlandsprodukts, nur die Nationalsozialisten und die Bundesregierungen seit 1997 erhoben keine Vermögenssteuern. Wesentlich höher war die Besteuerung von Vermögen während der Laufzeit des Lastenausgleichsgesetzes, einer 1952 verabschiedeten Vermögensabgabe, die über maximal 30 Jahre gestreckt abgezahlt werden konnte. Die Weigerung des Staates, auch die Vermögenssubstanz seiner Bürger gerecht zu besteuern ist einer von vielen Gründen für die in diesem Buch geschilderte massive Spreizung der Vermögensschere.

Bis 1997 wurden Vermögen oberhalb von 120 000 D-Mark pro Familienmitglied mit 1,0 Prozent bei natürlichen Personen und mit 0,6 Prozent bei Körperschaften, zum Beispiel Kapitalgesellschaften, besteuert. 1996 konnten die Bundesländer, denen die alte Vermögenssteuer zufloss, auf diese Art und Weise noch Steuereinnahmen von 9 Milliarden D-Mark realisieren. Das DIW hat in einer Studie aus dem Jahre 2012[1] ausgerechnet, wie hoch die Einnahmen aus einer zeitgemäßen Vermögenssteuer sein könnten. Im DIW-Modell wurden die Freibeträge massiv auf 2 Millionen Euro pro Person angehoben, dafür erhöhte man jedoch den Steuersatz auf einheitlich 1,0 Prozent für natürliche Personen und für Körperschaften. Die jährlichen Einnahmen aus einen solchem Modell schätzt das DIW für das Basisjahr 2012 auf 16,5 Milliarden Euro, was 0,64 Prozent des Bruttoinlandsprodukts entspricht.

Eine alternative Variante stellte die Dienstleistungsgewerkschaft Verdi ebenfalls im Jahr 2012 vor. Beim Verdi-Modell beträgt der Freibetrag nur eine Million Euro pro Person, dafür belassen es die Gewerkschafter bei einem Steuersatz von 1,0 Prozent für natürliche Personen und 0,5 Prozent für Körperschaften. Mit diesem Modell könnte der Staat jährlich 20 Milliarden Euro einnehmen. Zusätzlich plädiert Verdi jedoch auch noch für eine einmalige Vermögensabgabe in Art des Lastenausgleichsgesetzes, die einmalig 300 Milliarden Euro in die Kassen spülen könnte. Dies entspricht nach Berechnungen der Arbeitsgruppe Alternative Wirtschaftspolitik einem einmaligen Abgabensatz von 20 Prozent. Dieser Betrag soll in einem Zeitrahmen von zehn Jahren in überschaubaren Raten abgezahlt werden und in der Summe den Kosten entsprechen, die der öffentlichen Hand bei der Rettung der Banken während der Finanzkrise entstanden. Ein alternatives Konzept für eine Vermögensabgabe kommt vom DIW: Dieses sieht einen Abgabensatz von 10 Prozent bei einem Freibetrag von 250 000 Euro pro Person und 5 Millionen Euro für Unternehmen vor und kommt auf einen Erlös von 200 Milliarden Euro.

Auch in der großen Politik gibt es durchaus Freunde einer Vermögenssteuer und einer Vermögensabgabe: Die SPD befürwortet eine reformierte Vermögenssteuer, lehnt jedoch eine Vermögensabgabe ab. Die Grünen fordern eine Vermögensabgabe mit einem persönlichen Freibetrag von einer Million Euro und zusätzlichen Freibeträgen für Betriebsvermögen, die 100 Milliarden Euro im Verlauf von zehn Jahren einbringen soll; anschließend sieht das Programm eine mögliche dauerhafte Vermögenssteuer vor. Die Linke fordert eine Vermögenssteuer in Form einer Millionärssteuer mit einem Steuersatz von 5 Prozent. Sie soll 100 Milliarden Euro jährlich einbringen. Zusätzlich soll zur Bewältigung der Finanz- und Eurokrise eine europaweite Vermögensabgabe erhoben werden.

An einer Vermögenssteuer kommt man nicht vorbei, wenn man die Vermögensschere wieder schließen will. Jedoch scheiden sich die Geister an der Frage, ob man neben einer Vermögenssteuer auch noch eine einmalige Vermögensabgabe einführen sollte. Dieser ideologische Graben lässt sich jedoch ganz pragmatisch überbrücken: Entscheidend ist nicht die Form, sondern sind das Ausmaß und die Höhe einer künftigen Vermögensbesteuerung. Dazu eine kurze und vereinfachte Rechnung: Wenn man eine Vermögensbesteuerung in Höhe von 1,0 Prozent des Bruttoinlandsprodukts als Zielmarke definiert und hohe Freibeträge von 2 Millionen Euro pro Person und Unternehmen vorsieht, müsste man natürliche Personen und Körperschaften mit einem einheitlichen Steuersatz von 1,6 Prozent besteuern. Dann hätte der Fiskus jährliche Mehreinnahmen in Höhe von 26,4 Milliarden Euro. Wenn man bedenkt, dass das durchschnittliche Vermögenswachstum bei 4,4 Prozent pro Jahr liegt, ist dieser Satz keinesfalls zu hoch bemessen. Bei einem solchen Steuersatz wäre eine zusätzliche Vermögensabgabe nach Lage der Dinge überhaupt nicht notwendig. Dies könnte sich freilich ändern, wenn den öffentlichen Haushalten in Zukunft noch weitere Rechnungen von Banken ins Haus flattern, die mit Steuergeldern vor sich selbst gerettet werden wollen. Um zusätzliche Belastungen der öffentlichen Haushalte zu vermeiden, könnte in diesem Fall eine einmalige Vermögensabgabe als Alternative zu einer Erhöhung der Vermögenssteuersätze diskutiert werden.

Vermögensabgaben sollten jedoch eine Ultima Ratio sein, wenn herkömmliche Maßnahmen an ihre Grenzen stoßen, was zumindest in Bezug auf die öffentlichen Haushalte und die Finanzkrise derzeit nicht der Fall ist. Ein umfassendes Paket, wie es die hier genannten 16 Punkte darstellten, würde dem Staat einen ausreichenden Handlungsspielraum geben, um sogar die bisher entstandenen Kosten der Finanzkrise zu tragen. Wichtig ist nur, dass die notwendigen Mehreinnahmen der öffentlichen Hand nicht von den Gering- und Normalverdienern getragen werden müssen.

Je radikaler ein Umverteilungsprogramm daherkommt, desto größer ist die Gefahr, ungewollte Kollateralschäden zu provozieren. Auf Rendite getrimmte Unternehmen könnten sicher ohne Weiteres einen jährlichen Abgabesatz von 5 Prozent schultern. Aber wie sieht es mit Familienunternehmen aus, die ihre Mitarbeiter ordentlich bezahlen und sich nicht dem Renditewahn unterworfen haben? Für diese Unternehmen könnte ein Abgabesatz von 5 Prozent ein sehr ernstes Problem darstellen. Ähnlich sieht es bei Immobilienbesitzern aus: Wer hohe Mieten kassiert und Investitionen vernachlässigt, kann auch eine Abgabe von 5 Prozent leisten. Wer angemessene Mieten verlangt und einen großen Teil der Mieteinnahmen in seine Immobilien investiert, wird kaum 5 Prozent Steuern auf die gesamte Vermögenssubstanz schultern können. Ein zu hoher Vermögenssteuersatz würde im Endeffekt nur diejenigen bestrafen, die schon heute verantwortungsvoll mit ihrem Vermögen umgehen. Hinzu kommt, dass der zu erwartende politische Widerstand bei einem seriösen Steuersatz und hohen Freibeträgen geringer ausfallen wird als bei radikalen Konzepten.

Rücknahme aller Steuersenkungen und Steuererleichterungen seit 1998

Die Rücknahme aller Steuersenkungen und -erleichterungen, die seit 1998 verabschiedet wurden, würde dem Staat jährlich Mehreinnahmen in Höhe von mindestens 50 Milliarden Euro bringen, die zum großen Teil von den obersten 10 Prozent der Einkommens- und Vermögensskala erbracht werden.

Das wohlhabende Klientel konnte sich in den letzten 15 Jahren über einen ganzen Reigen von Steuersenkungen und Steuererleichterungen freuen. Da es für diese Reformen keine einleuchtende sachliche Rechtfertigung gibt, sollten sie unverzüglich zurückgenommen werden. Die Einkommensteuer könnte bereits von heute auf morgen auf den alten Spitzensteuersatz von 53 Prozent erhöht werden. Freilich müssen dabei auch die Besonderheiten des deutschen Steuersystems berücksichtigt werden. Das Tarifmodell des deutschen Einkommensteuersystems besteht aus drei Tarifzonen.

- In der ersten Tarifzone (Nullzone) fällt bis zum Grundfreibetrag gar keine Einkommensteuer an.
- In der zweiten Tarifzone (Progressionszone) steigt der Grenzsteuersatz vom Eingangssteuersatz bis zum Spitzensteuersatz.
- In der dritten Tarifzone (Proportionalzone) ist der Grenzsteuersatz konstant und entspricht dem Spitzensteuersatz.

Würde man nun den Spitzensteuersatz anheben, ohne gleichzeitig den oberen Rand der Progressionszone zu verschieben, hätte dies einen negativen Effekt auf alle Einkommen in der Progressionszone und somit auf alle Haushalte, die mehr als 8 355 Euro (Alleinstehende) beziehungsweise 16 708 Euro (Ehepaare) zu versteuerndes Einkommen haben. Dies hätte zwar positive Auswirkungen auf die gesamten Steuereinnahmen, läuft dem Grundgedanken der Umverteilung von oben nach unten aber entgegen. Daher wäre es ratsam, den obersten Eckwert der Progressionszone (derzeit 52 822 beziehungsweise 105 764 Euro) so anzuheben, dass die Progressionszone linear bis zum Grenzsteuersatz von 53 Prozent ansteigt. Durch diese Anhebung wären aus-schließlich Haushalte mit einem sehr hohen Einkommen negativ betroffen.

Zusätzlich könnte die Kapitalertragssteuer ersatzlos abgeschafft werden. Diese Steuer, die Einkommen aus Zinsen, Dividenden und Spekulationsgewinnen mit lediglich 25 Prozent besteuert, widerspricht ohnehin dem Grundsatz, alle Einkommensarten gleich zu besteuern. Und dass ausgerechnet leistungslose Einkommen steuerlich

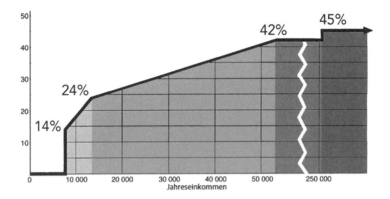

Einkommensteuer – Tarifverlauf 2014[2]

privilegiert behandeln werden, ist ohnehin kaum zu vermitteln. Nach einer Abschaffung der Kapitalertragssteuer müssten auch Kapitaleinkünfte ganz regulär nach dem jeweiligen Einkommenssteuersatz versteuert werden.

Ebenfalls angehoben werden sollte die Körperschaftsteuer, die seit 2008 mit nur noch 15 Prozent im europäischen Vergleich einen der niedrigsten Werte markiert. Noch im Jahr 2000 betrug der Steuersatz 45 Prozent, und es spricht wenig dagegen, den alten Wert wieder einzuführen. Gleichzeitig sollte die Steuerbefreiung von Veräußerungsgewinnen beim Verkauf von Betriebsvermögen unverzüglich aufgehoben werden. Warum sollte man keine Steuern dafür bezahlen, wenn man beim Kauf und Verkauf von Unternehmen und Unternehmensteilen einen ordentlichen Reibach erzielt?

Einführung einer Millionärssteuer von 75 Prozent

Eine Sondersteuer für Einkommensmillionäre würde in Kombination mit einer Abschaffung der Kapitalertragssteuer jährlich rund 1,5 Milliarden Euro bringen.

In den letzten Jahren haben zahlreiche Initiativen mit Vorschlägen, eine Gehälterobergrenze festzulegen, eine breite Öffentlichkeit erreicht. Die Schweizer Volksinitiative »1 : 12 – Für gerechte Löhne« scheiterte im November 2013 bei einer Volksabstimmung nur knapp. Sicher, die gigantischen Einkommen, die heutzutage im Topmanagement gezahlt werden, sind unanständig und ökonomisch nicht zu rechtfertigen. Eine Festlegung von Gehaltsobergrenzen wäre jedoch im höchsten Maße kontraproduktiv. Sinnvoller ist da eine Millionärssteuer, durch die der Staat unanständig hohe Einkommen unanständig hoch besteuern und mit den zusätzlichen Einnahmen eine wirkvolle Umverteilung von oben nach unten betreiben kann. Ein solches Modell ist in Frankreich seit dem 1. Januar 2014 in Kraft. Dort müssen Unternehmen bei Gehältern, die eine Million Euro übersteigen, 75 Prozent des Gehaltsanteils, der die Million übersteigt, direkt an den Fiskus überweisen. Die französische Reichensteuer von 75 Prozent gilt daher auch ausschließlich für Einkommen oberhalb von einer Million Euro pro Jahr. Der Einkommensteil, der unter dieser Marke liegt, wird nach den ganz normalen Steuertarifen berechnet. Ein solches Modell wäre auch in Deutschland denkbar.

Es wäre jedoch ein Irrtum, sich von einer solchen Maßnahme finanzielle Wunder zu versprechen. Von einer solchen Reichensteuer wären in Deutschland gerade einmal rund 17 000 Steuerpflichtige betroffen. Und da nur die Einkommen, die oberhalb der Million-Euro-Grenze liegen, mit 75 Prozent versteuert würden, dürften die Mehreinnahmen zwar beachtlich, aber dennoch überschaubar sein. Frankreich kalkuliert bei seiner Millionärssteuer mit Mehreinnahmen in Höhe von 300 Millionen Euro. In Deutschland dürften die Mehreinnahmen rein rechnerisch etwas höher sein, entscheidend wäre jedoch, dass der Steuersatz von 75 Prozent auch wirklich für alle Arten von Einkommen gilt. Es sind nämlich nicht nur die Einkommen einiger Topmanager und Fußballstars, die exorbitant sind – auch die Dividenden, die einige wenige Superreiche kassieren, sind enorm. Mit einem Reichensteuersatz von 75 Prozent ab einer Million Euro, die auch für Kapitaleinkommen gilt, hätte der Staat beispielsweise im Jahr 2013 von den 2,4 Milliarden Euro, die alleine zehn Familien kassierten, stolze 1,8 Milliarden Euro einbehalten können – rund 1,2 Milliarden Euro mehr als heute.

Dennoch sollte man sich von einer solchen Millionärssteuer keine fiskalischen Wunder erhoffen, zumal sie zur Umgehung einlädt – die Betroffenen dürften über entsprechendes Know-how verfügen. Aber darum geht es auch nicht: Eine Millionärssteuer wäre vor allem ein äußerst sinnvoller Weg, übermäßige Spitzeneinkommen zu begrenzen und den Gehaltsexzessen der letzten Jahre ein Ende zu bereiten.

Abschaffung der Sonderregelungen bei der Erbschaftssteuer

Erbschaften sind der wohl wichtigste Grund für die Verfestigung der Reichtumskonzentration über Generationen hinweg. Der Staat nimmt jedoch durch die Tabaksteuer rund das Vierfache von dem ein, was aus Erbschaften an den Fiskus abgeführt wird.[3] Durchschnittlich werden Erbschaften nur mit einem Steuersatz von 5 Prozent besteuert. Das ist erstaunlich, liegt der nominelle Erbschaftssteuersatz doch bei maximal 30 Prozent (Steuerklasse I) und 50 Prozent (Steuerklasse III). Verantwortlich für die Diskrepanz zwischen rechnerischer und tatsächlich gezahlter Erbschaftssteuer sind vor allem zahlreiche Ausnahmen und eine kaum zu rechtfertigende Sonderregelung für Betriebsvermögen. Wer ein geerbtes Unternehmen länger als fünf Jahre weiterführt, verringert damit die zu versteuernde Erbmasse um 85 Prozent – Grund dafür ist die Erbschaftssteuerreform aus dem Jahr 2008.

Da die nominellen Erbschaftssteuersätze bereits angemessen hoch sind, müsste der Gesetzgeber nur dafür Sorge tragen, dass sie auch gezahlt werden. Selbstverständlich ist einem normalen Unternehmer in den wenigsten Fällen zuzumuten, 30 Prozent seines Betriebsvermögens auf einen Schlag zu mobilisieren. Dann müsste er entweder Teile seines Unternehmens verkaufen oder sich hoch bei den Banken verschulden und fortan nach ihrer Nase tanzen. Daher ist es sinnvoll, die Erbschaftssteuer nach dem Vorbild des Lastenausgleichsgesetzes in eine auf Raten zu zahlende Steuer umzuwandeln. Selbst 30 Prozent Steuerlast verlieren ihren Schrecken, wenn sie über 20 Jahre abgestottert werden können. Sollte ein Unternehmen rote Zahlen schreiben, könnte die Steuer auch gestundet werden. Damit wäre ein Fortbestand des Unternehmens zumindest aus steuerrechtlicher Sicht gewährleistet.

Nimmt man die zu erwartenden Erbschaften des obersten Prozents der Vermögensverteilung als Vorlage, käme man unter Berücksichtigung eines Freibetrags von einer Million Euro und einem Steuersatz von 30 Prozent auf rund 28 Milliarden Erbschaftssteuereinnahmen pro Jahr. Im Jahr 2012 beliefen sich die gesamten Einnahmen aus der Erbschaftssteuer nur auf 4,3 Milliarden Euro.

Einführung einer Steuerpflicht auf die weltweiten Einkünfte

Kritiker werden an dieser Stelle vorbringen, dass höhere Steuern für Vermögende nur dazu führen, dass sie das Land verlassen und der Staat dadurch letztlich weniger Geld einnimmt. Man soll die Kuh, die man melken will, nun einmal nicht schlachten. Dieser Einwand ist richtig, zumal das deutsche Steuerrecht die Steuerumgehung durch Auswanderung in der Tat zulässt. Wie es anders gehen könnte, zeigen die USA: Amerikanische Bürger sind mit ihrem weltweiten Einkommen in den USA steuerpflichtig, und sogar die Abgabe der Staatsbürgerschaft kann für den Steuerflüchtling sehr kostspielig werden.

Wer möglichen Erhöhungen der Einkommensteuer oder der Besteuerung seines Vermögens entgehen will, kann nach momentaner Rechtslage seinen Hauptwohnsitz ins benachbarte oder auch entfernte Ausland verlegen. Wer diesen Weg geht, muss jedoch auch tatsächlich seinen Lebensmittelpunkt ins Ausland verlegen – meist sehen die Doppelbesteuerungsabkommen vor, dass man sich mehr als 183 Tage im Jahr an dem Ort aufhalten muss, an dem man steuerpflichtig sein will. Wer die deutsche Staatsangehörigkeit ganz aufgibt, ist für Kapitalerträge und Einkommen, die er nicht in Deutschland erzielt, dem deutschen Fiskus gegenüber gar nicht mehr steuerpflichtig. Ein deutscher Milliardär könnte also eine Vermögenssteuer in der Tat dadurch umgehen, dass er beispielsweise die

Schweizer Staatsbürgerschaft annimmt und seinen deutschen Pass zurückgibt.

Alle diese Steuerumgehungsmöglichkeiten sind US-Bürgern und sogenannten »permanent residents« (dazu zählen auch Inhaber einer Greencard in den USA) verwehrt. Dies gilt auch, wenn sie eine doppelte Staatsbürgerschaft haben und sogar, wenn sie permanent im Ausland leben und ausschließlich Einkünfte außerhalb der USA haben. Ein amerikanischer Ingenieur, der in München lebt und sein Geld dort bei Siemens verdient, muss also diese Einkünfte auch in seiner US-Steuererklärung angeben.

Für Gering- und Normalverdiener spielt die Besteuerung von Einkünften im Ausland jedoch keine nennenswerte Rolle, da es einerseits sehr hohe Freibeträge (bei Singles bis zu 91 400 US-Dollar pro Jahr) gibt und andererseits im Ausland gezahlte Einkommensteuern voll abzugsfähig sind. Diese Abschreibungsmöglichkeiten gelten jedoch nur für Einkommen aus selbstständiger sowie unselbstständiger Arbeit und nicht für Kapitalerträge. Wer jedoch das Glück hat, sich zu den Spitzenverdienern zählen zu können und in einem Land mit niedrigen Steuersätzen lebt, wird in der Regel nahezu den gleichen Steuersatz an die US-Steuerbehörden bezahlen müssen, als lebte er in den USA und würde sein Einkommen dort beziehen.

Hinzu kommt, dass seit dem Jahre 1966 die weltweite Steuerpflicht gegenüber den USA nicht erlischt, wenn man die US-Staatsbürgerschaft abgibt. Ehemalige US-Staatsbürger und ausländische Staatsangehörige, die in den USA eine permanente Aufenthaltsbewilligung haben, sind auch noch zehn Jahre nachdem sie ihren Pass beziehungsweise ihre Greencard abgegeben haben, mit ihrem weltweiten Einkommen und Vermögen in den USA voll steuerpflichtig. Der Heroes Act von 2008 erhebt sogar eine sehr effektive und kaum zu umgehende Exit-Tax für wohlhabende US-Amerikaner: Wer in den letzten fünf Jahren entweder mehr als 145 000 US-Dollar Einkommensteuer zahlen musste oder ein Vermögen von mehr als 2 Millionen US-Dollar sein Eigen nennt, wird bei der Abgabe des amerikanischen Passes mit einer Art Offenbarungseid der besonderen Sorte belegt. Der Exstaatsbürger in spe muss sämtliche Vermögenswerte weltweit offenlegen und von den Steuerbehörden auf Basis des Marktwerts schätzen lassen. Die Behörden unterstellen dem Antragsteller dann, dass er sämtliche Vermögenswerte mit Datum des Abgabetermins der amerikanischen Staatsbürgerschaft verkaufen würde und zählen die daraus ermittelten hypothetischen Verkaufserlöse voll und ohne Abzugsmöglichkeiten als zu versteuerndes Einkommen für das entsprechende Kalenderjahr.

Auch die Exit-Tax betrifft ausschließlich Spitzenverdiener und Wohlhabende. Ein Freibetrag von 627 000 Dollar auf die hypothetischen Gewinne durch den unterstellten Verkauf aller Vermögenswerte sorgt dafür, dass selbst Besserverdiener mit einer Villa und einem haushaltsüblichen Depot bei der Bank de facto keine Exit-Tax zahlen müssen. Wer jedoch wirklich zum Kreis der Wohlhabenden zählt, wird durch die Exit-Tax erheblich zur Kasse gebeten. Eine Umgehung, beispielsweise durch Schenkung der Vermögenswerte an Familienangehörige, die nicht die amerikanische Staatsbürgerschaft haben, ist übrigens nicht möglich, da US-Staatsbürger auch weltweit ihre Schenkungen in den USA versteuern müssen. Sehr großzügige Freibeträge und die Möglichkeit, im Ausland gezahlte Steuern steuerrechtlich abzugsfähig zu machen, sorgen beim US-Modell dafür, dass eine solche weltweite Besteuerungsgrundlage zweifelsohne sozialverträglich ist und Otto Normalsteuerzahler nicht trifft.

Deutschland ist nicht nur ein freies, sondern auch ein freizügiges Land. Selbstverständlich darf man niemandem verbieten, sich am Ort seiner Wahl niederzulassen und – wenn die Voraussetzungen dies erlauben – eine andere Staatsbürgerschaft anzunehmen. Wie hoch die zusätzlichen Einnahmen eines Steuermodells mit weltweiter Bemessungsgrundlage sein könnten, ist unmöglich zu sagen, da hierfür schlicht verlässliche Daten fehlen. Was man jedoch mit Bestimmtheit sagen kann, ist, dass ein solches Modell die Möglichkeit, höhere Einkommens- und Vermögenssteuersätze durch Steuerflucht zu umgehen, sehr effektiv einschränken würde. In diesem Punkt könnte Deutschland sich eine Scheibe von den USA abschneiden.

Einführung einer wirksamen Finanztransaktionssteuer

Die Finanztransaktionssteuer ist seit der Finanzkrise in aller Munde. Dabei gibt es keine allgemeingültige Definition, was diese Steuer im Detail eigentlich sein soll. Vorlage für eine Finanztransaktionssteuer könnte da die berühmte Tobin-Tax sein, die der globalisierungskritischen Attac einst zu ihrem Namen verhalf: Association pour une taxe Tobin pour l'aide aux citoyens (Vereinigung für eine Tobin-Steuer zum Nutzen der Bürger).

Anders als Attac es damals wie heute vorsah, ging es dem Ökonomen James Tobin jedoch nicht um eine Umverteilung zugunsten der Allgemeinheit, sondern darum, Währungswechselkurse zu stabilisieren und vor der Manipulation durch Spekulanten zu schützen. Tobin schlug daher bereits im Jahr 1972 vor, weltweit einen einheitlichen Steuersatz von 0,05 Prozent bis 1,0 Prozent auf sämtliche Devisentransaktionen zu erheben. Dieser geringe Steuersatz stellt für die Realwirtschaft kein nennenswertes Problem dar, zumal die Steuer ganz einfach an den Endkunden weitergegeben würde; den Spekulanten, die oft minimale Kursdifferenzen ausnutzen, verdirbt ein solcher Steuersatz jedoch das Geschäft. Tobins Idee ist heute noch aktuell, und eine Tobin-Tax für sämtliche Finanzmarkttransaktionen wäre immer noch ein gutes Instrument, um Spekulanten das Leben ein wenig schwerer zu machen.

In Großbritannien werden Aktienkäufe schon heute über die Stempelsteuer in Form der Stamp Duty Reserve Tax mit 0,5 Prozent bis 1,5 Prozent besteuert, und in der Schweiz beträgt die Eidgenössische Umsatzabgabe zwischen 0,15 Prozent und 0,3 Prozent. Eine EU-Vorlage sieht derweil die Einführung einer Besteuerung für den Handel mit Aktien und Anleihen mit 0,1 Prozent und eine Besteuerung des Derivatehandels mit 0,01 Prozent vor. Ein solches Modell wird auch von der Bundesregierung präferiert – wenn auch mit zahlreichen Ausnahmen. Dass der Finanzmarkt global ist und eine regionale Steuer daher mit ein wenig Aufwand zu umgehen ist, ist schließlich eine Binsenweisheit.

Dieses Problem ließe sich vordergründig mit dem sogenannten Ansässigkeitsprinzip lösen, das der Vorschlag der EU-Kommission vorsieht. Demnach müsste ein deutscher Staatsbürger auch dann die Finanztransaktionssteuer zahlen, wenn er ein Papier in London oder New York erwirbt. Gerade beim außerbörslichen Handel gibt es jedoch ein Regulierungsdefizit: Man könnte solche Transaktionen zwar bei einem konkreten Verdacht theoretisch nachvollziehen – dies müsste jedoch in der Gesetzgebung explizit berücksichtigt werden. Wie der Staat beim regulierten oder gar unregulierten Handel an weniger auskunftsfreudigen Finanzplätzen wie Hongkong an die notwendigen Daten kommen will, ist eine weitere offene Frage.

Dies sind jedoch nicht die einzigen Lücken des Ansässigkeitsprinzips. Man kann zwar die Nationalität einer Person zweifelsfrei feststellen, wie sieht es aber mit Finanzinstituten aus? Welche Nationalität haben beispielsweise die Taunus Corporation, die Deutsche Bank Trust Company Americas und die Deutsche Bank Securities Inc.? Die genannten Institute gehören alle direkt zum großen Reich der Deutsche Bank AG, sind jedoch US-Unternehmen mit Sitz in New York. Die Investmentsparte der Deutschen Bank hat ihren Sitz im Londoner Finanzdistrikt, selbstverständlich sind die Deutschbanker auch mit rechtlich eigenständigen Töchtern in den Steueroasen Cayman Islands, Kanalinseln und Mauritius vertreten. Wie deutsch ist also die Deutsche Bank? Es hängt von der konkreten Ausgestaltung der Finanztransaktionssteuer ab, welche Schlupflöcher ein international operierender Finanzkonzern hat. Es ist zwar ohne Weiteres möglich, Lieschen Müllers Wertpapierdepot bei der heimischen Sparkasse lückenlos zu erfassen, bei einem multinationalen Bankgiganten wie der Deutschen Bank ist das jedoch keinesfalls so einfach, und mit dem Ansässigkeitsprinzip allein ist es nicht getan.

Es ist daher zweifelhaft, ob eine Finanztransaktionssteuer überhaupt ohne begleitende Finanzmarktregulierungen greifen kann, die vor allem auch den Kapitalverkehr zu Offshore-Finanzplätzen lückenlos erfassen müsste. Hochfrequenzhandel gibt es nicht nur in Frankfurt oder London, sondern auch in New York, Hongkong oder Singapur. Wenn die Deutsche Bank weiterhin Euro und Dollar handeln will, so kann sie dies auch über ihre Offshore-Töchter in Hongkong tun – und es ist nicht sehr wahrscheinlich, dass diese Transaktionen von einer kontinentaleuropäischen Finanztransaktionssteuer überhaupt erfasst werden können.

Dennoch ist es richtig, zur Not auch einen nationalen Alleingang bei der Finanztransaktionssteuer zu wagen. Wer viel kriminelle Energie aufwendet, kann auch Waffen oder Heroin vertreiben, dennoch käme niemand auf die Idee, das Waffenkontroll- oder das Betäubungsmittelgesetz außer Kraft zu setzen. Eine Umgehung der Finanztransaktionssteuer wird immer möglich sein, dennoch kann man getrost annehmen, dass ein Großteil der Finanzmarktakteure von der Steuer erfasst werden dürfte. Die Voraussetzung ist jedoch, dass ein Gesetz ohne Hintertürchen und Ausnahmeregelungen verabschiedet wird.

Von einer solchen Steuer sollten wir uns allerdings keine fantastischen Einnahmen versprechen. Es wird zwar immer spekuliert, dass eine Finanztransaktionssteuer auf europäischer Ebene dreistellige Milliardenbeträge einbringen könnte, das ist jedoch sehr unwahrscheinlich. Die Grundlagen solcher Berechnungen gehen davon aus, dass mit einer Finanztransaktionssteuer genauso viele Transaktionen stattfinden wie ohne sie. Das ist allerdings keine besonders realistische Annahme und würde auch dem Zweck einer solchen Steuer widersprechen: Diese soll ja nicht eingeführt werden, um dem Staatssäckel möglichst hohe Einnahmen zuzuführen, sondern um die Finanzmärkte zu entschleunigen und besonders spekulative Handelsformen zu verdrängen.

Auch wenn die Einnahmen aus einer Finanztransaktionssteuer wesentlich bescheidener ausfallen dürften als die Prognosen dies suggerieren, ist die Einführung dieser Steuer dennoch ein Schritt in die richtige Richtung. Es ist nicht vermittelbar, warum auf beinahe jeden Handelsvorgang Umsatzsteuer erhoben wird, die Finanzmärkte jedoch von einer Umsatzbesteuerung ausgenommen sind. Und wenn die Finanztransaktionssteuer dazu führt, dass rein spekulative Handelsformen wie Hochfrequenz- oder Arbitragegeschäfte, bei denen kleinste Preisunterschiede an verschiedenen Handelsplätzen genutzt werden, in Zukunft in Deutschland ausbleiben, hat sie ihren Zweck bereits erfüllt.

Abschaffung von Steuerschlupflöchern

Das DIW geht in einer Studie[4] davon aus, dass deutsche Unternehmen durch meist legale Steuertricks jährlich rund 90 Milliarden Euro am Fiskus vorbeischleusen. Verantwortlich für diese Entwicklung sind vor allem Schlupflöcher, die es Konzernen erlauben, Buchgewinne in Ländern mit niedrigen Steuersätzen zu erzielen und in Deutschland Buchverluste zu bilanzieren und so die zu versteuernden Gewinne zu drücken.

Zwischen 1992 und 2008 ist das Steueraufkommen der Kapitalgesellschaften um 62 Prozent gestiegen. Wenn man die operativen Geschäftszahlen zugrunde legt, haben die Konzerne im gleichen Zeitraum ihren Gewinn jedoch um 140 Prozent steigern können. Dafür schleppen diese Unternehmen einen Verlustvortrag von 568 Milliarden Euro vor sich her. Ist es nicht erstaunlich, dass profitable Unternehmen, die ihren Aktionären Rekorddividenden auszahlen, überhaupt einen derartig hohen Verlustvortrag aufbauen können? Das deutsche Steuerrecht lässt dies augenscheinlich zu.

An dieser Stelle ist den Unternehmen selbst noch nicht einmal ein Vorwurf zu machen – im Gegenteil: Ein verantwortlicher Manager, der legale Möglichkeiten der Steuerumgehung nicht nutzt, würde sich sogar dem Tatbestand der Untreue schuldig machen. Manager von Kapitalgesellschaften sind nämlich dazu verpflichtet, das Vermögen der Gesellschaft so gut wie möglich zu schonen. Verantwortlich ist der Gesetzgeber, der diese Schlupflöcher – teilweise mit tatkräftiger Unterstützung von Beratungsgesellschaften – geschaffen hat. Daher ist unerlässlich, diese Ausnahmeregelungen und Schlupflöcher bestmöglich zu schließen. Bei einem Körperschaftssteuersatz von 45 Prozent wären dies pro Jahr etwa 40 Milliarden Euro an Mehreinnahmen.

Verschärfung des Stiftungsrechts

Stiftungen sollten nachweislich einem gemeinnützigen Zweck dienen. Die politische Einflussnahme, wie sie beispielsweise die Bertelsmann-Stiftung betreibt, gehört nicht dazu. Es kann nicht sein, dass Stiftungen, die ausschließlich die Interessen der Stifterfamilien bedienen, steuerlich begünstigt werden. Auch bei Familienstiftungen müssten die rechtlichen Rahmenbedingungen angepasst werden. Es ist sicher verständlich, dass Stifter ihr Lebenswerk durch ein Stiftungskonstrukt vor Zerschlagung und feindlichen Übernahmen sichern wollen. Dieses durchaus legitime Ziel darf jedoch nicht dazu führen, dass weniger Steuern gezahlt werden.

Daher sollten Familienstiftungen ohne Ausnahme steuerlich den Kapitalgesellschaften gleichgestellt werden. Bei gemeinnützigen Stiftungen sollte der Staat dafür sorgen, dass mit dem Stiftungsvermögen nachweislich tatsächlich gemeinnützige Zwecke verfolgt werden. Und wenn sich dies nicht eindeutig belegen lässt, sollte der Staat das Recht haben, die Gremien der betreffenden Stiftungen neu zu besetzen. Vor allem Stiftungen, die sehr eng mit Unternehmen verflochten sind, müssten in diesem Sinne genau überprüft werden. So darf es beispielsweise nicht sein, dass die Bertelsmann-Stiftung sich für mehr Privatisierung einsetzt, während die hundertprozentige Bertelsmann-Tochter Avarto einer der größten kommunalen Dienstleister Europas ist – und so der Bertelsmann-Konzern von der Lobbyarbeit »seiner« Stiftung profitiert. Wenn eine Stiftung als gemeinnützig anerkannt werden will, muss sie jeden Zweifel daran ausräumen, dass ihre Arbeit in einem wie auch immer gearteten Verhältnis zu der Tätigkeit und den Interessen der Stifterfamilie und deren Unternehmen steht.

Rücknahme der Umsatzsteuererhöhung von 2007

Die Umsatz- beziehungsweise Mehrwertsteuer ist der mit Abstand größte Einnahmeposten des Bundes. Problematisch ist jedoch, dass die Umsatzsteuer eine reine Konsumsteuer ist, die stets vom Endkunden eines Produkts oder einer Dienstleistung gezahlt wird. Exporte werden interessanterweise nicht mit der Umsatzsteuer belegt, während für Importe eine Einfuhrumsatzsteuer anfällt. Damit ist die Umsatzsteuer im höchsten Maße sozial ungerecht. Der Einkauf des Hartz-IV-Empfängers wird genau so hoch besteuert, wie der Einkauf eines Superreichen – nur dass der Hartz-IV-Empfänger gezwungen ist, fast seine kompletten monatlichen Einnahmen umsatzsteuerpflichtig auszugeben, während der umsatzsteuerpflichtige Anteil an den Haushaltsausgaben des Superreichen nur einen verschwindend geringen Teil ausmacht.

Nun kann der Staat nicht auf die fast 200 Milliarden Euro, die jährlich durch die Umsatzsteuer eingenommen werden, verzichten. Würde er jedoch die Maßnahmen umsetzen, die in den bisher genannten neun Punkten aufgeführt wurden und zusätzliche Steuereinnahmen von etwa 143 Milliarden Euro bringen, könnte er dank der verzeichneten Mehreinnahmen die Umsatzsteuer senken. Denkbar wäre beispielsweise eine Rücknahme der Steuererhöhung von 2007, bei der der Umsatzsteuersatz von 16 Prozent auf 19 Prozent stieg. Dadurch würden die Umsatzsteuereinnahmen auf Basis der Zahlen von 2013 um 32 Milliarden Euro sinken. Da die Umsatzsteuer ausschließlich von den Konsumenten bezahlt wird, würde diese Summe somit auch besonders Otto Normalverbraucher und Lieschen Müller zugute kommen.

Rücknahme der Hartz-Reformen

In Deutschland ist Armut vor allem mit dem Begriff Hartz IV assoziiert. Und in der Tat haben die Hartz-Reformen ganz erheblich zur Spreizung der Einkommens- und Vermögensschere beigetragen. Das fängt beim niedrigen Regelsatz an, mit dem ein Haushalt sich noch nicht einmal ein klitzekleines Vermögen aufbauen kann, und hört bei der Regelung auf, nach der auch ältere Leistungsberechtigte erst einmal einen Teil ihres Vermögens aufbrauchen müssten, bevor sie einen Anspruch auf die staatlichen Leistungen haben.

Dies sind jedoch nur die direkten Effekte der Hartz-Reformen. Mindestens genau so destruktiv sind die indirekten Effekte. Der Zwang, ein Arbeitsangebot anzunehmen – und sei es auch noch so schlecht bezahlt –, hat dazu geführt, dass im Umfeld von Hartz IV ein gigantischer Niedriglohnsektor entstanden ist. Und selbst auf die mittleren Einkommen haben die Hartz-Reformen Auswirkungen. So ist die Konkurrenz zwischen der Stammbelegschaft eines Betriebs und dem neu geschaffenen Heer der Leiharbeiter eine weitere Folge der Reformen, die dazu beiträgt, die Lohnentwicklung zu behindern.

Da die Arbeitseinkommen der Grundstock jedes Vermögensaufbaus sind, haben die Hartz-Reformen auch dazu geführt, dass sich das untere Ende der Vermögensschere weiter geöffnet hat: Die Reichen sind reicher, die Armen ärmer geworden, und der Mittelschicht fehlt es zunehmend an den finanziellen Mitteln, sich ein Vermögen aufzubauen. Eine Rücknahme der Hartz-Reformen wäre daher ein echtes Wachstumsprogramm für die Vermögen der unteren und mittleren Haushalte der Vermögensskala.

Im Bereich der Sozialleistungen ist jedoch nicht erstrebenswert, zum alten System von Arbeitslosen- und Sozialhilfe zurückzukehren. Eine Grundsicherung nach dem Modell des Sozialgesetzbuchs II ist schließlich auch ohne die Sanktionen und bürokratischen Gängelungen der Hartz-Reformen möglich. Entscheidend ist hier vor allem, wie hoch die monatlichen Leistungen ausfallen. Würde man beispielsweise den heutigen Regelsatz auf 500 Euro erhöhen, würde dies im Folgejahr mit Mehrkosten in Höhe von 11,7 Milliarden Euro verbunden sein. Da mit diesem Geld jedoch auch die Konjunktur angekurbelt und Arbeitsplätze geschaffen würden, ist es sehr schwer, eine mittelfristige Prognose für die positiven fiskalischen Auswirkungen einer solchen Maßnahme zu beziffern.

Einführung eines Mindestlohns von 10 Euro und politische Flankierung zur Steigerung der Lohnquote

Um den Niedriglohnsektor wirkungsvoll zu bekämpfen, ist ein Mindestlohn notwendig, der deutlich über den von der aktuellen Bundesregierung verabschiedeten 8,50 Euro liegt. Mit diesem Wert liegt Deutschland immer noch im internationalen Vergleich hinter vergleichbaren Volkswirtschaften: In den Niederlanden beträgt der Mindestlohn 9,11 Euro und in Frankreich 9,53 Euro. In der Schweiz bereitet der Gewerkschaftsbund SGB momentan eine Volksabstimmung zur Einführung eines Mindestlohns von 22 Schweizer Franken (etwa 18 Euro) vor.[5] Bereits heute hat die Schweiz ein Lohnniveau, von dem vor allem deutsche Niedriglöhner nur träumen können. So gibt es in der Schweiz beispielsweise für Raumpfleger gestaffelte Mindestlöhne, die von 18,50 Franken (22,50 Euro) bis 26,50 Franken (29,73 Euro) pro Stunde reichen.[6] Damit kommt ein Raumpfleger im Kanton Zürich auf einen Monatslohn von 3 341 Franken (4 071 Euro) für unter 18-jährige Berufsanfänger bis 5 586 Franken (6 806 Euro) für über 60-jährige in der obersten Gehaltsbandbreite.[7] Ungelernte Verkäufer bei Lidl bekommen in der Schweiz 3 800 Franken (4 630 Euro), während Fleischereifachverkäufer im Schnitt auf 4 020 Franken (4 898 Euro) und Kindergärtner im Kanton Zürich auf 5 707 Franken (6 953 Euro) kommen – alle Angaben brutto, versteht sich.

Klar ist, dass das »Niedriglohnparadies« Deutschland nicht in wenigen Jahren zu einem Hochlohnland wie die Schweiz werden kann. Da Löhne hierzulande meist von den Tarifpartnern ausgehandelt werden, hat der Gesetzgeber ohnehin nicht die Möglichkeit, direkt in das Gehaltsgefüge einzugreifen. Indirekt kann er jedoch flankierend auf die Tarifpartner einwirken, indem er beispielsweise die Stellung der Gewerkschaften stärkt, Möglichkeiten zur Umgehung von Tarifverträgen einschränkt und Leiharbeit und Werksverträge strenger reglementiert. Wichtiger noch wäre aber die Einführung eines einheitlichen Mindestlohns in Höhe von 10 Euro pro Stunde, wie ihn die Dienstleistungsgewerkschaft Verdi fordert. Auch wenn 10 Euro pro Stunde kaum ausreichen dürften, um einen Vermögensaufbau zu betreiben und im Vergleich zu den Löhnen der Eidgenossen geradezu ärmlich erscheinen, wäre ein Mindestlohn von 10 Euro bereits ein Schritt in die richtige Richtung.

Die Lohnentwicklung ist der Königsweg zu einer gerechten Vermögensverteilung. Will man die Vermögensschere wirklich schließen, ist dies nur dann möglich, wenn die normalen Arbeitnehmer selbst Vermögenswerte aufbauen können. Und dies klappt nur, wenn sie über ein Einkommen verfügen, von dem sie einen Teil in den Vermögensaufbau investieren können.

Ausweitung der staatlichen Eigenheimförderung und Einführung einer wirksamen Mietpreisbremse

Der Besitz einer selbst bewohnten Immobilie stellt in anderen Ländern den Kern des Volksvermögens dar. Deutschland hinkt beim Anteil der Haushalte mit Wohneigentum im internationalen Vergleich deutlich hinterher. Dies hat historische Gründe, ist jedoch nicht irreversibel. Ein nennenswertes Hindernis für den Erwerb einer eigenen Immobilie sind jedoch die hohen Kreditsicherungsforderungen der Banken. Wer selbst über kein nennenswertes Vermögen verfügt, um einen Immobilienkredit voll abzusichern, geht in der Regel leer aus – vor allem wenn er selbstständig ist oder nur unregelmäßige Beschäftigungsverhältnisse vorweisen kann.

Um breiteren Bevölkerungsschichten den Erwerb von Immobilieneigentum zu ermöglichen, muss der Staat daher den Erwerb von selbst genutzten Immobilien wesentlich stärker fördern. Möglich wäre dies zum Beispiel über eine von einer öffentlichen Stelle garantiere Kreditausfallversicherung. Eine solche Versicherung würde dann gegen eine umlagefinanzierte Gebühr den Anteil eines Immobilienkredits absichern, der nicht durch den Wert der zu finanzierenden Immobilie abgedeckt ist – also eine Art Bürgschaft für Bauherren.

Um dem Renditestreben international agierender Immobiliengesellschaften einen Riegel vorzuschieben, ist eine wirksame Mietpreisbremse notwendig. Mieten sollten dabei nicht nur an Vergleichswerten wie dem Mietspiegel ausgerichtet werden, sondern auch und vor allem an betriebswirtschaftlichen Kennzahlen. Warum sollte beispielsweise eine Immobiliengesellschaft, die einen Wohnungsbestand übernimmt, den Mietzins überhaupt erhöhen dürfen, ohne dafür eine Gegenleistung zu erbringen? Zu hohe Mieten tragen einen signifikanten Teil zur Umverteilung von unten nach oben bei. Will man von oben nach unten umverteilen, ist es daher auch vonnöten, die Mietpreise stärker staatlich zu regulieren.

Verbesserung der schulischen und universitären Ausbildung und bessere Förderung von armen Kindern und Jugendlichen

Bildung muss wieder Menschen aus allen Klassen offenstehen. Eine Bevölkerung mit einer gerechten Vermögensverteilung setzt auch voraus, dass Kinder aus armen Familien über das Bildungssystem auch sozial aufsteigen. Um dies zu erreichen, müssen die Investitionen in Bildung massiv verstärkt werden. Zudem ist notwendig, vor allem Kinder und Jugendliche aus finanzschwachen Haushalten besonders zu fördern. In einer modernen arbeitsteiligen Gesellschaft werden vor allem gut ausgebildete Arbeitskräfte gebraucht. Eine Gesellschaft, die dieses Potenzial brachliegen lässt, manövriert sich ohne Not in eine Sackgasse.

Was im Kindergarten und in der Grundschule anfängt, muss auch in der Sekundärstufe fortgesetzt werden. Ein mehrgliedriges Schulsystem, in dem die Starken gefördert und die Schwachen nur verwahrt werden, ist in einer modernen Gesellschaft anachronistisch. Investiert werden sollte jedoch nicht nur in das Bildungssystem, sondern auch individuell: Um Kindern aus finanzschwachen Haushalten die Aufnahme eines Studiums zu ermöglichen, ist eine Erhöhung der Ausbildungsförderung (BAföG), die es erlaubt, ein Studium auch ohne einen Nebenjob zu absolvieren, unerlässlich. Gleichzeitig sollten auch die in vielen Bundesländern erhobenen Studiengebühren entweder nur für Kinder aus einkommensstarken Familien erhoben werden oder ganz wegfallen.

Sofortiges Ende der Privatisierungspolitik

Privater Reichtum und öffentliche Armut sind eng miteinander verbunden. Wenn öffentliche Betriebe und Unternehmen privatisiert werden, fließen die Renditen fortan in die Taschen der neuen Besitzer. Die Vermögensverteilung legt bereits nahe, dass diese neuen Besitzer in der Regel im obersten Prozentbereich der Vermögensskala zu finden sind.

Wird ein solches Unternehmen auf Rendite getrimmt, werden meist zwei Stellschrauben betätigt: Die Kosten werden gesenkt, die Preise erhöht. Kosten sind auch die Personalausgaben, die in gesamtwirtschaftlicher Sicht die Einkommen der Arbeitnehmer sind – Grund genug, die Privatisierungspolitik zu hinterfragen. Unter dem Aspekt der Vermögensverteilung sind Privatisierungen gleich doppelt gefährlich: Während die höheren Renditen im obersten Sektor der Vermögensskala landen, wird der untere Sektor durch höhere Preise und niedrigere Löhne in zweifacher Weise benachteiligt. Wenn man sich eine Harmonisierung der Vermögen als politisches Ziel setzt, muss man daher Privatisierungen stoppen. Im Regelfall werden Unternehmen ja auch nicht privatisiert, da die Politik dies generell für eine gute Idee halten würde. Stattdessen werden Sachzwänge angeführt, die sich in fast allen Fällen auf kommunale Finanzprobleme reduzieren lassen. Umso wichtiger ist es, die Kommunen durch eine stärkere Teilhabe an den Steuereinnahmen deutlich zu entlasten. Würde man die ersten neun Punkte dieser Liste beherzigen, wäre zumindest genug Manövriermaße vorhanden, um den Kommunen dabei zu helfen ihr Tafelsilber behalten zu können.

Stärkung der gesetzlichen Rente, sofortiges Ende der Zuschüsse für Riester- und Rürup-Rente und Rückabwicklung der privaten Krankenversicherung

Betrachtet man den Zusammenhang zwischen den sozialen Sicherungssystemen und der Vermögensverteilung stößt man auf ein Paradox: Rein statistisch erhöht ein schlechtes Sozialsystem das Volksvermögen. Warum ist das so? Je weniger Leistungen umlagefinanziert vom Staat zur Verfügung gestellt werden, desto mehr Geld müssen die Menschen zurücklegen, um sich selbst abzusichern. Das betrifft die Altersvorsorge genau so wie die Krankenversicherung und sogar das Bildungssystem. Wenn die Universität kostenlos ist, muss man nicht für das Studium der Kinder und Enkel sparen: Dadurch verringert sich die Sparquote, und das Vermögen sinkt.

Dies ist natürlich ein rein mathematisch-statistischer Ansatz, der nur quantitative, aber keine qualitativen Aussagen liefern kann. Daher sollten wir uns davor hüten, unterschiedliche Volkswirtschaften über quantitative Werte wie das Durchschnittsvermögen zu vergleichen. Es ist sogar schwer, diese Größen in ein und derselben Volkswirtschaft über einen längeren Zeitraum zu betrachten, in dem sich die Paradigmen für das Sozialsystem verändert haben. Das ist in Deutschland der Fall. Da hierzulande die Sozialsysteme teilprivatisiert wurden, hätte dies jedoch – rein statistisch – das Durchschnittsvermögen steigern müssen. Deutschland ist also gleich doppelt gebeutelt: sowohl quantitativ als auch qualitativ.

Um die Vermögensschere tatsächlich zu schließen, ist es unvermeidlich, die öffentlichen Sozialsysteme zu stärken und die Teilprivatisierung der letzten zwei Jahrzehnte nach Möglichkeit rückgängig zu machen. Beim Rentensystem ist dies vergleichsweise einfach. Der 2001 eingeführte »Riester-Faktor« und der 2004 eingeführte »Nachhaltigkeitsfaktor« haben vor allem eines bewirkt: Sie haben die gesetzliche Rentenversicherung nachhaltig geschädigt, indem sie die Rentenansprüche von Millionen Versicherten derart verringert haben, dass sie in private Altersvorsorgeverträge flüchteten. Gegen eine private Altersvorsorge ist wenig einzuwenden. Es ist durchaus legitim, dass man in guten Zeiten Geld zurücklegt, um in schlechten Zeiten besser dazustehen. Die Altersvorsorgemodelle, die der Staat über das Steuersystem subventioniert, leisten dies jedoch nicht. Von der Riester-Rente profitieren nur die Anbieter und die Vertriebler, nicht aber die Versicherten.

Daher sollten die staatlichen Zuschüsse für die Riester- und die ähnlich gelagerte Rürup-Rente mit sofortiger Wirkung eingestellt werden. Das Geld, das der Staat durch diese Maßnahme einspart, kann er in eine Stärkung des gesetzlichen Rentensystems investieren – zum Beispiel durch eine vollständige Übernahme von versicherungsfremden Leistungen, zum Beispiel die Anrechnung von Schwangerschaftszeiten oder die Witwenrente, mit denen das gesetzliche Rentensystem überdies geschwächt wird.

Auch im Krankenversicherungssystem sind sofortige Maßnahmen erforderlich. Die privaten Krankenversicherungen befinden sich in einer bedrohlichen Schieflage, und es ist anzunehmen, dass sie mittel- bis langfristig nur dann überleben, wenn sie ihre Beitragssätze massiv erhöhen. Für Millionen Privatversicherte wäre dies ein zusätzlicher Kostenfaktor, der vor allem von vielen Selbstständigen nicht getragen werden kann. Privat- und Firmeninsolvenzen wären die Folge, weitere Kollateralschäden nicht auszuschließen. Verhindern ließe sich dies nur durch eine Rückabwicklung des kompletten privaten Krankenversicherungssystems: Privatversicherte müssten dann von gesetzlichen Kassen übernommen werden und ihre »Rückstellungen« in einen Abwicklungsfonds einfließen, dessen Liquidationserlöse anteilig an die gesetzlichen Krankenversicherungen und – sollte noch etwas übrig bleiben – an die Versicherungsgesellschaften ausgezahlt werden.

Eine Auflösung und Rückabwicklung der privaten Sozialversicherungen hätte langfristig eine enorme Auswirkung auf die Vermögensverteilung. Endlich könnten die Menschen ihren Spargroschen in die Produkte und Anlageformen stecken, die sie selbst für die besten halten und dann auch selbst die Zinseinnahmen zum Vermögensaufbau nutzen. Bei den heutigen privaten Altersvorsorgesystemen, die vom Staat subventioniert werden, kassiert der Anbieter einen unverhältnismäßig großen Anteil an den Zinseinnahmen und schüttet sie an seine Aktionäre aus. Dies ist eine Umverteilung von unten nach oben.

UmFAIRteilen ist alternativlos

Die Büchse der Pandora wurde in den 1980er Jahren geöffnet, als marktgläubige Ideologen begannen, die Welt nach ihrer Vorstellung neu zu ordnen. Nach dem Zusammenbruch des Kommunismus wurde der Finanzkapitalismus auch in Deutschland von seinen Fesseln befreit und konnte sein destruktives Werk ungehemmt und ohne Scham verrichten. Die Spreizung der Vermögensschere ist nicht die Ursache, sondern nur eines der Symptome dieser Fehlentwicklung.

Ohne politische Maßnahmen wird sich an der Spreizung der Vermögensschere nichts ändern. So stellt sich die Frage, wie lange diese Entwicklung noch weitergehen kann. Die historische Erfahrung lehrt uns, dass Verteilungssysteme, die sich derart in Richtung einer Konzentration an der Spitze entwickeln, zum Kollabieren neigen. Nur verbohrte Marktliberale können glauben, dass die Menschen sich nicht irgendwann gegen diesen Trend auflehnen werden; auch hierfür gibt es historische Parallelen. Wenn genügend Leute glauben, dass die krasse ökonomische Vernunft sie ihrer Lebenschancen beraubt, werden sie sich erheben. Jedenfalls kann selbst in Deutschland niemand die Hand dafür ins Feuer legen, dass es künftig keine Revolution mehr geben wird. Man sollte die Geschichte nicht durch einen Mangel an Fantasie beleidigen. Wenn der Kapitalismus nicht zivilisiert wird, vernichtet er sich selbst.

Noch ist es nicht zu spät: Solange die Chance besteht, diese Fehlentwicklung friedlich zurückzudrehen, sollten wir diese Chance nutzen. Zivilisiert den Kapitalismus!

Anmerkungen

Wem gehört Deutschland?

1. Oxfam: *Working for the few. Political capture and economic inequality*, 20. Januar 2014.

1 Man sieht nur die im Dunkeln, die im Lichte sieht man nicht: Probleme der Vermögensstatistiken

1. Bundesbank PHF, Datenstand: 2/2013, eigene Berechnungen.
2. Anna Pavord: *The Tulip*. Bloomsbury 2004.
3. http://www.theguardian.com/society/2014/feb/23/europe-11m-empty-properties-enough-house-homeless-continent-twice#
4. Christoph Butterwegge: »Thesen zum 4. Armuts- und Reichtumsbericht der Bundesregierung. Wer vom Reichtum nicht reden will, sollte auch von der Armut schweigen«, *NachDenkSeiten*, 6. März 2013.
5. https://www.destatis.de/DE/Meta/AbisZ/Einkommens_Verbrauchsstichprobe.html
6. Statistisches Bundesamt: *Jährliche Einkommensteuerstatistik. Sonderthema: Einkünfte aus Kapitalvermögen 2009*, 8. Oktober 2013.
7. Ulrike Herrmann: *Hurra, wir dürfen zahlen. Der Selbstbetrug der Mittelschicht*, Westend 2010.
8. DIW: *Wochenbericht 9/2014*.
9. *SOEPpaper 397*, Stefan Bach, Martin Beznoska, Viktor Steiner. *A Wealth Tax on the Rich to Bring down Public Debt? Revenue and Distributional Effects of a Capital Levy*, DIW, Berlin 2011.
10. http://www.faz.net/aktuell/wirtschaft/kommentar-arme-deutsche-12143183.html
11. Vereinfachte Rechnung ohne Sonderkosten, Verzinsung und Ähnliches.
12. Vereinfachte Rechnung ohne Sonderkosten, Verzinsung und Ähnliches.

2 Wie viel Reichtum können wir uns leisten? Schattenseiten des Reichtums

1. DIW: *DIW Wochenbericht* 9/2014.
2. Je nach Quelle haben auch Schweden und die Niederlande einen höheren Gini-Koeffizienten bei der Vermögensverteilung. Wenn man die SOEP-Zahlen jedoch mit der Forschungsdatenbank GINI der Universität Amsterdam vergleicht, liegt der deutsche Wert deutlich über den Werten dieser Länder.
3. Bis 1990 nur alte Bundesländer. Quellen: Hoher/Mieheimer: *Jahrbücher für Nationalökonomie*, 1973. Hauser: *Informationen zu Raumentwicklung*, 1983–1998. SOEP/DIW, ab 2002. Internationale Daten: DIW und Weltbank.
4. DIW: *SOEPpaper* 397.
5. DIW: *SOEPpaper* 397, Stefan Bach, Martin Beznoska, Viktor Steiner: *A Wealth Tax on the Rich to Bring down Public Debt? Revenue and Distributional Effects of a Capital Levy*, DIW 2011.
6. Bundesbank
7. Zweitrundeneffekte außen vor.
8. *NachDenkSeiten,* 2012
9. http://www.nachdenkseiten.de/upload/pdf/lambsdorff_papier_1982.pdf.
10. Jens Berger: *Stresstest Deutschland*, Westend 2012.
11. James K. Galbraith: *Inequality and Industrial Change. A Global View*, Cambridge University Press 2001.
12. Auch Kriege und Zerstörung wirken egalisierend: Wenn alles Vermögen zerstört wird, herrscht am Ende Gleichheit. Freilich ist dieser Weg, die Vermögensschere zu schließen, weder sinnvoll noch erstrebenswert.

3 Im Geldspeicher von Dagobert Duck: unser Geldvermögen

1. http://www.tagesspiegel.de/wirtschaft/geldvermoegen-der-deutschen-41-954-euro-auf-der-hohen-kante/8842086.html
2. Ein Haushalt im dritten Quintil (40 bis 60 Prozent) der Vermögensverteilung.
3. Weitere 12 050 Euro Geldvermögen stecken in langfristigen und nicht ohne weiteres kündbaren Anlageformen wie einer Kapitallebensversicherung oder einem Bausparvertrag.
4. Ein Haushalt im ersten Qunitil (0 bis 20 Prozent) der Vermögensverteilung.
5. Deutsche Bundesbank: Geldvermögen und Verbindlichkeiten (unkonsolidiert), 24. Januar 2014.
6. Deutsche Bundesbank, DIW/SOEP, eigene Berechnungen.
7. Capgemini und RBC Wealth Management: *World Wealth Report* 2013.
8. Valuga: *D.A.CH-Vermögensreport* 2013.

4 Millionen kleine Kapitalisten: unsere Altersvorsoge

1. Deutsche Bundesbank: Geldvermögen und Verbindlichkeiten (unkonsolidiert), 24. Januar 2014.
2. Gerhard Mackenroth: »Die Reform der Sozialpolitik durch einen deutschen Sozialplan«, *Schriften des Vereins für Socialpolitik* 4, Berlin 1952.
3. Eurostat.
4. EZB: *The Euro Area Bank Lending Survey*, 4. Quartal 2012, Januar 2012.
5. Gesamtverband der Deutschen Versicherungswirtschaft (GDV), Bundesfinanzministerium. Wert 2015: Empfehlung der Deutschen Aktuarvereinigung (DAV).
6. http://www.handelsblatt.com/finanzen/vorsorge versicherung/nachrichten/garantiezins-vor-senkung-lebensversicherung-droht-der-naechste-schlag/9296806.html
7. GDV.
8. http://www.handelsblatt.com/finanzen/vorsorge-versicherung/nachrichten/garantiezins-vor-senkung-der-branchenprimus-haengt-am-aktuellen-garantiezins/9296806-2.html
9. 90 Prozent der Überschüsse fließen in die Altersrückstellungen, 10 Prozent bleiben bei der Versicherungsgesellschaft.
10. http://www.focus.de/finanzen/versicherungen/krankenversicherung/folge-sinkender-rechnungszinsen-die-pkv-beitraege-steigen-2014-schon-wieder_aid_1029128.html
11. BMAS für das dritte Quartal 2013.
12. Klaus Jaeger: »Wer profitiert in welchem Umfang von den staatlichen Subventionen der Riester-Rente? Eine Fallstudie«, *Versicherungswirtschaft* 22/2008.
13. Towers Watson: *Global Pension Assets Study* 2014.
14. World Federation of Exchanges (WFE).

5 Unser Oma ihr klein Häuschen: unsere Immobilien

1. Statistisches Bundesamt: *Mikrozensus* 2011
2. Empirica: *Haushalts- und personenbezogene Wohneigentumsquoten in Deutschland*, Berlin, Mai 2004.
3. Statistisches Bundesamt: *Mikrozensus* 2011
4. Deutsche Bundesbank: *Monatsbericht*, Januar 2012.
5. Deutsche Bundesbank: *Monatsbericht,* Januar 2012. Eigene Berechnungen.
6. CBRE/Savills: *Immobilien Zeitung*, 7. Januar 2014.
7. Deutsche Bundesbank: »The PHF: a comprehensive panel survey on household finances and wealth in Germany«, *Discussion Paper* 13/2012.
8. Henrik Riedel: *Veränderungen des deutschen Immobilienmarktes durch den Markteintritt internationaler Investmentgesellschaften*, Igel, Juli 2008.

9. http://annington.corporate-reports.net/reports/annington/annual/2010/gb/English/0.html
10. http://www.handelsblatt.com/unternehmen/handel-dienstleister/wohnungs-transaktionen-verkaufswelle-auf-dem-immobilienmarkt-rollt-an/6654752.html
11. DIW: *Wochenbericht* 49/2013.

6 Land der viereinhalb Millionen Unternehmer: unsere Kleinunternehmer und Mittelständler

1. Statistisches Bundesamt: *Mikrozenus*, 2012.
2. Als Mittelstand werden gemeinhin die kleinen und mittleren Unternehmen (KMU) bezeichnet. Es gibt hierfür jedoch unterschiedliche Definitionen: Nach der deutschen Definition haben kleine Unternehmen nicht mehr als neun Beschäftigte und weniger als eine Million Euro Jahresumsatz, während mittlere Unternehmen nicht mehr als 499 Beschäftigte und weniger als 50 Millionen Euro Jahresumsatz haben. Die EU unterscheidet nach Kleinstunternehmen (bis neun Beschäftigte und bis 2 Millionen Euro Umsatz), kleine Unternehmen (bis 49 Beschäftigte und bis 10 Millionen Euro Umsatz) und mittlere Unternehmen (bis 249 Beschäftigte oder bis 50 Millionen Euro Umsatz). Zusammen bilden diese drei Gruppen nach EU-Definition die sogenannten SME (»small and medium-sized enterprises«). Aufgrund der unterschiedlichen Definition sind direkte Vergleiche zwischen verschiedenen Quellen und Studien nicht immer möglich. In diesem Buch wird, wenn nicht anderweitig angegeben, die Definition des Bundeswirtschaftsministeriums verwendet.
3. Statistisches Bundesamt: »Sonderauswertung des Unternehmensregister-Systems 95 im Auftrag des IfM Bonn«, IfM 2011.
4. Bundesbank, Statistisches Bundesamt, BMI.
5. Statistisches Bundesamt: »Sonderauswertung des Unternehmensregisters 2004 bis 2010 im Auftrag des IfM Bonn«, IfM, verschiedene Jahrgänge.
6. Bundesbank: *Monatsbericht*, Dezember 2013.
7. Brief an die Investoren von Berkshire-Hathaway, 21. Februar 2003.
8. Heiner Flassbeck, flassbeck-economics.
9. Jürgen Dispan: *Bekleidungswirtschaft: Branchenanalyse 2009. Strukturwandel – Entwicklungstrends Herausforderungen – arbeitsorientierte Handlungsfelder*, IMU-Institut 2009.
10. http://www.dw.de/textile-hoffnung-f ProzentC3 ProzentBCr- ProzentC3 ProzentA4thiopien/a-17041955
11. Deutsche Bundesbank, Statistische Sonderveröffentlichung 5, 16.12 2013.
12. Eurostat und Berechnungen IMK, 2012.

7 Ende der Deutschland AG: unser Betriebsvermögen

1. Eigene Berechnungen und Deutsche Bundesbank: PHP 2010/2011.
2. Deutsche Bundesbank: »The PHF: a comprehensive panel survey on household finances and wealth in Germany«, *Discussion Paper* 13/2012.
3. »So wollte ich jeden Zweifel beseitigt wissen, daß ich die Verwirklichung einer Wirtschaftsverfassung anstrebe, die immer weitere und breitere Schichten unseres Volkes zu Wohlstand zu führen vermag. Am Ausgangspunkt stand der Wunsch, über eine breitgeschichtete Massenaufkraft die alte konservative soziale Struktur endgültig zu überwinden. Diese überkommene Hierarchie war auf der einen Seite durch eine dünne Oberschicht, welche sich jeden Konsum leisten konnte, wie andererseits durch eine quantitativ sehr breite Unterschicht mit unzureichender Kaufkraft gekennzeichnet. Die Neugestaltung unserer Wirtschaftsordnung mußte also die Voraussetzung dafür schaffen, daß dieser einer fortschrittlichen Entwicklung entgegenstehende Zustand und damit zugleich auch endlich das Ressentiment zwischen »arm« und »reich« überwunden werden konnten. Ich habe keinerlei Anlaß, weder die materielle noch die sittliche Grundlage meiner Bemühungen mittlerweile zu verleugnen. Sie bestimmt heute wie damals mein Denken und Handeln.« Ludwig Erhard: »Vorwort«, *Wohlstand für Alle*, Econ 1957.
4. Ekkehard Wenger.
5. Wolfgang Streeck, Anke Hassel: *Die Deutschland AG ist passé.* MPI für Gesellschaftsforschung 2003.
6. *Spiegel* 51/1985.
7. *Spiegel* 14/1997.
8. Auf Basis der gesetzlichen Mitteilungspflichten.
9. Auf Basis der Börsenkurse vom 15. Januar 2014.
10. Werner G. Seifert, Hans J. Voth: *Invasion der Heuschrecken.* Econ 2006.
11. Stefania Vitali, James B. Glattfelder, Stefano Battiston: »The network of global corporate control«, *PLoS one*, 26. Oktober 2011.
12. Gemessen am Börsenwert.
13. Die Daten beziehen sich zum größten Teil auf das Jahr 2007 – also zwei Jahre vor der Übernahme der Vermögensverwaltung von Barclays durch BlackRock. Heute wäre BlackRock in dieser Liste die unbestrittene Nummer eins.

8 BlackRock und Co.: das globalisierte Finanzkapital

1. Eigenauskunft der Konzerne und eigene Berechnungen. Basis ist die Börsenkapitalisierung am 10. Februar 2014.
2. Federal Reserve und eigene Berechnungen.
3. Deutsche Bundesbank und eigene Berechnungen.
4. Sean Wilentz: *The Age of Reagan*, Prima 2007.

9 Armut GmbH & Co. KG: unsere prekären Selbstständigen

1. DIW: *Wochenbericht* 7/2013.
2. Laut Angaben des Statistischen Bundesamts verdienten 2010 11 Prozent der Beschäftigten weniger als 8,50 Euro je Stunde, wovon 33 Prozent in Vollzeit tätig waren. Statistisches Bundesamt: *Pressemitteilung* 258/12, 26. Juli 2012.
3. KfW. Bis 1990 nur westliche Bundesländer.
4. Kai Brenke: *Solo-Selbstständige in Deutschland. Strukturen und Erwerbsverläufe*, DIW, Dezember 2011.
5. DIW: *Wochenbericht* 7/2013.
6. DIW: *Wochenbericht* 7/2013.
7. http://www.handelsblatt.com/finanzen/recht-steuern/streitfall-des-tages/streitfall-des-tages-wenn-pkv-versicherte-nicht-zahlen/7945728.html
8. Hans-Böckler-Stiftung: *LohnSpiegel*, Ausgabe für 2011.

10 Wer hat, dem wird gegeben: unsere Sparer und Erben

1. Deutsches Institut für Altersvorsorge (DIA).
2. http://www.handelsblatt.com/karriere/nachrichten/sozialer-aufstieg-wo-bitte-gehts-zur-elite-seite-all/2940290-all.html.
3. http://schule.dgb.de/++co++ab29691e-f32f-11e0-6d11-00188b4dc422.
4. Wolfang Lieb, »Bildung: Wir leisten uns weniger, als wir uns leisten können und müssen«, Peter Zudeick (Hg.): *Das alles und noch viel mehr würden wir machen, wenn wir Kanzler von Deutschland wär'n*, Westend 2012.
5. OECD: *Divided We Stand. Why Inequality Keeps Rising*, 2011.
6. DIW: *Wochenbericht* 9/2014. Werte für das Jahr 2012.
7. Bundesbank
8. Bundesbank
9. Statistisches Bundesamt: *Sektorale und gesamtwirtschaftliche Vermögensbilanzen 1992–2012*, Statistisches Bundesamt 2013.
10. DIW: *Wochenbericht* 9/2014.
11. http://www.boeckler.de/22646_22654.htm
12. DIW: *Wochenbericht* 9/2014.
13. DIW: *Wochenbericht* 9/2014.
14. Reiner Braun: »Erben in Deutschland«, *Wirtschaftsdienst* 2011/10.

11 Uns gehört Deutschland: Deutschlands Vermögende

1. Klaus Werner, Hans Weiss: *Das neue Schwarzbuch Markenfirmen. Die Machenschaften der Weltkonzerne*. Deuticke Verlag, Wien 2010.
2. http://www.faz.net/aktuell/wirtschaft/unternehmen/spedition-willy-betz-fuenf-jahre-haft-und-hohe-geldstrafe-1515970.html

3. http://www.forbes.com/special-report/2013/fictional-15/

4. Wirtschaftswoche.

5. http://www.presseportal.de/pm/8185/988684/rekord-dividenden-fuer-grossaktionaere-und-familienstaemme-die-50-top-verdiener-kassieren-zusammen

6. dips/DSW Dividendenstudie 2013.

7. Statistisches Bundesamt: *Jährliche Einkommensteuerstatistik. Sonderthema: Einkünfte aus Kapitalvermögen 2009*, 8. Oktober 2013.

8. Ingo Köhler: *Die »Arisierung« der Privatbanken im Dritten Reich. Verdrängung, Ausschaltung und die Frage der Wiedergutmachung*, Beck 2008.

9. Ebenda.

10. http://www.sueddeutsche.de/politik/abgeordnete-erhielten-schecks-dubiose-parteispenden-aus-gluecksspielkonzern-1 1061744

11. http://www.taz.de/!122610/

12. http://www.wdr.de/tv/monitor/sendungen/2013/0314/fdp.php5

13. Nur Liz Mohn ohne Bertelsmann-Stiftung.

14. http://www.nachdenkseiten.de/?p=8146

15. Paul Krugman: *Nach Bush: Das Ende der Neokonservativen und die Stunde der Demokraten*, Campus 2008.

16. http://www.handelsblatt.com/unternehmen/banken/80-millionen-fuer-bittar-deutsche-bank-genehmigte-skandalbanker-mega-bonus/7777928.html

17. http://web.archive.org/web/20130704062148/http://www.zdf.de/ZDFzoom/Beraten-und-verkauft-23483860.html

18. http://www.dvag.de/dvag/unternehmen/aufsichtsrat-und-beirat/ und http://blog.abgeordnetenwatch.de/wp-content/uploads/2010/11/beziehungsgeflecht_DVAG.pdf

19. http://www.fr-online.de/politik/in--unwuerdig-und-unanstaendig-,1472596,8324674.html

20. http://www.focus.de/finanzen/news/unternehmen/tid-26350/wirtschaft-die-macher-des-leopard-2-die-macher-des-leopard-2-seite-2_aid_774762.html

21. http://www.welt.de/wirtschaft/article121054280/Grundsaetze-werden-nationalem-Vorteil-geopfert.html

22. http://www.tagesspiegel.de/wirtschaft/schlachtbetriebe-dumpingstandort-deutschland/7960802.html

23. ARD: *Das System Wiesenhof*, 31. August 2011.

24. http://www.nwzonline.de/wirtschaft/weser-ems/das-ist-moderner-menschenhandel-das-ist-moderner-menschenhandel_a_6,2,451843815.html

25. http://www.karriere.de/studium/insead-wollte-mich-rausschmeissen-10252/

26. Rainer Salfeld u. a.: *Modernes Krankenhausmanagement*, McKinsey 2007.

12 Sozialismus für Reiche: Warum die Vermögensschere sich weiter öffnet

1. Paul Krugman: *Nach Bush. Das Ende der Neokonservativen und die Stunde der Demokraten*, Campus 2008.
2. Bundesfinanzministerium
3. Ursula Büttner, Angelika Voss-Louis: *Neuanfang auf Trümmern*, Oldenbourg, 1992.
4. Erwin Stein: *30 Jahre hessische Verfassung*, Steiner 1976.
5. Rolf Steininger: »Reform und Realität. Ruhrfrage und Sozialisierung im Kontext anglo-amerikanischer Deutschlandpolitik 1947/48«, *Vierteljahrshefte für Zeitgeschichte* 27/1979.
6. http://www.economist.com/node/209559.
7. Frank Böckelmann, Hersch Fischler: *Bertelsmann. Hinter der Fassade des Medienimperiums*. Eichborn 2004.
8. Albrecht Müller: *Die Reformlüge. 40 Denkfehler, Mythen und Legenden, mit denen Politik und Wirtschaft Deutschland ruinieren*. Droemer 2004.
9. Betriebsvermögen sind in der Regel seit 2008 von der Erbschaftssteuer ausgenommen.
10. Statistisches Bundesamt und Bundesfinanzministerium.
11. Kai Eicker-Wolf: »Strategische Steuersenkungen zur Reduzierung der staatlicher Schleppplasten … oder Wie in Deutschland das Leitbild vom Schlanken Staat umgesetzt wird«, *Denk doch mal* 2/2012.
12. Stefan Bach, Giacomo Corneo, Viktor Steiner: »Effective Taxation of Top Incomes in Germany«, *German Economic Review*, 14. Mai 2013.

UmFAIRteilen: 16 Punkte für einen Weg zu einer gerechten und stabilen Gesellschaft

1. DIW: *Wochenbericht* 42/2012.
2. Tarifverlauf 2014 bezogen auf das Jahreseinkommen.
3. Jens Beckert: »Wie viel Erbschaftssteuern?«, *MPIfG Working Paper* 07/4.
4. DIW: *Wochenbericht* 22+23/2013.
5. http://www.handelsblatt.com/politik/international/schweiz-volksabstimmung-ueber-18-euro-mindestlohn-/9554026.html
6. http://www.gav-service.ch/Contract.aspx?stellaNumber=185001&versionName=2
7. http://www.blick.ch/news/wirtschaft/das-stauben-putzfrauen-wirklich-abid1843599.html

224 Seiten
ISBN 978-3-86489-055-0
€ 14,99

»Heiner Flassbeck bringt die Dinge auf den Punkt«
(Prof.Dr.Peter Bofinger)

»Wer etwas über gesamtwirtschaftliche Zusammenhänge
und aktuelle Wirtschaftspolitik erfahren will, sollte dieses
Buch lesen. Wer sich darüber hinaus an einem unter
Ökonomen seltenen brillanten Stil erfreuen will, der muss
es lesen.«
Dr. Gustav Adolf Horn

Ulrike Herrmann

288 Seiten
ISBN 978-3-86489-044-4
€ 19,99

SPIEGEL Bestseller

DER SIEG DES KAPITALS

Wie der Reichtum in die Welt kam:
Die Geschichte von Wachstum, Geld
und Krisen

WESTEND

»Ein Buch, von dem man zu recht sagt, man wünscht ihm
viele Leser.«
Deutschlandfunk, Zwischentöne

»Das Buch liefert verständliche Erklärungen für alle,
denen Wirtschaftsbücher zu langweilig und Finanzkrisen
zu kompliziert sind.«
ARD, ttt – titel thesen temperamente

»Ein unideologisches, gut geschriebenes und
gewinnbringendes Buch.«
ZEIT Wissen